*fine*BOOKS

FSC
www.fsc.org
MIX
Papier aus verantwortungsvollen Quellen
Paper from responsible sources
FSC® C105338

IMPRESSUM

Herausgeber: Alexander Broicher
finebooksverlag.com

Gestaltung: Mo Tapprogge
mo-creation-design.com

Konzeptionelle Unterstützung: Ramona Raabe
Korrektorat: Eva-Maria Kempe
Redaktion: Samara Insel

Mit freundlicher Unterstützung von
Paul Möllemann-Breitenfeld

Printed in Germany
ISBN 9783948373207

TAGE WIE DIESE

IN ZEITEN DES ABSTANDS

INHALT

VORWORT

BELLETRISTIK

ESSAY

POESIE

VORWORT

Liebe Leserin, lieber Leser,

die gegenwärtige weltweite Situation verlangt uns allen viel ab.

Eine Rückkehr zu einer Normalität, wie wir sie bisher kannten, scheint ungewiss. Doch in jeder Krise erwachsen ebenso Chancen und so steht auch die Rückkehr zum Bisherigen auf dem Prüfstand. Die Zäsur ermöglicht uns, Dinge zu reflektieren, vielleicht gar, uns als Menschen neu aufzustellen. Den ethischen und gesellschaftlichen Vertrag, den Codex des Zusammenlebens und Miteinanders, neu zu denken. Und dazu gehört natürlich auch Kultur als humaner Kitt, untrennbar mit dem Menschen verbunden. Daher wollen wir mit diesem Buch in Not geratenen Kulturschaffenden und Künstlern solidarisch helfen und spenden die Erlöse an gemeinnützige Organisationen zu deren Unterstützung.

Die vorliegende Anthologie ist kein Quarantäne-Tagebuch, sondern vielmehr ein Lesebuch, das Inspiration, Unterhaltung und Ausblicke bietet. Ein Anstoß, gedankliche Reisen zu unternehmen. Ein Buch als geistige Immunabwehr. Als mentale Stärkung. Als Rückversicherung des Humanen. Und ein Buch, das auch nach dem Ende der Isolation noch inspiriert, bereichert und Spaß macht.

Das Buch, ebenso Fenster zur Welt wie zur Welt der Imagination, bietet eine Fülle kreativer Texte. Scharfe Gedanken genauso wie versöhnliche. Momentaufnahmen ebenso wie Perspektiven. Es geht dabei stets um uns, um Menschen. Und natürlich auch um die Liebe in Zeiten von Corona.

Mein ausdrücklicher Dank geht an das gesamte Team, das dieses Buch mit unermüdlicher Energie gemeinsam mit mir realisiert hat, sowie natürlich an alle 35 Autorinnen und Autoren, die ihre Geschichten und Texte zur Verfügung gestellt haben, an:

Benedict Wells, Sibylle Berg, Friedrich Ani, Miku Sophie Kühmel,

Jan Brandt, Moritz Rinke, Hatice Akyün, Jo Schück, David Wagner, Ramona Raabe, Michel Birbæk, Bettina Wilpert, Manfred Theisen, David Baum, Norbert Kron, Christoph Silber, Julia Alina Kessel, Fabian Lichter, Alf Frommer, Sebastian Kapp, Sarah Waterfeld, Robin Baller, Udo Tietz, Marcus Stiglegger, Carsten Regel, Judith Döker, Jens Peter Koell, Juliana Kálnay, Dan Shambicco, Frank Künster, Yade Önder, Mark Horyna, Ann-Kathrin Ast, Bettina Wilpert, Lisa Cordes und Til Obladen.

Ich wünsche Ihnen viel Spaß beim Lesen und gute Inspiration. Danke, dass Sie unser Anliegen mit dem Kauf dieses Buches unterstützt haben!

Bleiben Sie gesund!

Alexander Broicher
im Mai 2020

Alexander Broicher

Alexander Broicher ist Schriftsteller, Drehbuchautor und Verleger. Broichers Arbeiten sind mehrfach ausgezeichnet, u.a. mit dem Literaturpreis des Deutschen Schriftstellerverbandes, dem Martha-Saalfeld-Preis oder dem Eyes & Ears Award.

BELLETRISTIK

BARCELONA, EIN FEST FÜRS LEBEN

von Benedict Wells

Es gab einen Moment auf meinen ersten Lesereisen, da saß ich nach der Veranstaltung mal wieder allein im Hotelzimmer und schaute fern. Es kam eine nächtliche Wiederholung von L'Auberge Espagnole, dem Film über einen französischen Erasmusstudenten, der nach Barcelona in eine verrückte WG zieht, dort Freunde findet, sich verliebt und eines der besten Jahre seines Lebens hat. Ich aß Snacks aus der Minibar, sah zu und begriff, was mit meinem Leben als sogenannter „Jungautor" nicht stimmte: so ziemlich alles.

Ich hatte nach der Schule nicht studiert, sondern tagsüber gearbeitet und nachts geschrieben. Während meine Freunde auf Partys gingen und sich ins Studentenleben stürzten, war ich als einziger in das damals noch als uncool geltende Berlin gezogen, um in einer Einzimmer-Bruchbude zu hausen, mit Dusche in der Küche und teils ohne Strom. Und während meine alten Mitschüler sich im Laufe der Jahre zerstritten, verliebten, Drogen nahmen oder über ihr Studium schimpften, bekam ich eine Verlags- und Agenturabsage nach der anderen und tigerte um drei Uhr morgens durchs Zimmer, fieberhaft überlegend, wie ich meine Bücher besser machen konnte. Dabei vereinsamte ich zusehends; ohne meine Fußballmannschaft oder einen späteren Nebenjob mit vielen Kollegen wäre ich wohl eingegangen.

Als ich nach Jahren endlich einen Agenten und einen Verlag fand, war das nicht nur schriftstellerisch eine Erlösung. Vor allem hoffte ich darauf, nun meine Studentenzeit nachholen zu können, insgeheim vielleicht auch auf einen Hauch von Rockstarleben. Die Realität sah dann so aus: Statt allein in meinem Zimmer, saß ich auf Tour allein in irgendwelchen Hotels in Norddeutschland und auf der schwäbischen Alb. Tagsüber fuhr ich mit dem Zug von einem Ort zum nächsten, abends stand ich vor fremden Menschen im Mittelpunkt, ehe ich mich gegen Mitternacht im leeren Hotelzimmer wiederfand, eine Art Abklingbecken zum Runterkommen. Manchmal konnte ich nicht einschlafen, dann las ich Artikel, die über meine Bücher geschrieben worden waren. In diesem Trubel wurde ich selten – am wenigsten von mir selbst – als das wahrgenommen, was ich war. Ein ganz normaler Mittzwanziger, der keine Ahnung hatte, wo sein Platz war.

Und dann kam L'Auberge Espagnole.

Ich sehnte mich nach allem, was ich dort sah. Nach den Freunden, nach der Liebe, nach der Ausgelassenheit. Nach dem Gefühl, wenigstens für ein Jahr am richtigen Ort zu sein. Nachts im Hotelzimmer begriff ich, dass das alles gerade noch möglich war. Ich könnte mein bereits angekündigtes drittes Buch verschieben und ausbrechen, nach Spanien ziehen, darüber nachdenken, was für ein Schriftsteller ich eigentlich sein wolle. Aber vor allem könnte ich einfach leben, was immer das bedeutete.

Ich rief beim Verlag an und verschob meinen Roman um ein Jahr, dann suchte ich nach WGs in Barcelona. Meine inneren Zweifel und Ängste waren groß. Ich sprach kein Wort Spanisch, war vielmehr der klassische Typ „Schisser" und traute mir nicht ansatzweise zu, in der Fremde zu überleben. Aber ich war entschlossen, es zu probieren und notfalls nach zwei Monaten wieder zurückzukehren. Und da ich über die Stadt von allen Seiten nur Gutes gehört hatte, fühlte es sich fast wie ein Experiment an: entweder würde ich der erste Mensch in der Geschichte werden, dem Barcelona nicht gefällt. Oder ich würde es wie alle anderen lieben.

Mit dem Nachtzug kam ich Anfang 2010 an, und nie werde ich vergessen, wie ich das erste Mal durch die gewundene Altstadt spazierte, mich dann in ein Strandcafé setzte, Kaffee trank, das Meer in der Sonne glitzern sah und dachte: „Ja, hier bist du richtig."

Ich zog in eine 3er-WG und ging täglich in die Sprachschule, ein „Curso Intensivo" in Spanisch, der auch dringend nötig war, kannte ich bisher nicht mal das Wort „Hola". Mein Tag: Aufstehen nach einer durchfeierten oder durchgeschriebenen Nacht um halb eins mittags. Ein immer zu dünner Wasserstrahl aus der Dusche, ein kurzes Hallo mit meiner im besten Sinn wilden weißrussischen Mitbewohnerin, die als Touristenführerin ständig die faszinierendsten Menschen bei uns anschleppte, oder mit meiner deutschspanischen Mitbewohnerin, die jobbte und Mode designte, vielleicht auch noch ein Streichler für den Kater, der bei uns lebte. Mein Zimmer: eine runtergekommene Kammer, die nicht mal eine richtige Tür hatte. Durch das Verschieben meines Romans war ich fast pleite und hatte deshalb zeitweise nicht mal eine Versicherung, aber in Barcelona lernte ich, wie wenig ich brauchte. All meine Klamotten, Bücher, Filme, sonstigen Sachen: irgendwo in Deutschland, nur Ballast. Das hier war ohnehin keine Stadt für Stubenhocker, man war fast immer draußen, Geld oder einen Flachbildschirm hatten die wenigsten. Wichtig war nur ein Fenster.

Auf der Straße streckte ich mich und schaute ins endlos blaue Licht, die Sonne hoch am Himmel – fast jeder Tag begann hier in beschwingtem Dur, selbst im Winter. Meistens holte ich mir einen „Café con Leche“ und lief musikhörend durch mein Viertel, das Raval, zur Sprachschule, wo ich euphorisch begrüßt wurde, wenn ich ausnahmsweise mal nur zehn Minuten zu spät war. Meine Mitschülerinnen und Mitschüler waren aus Kuwait, Brasilien, Italien, Israel, Japan, Estland, Deutschland, Amerika, Frankreich; es war vollkommen egal, woher man kam. Wir wurden die besten Freunde, die man in einem Jahr werden kann, wir feierten und tranken in alten Fabriken am Stadtrand und auf Hausdächern, kochten zusammen und führten unzählige Diskussionen, erwarteten kiffend am Strand den Sonnenaufgang, und in den Unterrichtsstunden – als Erwachsene in einer Schule – alberten wir oft herum und brachen in teils hysterisches Gelächter aus. Wir waren lebende Klischees dieser Stadt, und genau das wollten wir sein, alterslos und ereignishungrig, denn wir saßen alle im selben Boot. Hörte man in einer Bar jemand Fremdes Deutsch reden, blieb man nicht verschlossen, sondern fragte sofort: „Aus welcher Stadt kommst du? Was machst du hier?“ Dauernd lernte man neue Menschen kennen, mal für kurz, manchmal für länger.

So ziemlich alles, was ich erhofft hatte, wurde wahr. Ich blieb erst ein Jahr, dann zwei, dann drei, und in dieser Zeit wandelte sich auch mein Leben in Barcelona. Anfangs war ich wie ein Passagier in einer Bahnhofshalle gewesen, umgeben von tausenden anderen Menschen auf der Durchreise, alles großartig, intensiv und sehr, sehr flüchtig. Am

Ende war es dann mehr wie in der Serie „Friends". Eine Gruppe von sechs, sieben engen und verschworenen Freunden, mit unserer WG als Drehort.

Es verging kaum noch ein Tag ohne Überraschungen oder Erlebnisse, kaum ein Tag, an dem ich aufstand und nicht am Küchentisch wie selbstverständlich Freunde von uns entdeckte, oder auch verrückte und interessante Bekannte, die ich noch nie gesehen hatte. Etwa die beiden kasachischen Kumpels, die mit einem alten Krankenwagen durch Europa fuhren, die absurdesten Geschichten erzählten und mit denen wir nachts in einer Bodega versackten und „Panthermilch" tranken. Die fast surreal schöne Russin, die plötzlich auf der Couch vor meiner Tür saß, so dass ich noch mal schnell in mein Zimmer zurückhastete und meine vom Schlaf zerwühlten Haare richtete. Die Südamerikaner, die immer wieder für ein paar Tage bei uns wohnten, so wie überhaupt jeder seine Freunde mitbringen konnte, selbst wenn die Wohnung noch so überfüllt war. Alles war wie LEGO; miteinander kompatibel und trotzdem frei. Und irgendwann, als ich mal wieder mit einer bunten Gruppe auf irgendeinem Balkon stand, Calzots grillte und mich in Spanisch über einen neuen Geheimclub reden hörte, dachte ich erstaunt, dass man wirklich nicht der war, für den man sich hielt. Man war das, was man tat. Man konnte sein Leben ändern und sich überraschen, zumindest für eine kurze Zeit.

Nach dreieinhalb Jahren zog ich weg. Ich kann nicht sagen, was genau der Grund war. Vielleicht weil ich das Gefühl hatte, dass die Zeit in Barcelona etwas zu schnell verging, man einmal mit dem Finger schnippte und plötzlich Ende dreißig war. Weil gleich zwei unserer Freunde nach Mexiko und Italien zogen und eine Ära endete. Weil die politische Situation um die katalanische Frage sich zunehmend zuspitzte. Weil ich, mutig geworden, nach Barcelona auch noch ein paar Monate in Frankreich leben wollte. Letztlich war es eine Mischung aus allem, die mich dazu bewog, weiterzuziehen. Ich suchte noch mal ausgiebig meine liebsten Bars, Restaurants und Orte auf, dann verabschiedete ich mich von der Stadt und – noch viel schmerzhafter – von meinen Freunden. Als ich mit ihnen am Bahnsteig stand, wir uns umarmten und verstohlen ein paar Tränen wegwischten, dachte ich daran, wie ich hier vor Jahren angekommen war, allein, nur mit einer Tasche und ein paar unrealistischen Vorstellungen im Kopf; jetzt war er gefüllt mit Szenen, Gefühlen und Abenteuern.

Der Zug fuhr los, ich sprach mit den anderen Reisenden im Viererabteil, es war lustig, es war egal. Nachts lag ich stundenlang wach und war wehmütig, weil ich zu ahnen begann, nein, weil ich wusste, was ich hinter mir ließ. Ich sah wieder vor mir, wie mir mal eine Mitschülerin vom Sprachkurs am Strand ein paar Tanzschritte beibrachte. Sah den uralten, kleinen Wandtresor in meinem Zimmer, den wir in all den Jahren nicht knacken konnten, obwohl wir uns oft vorstellten, welche Schätze sich darin verbargen. Sah mich in unserer WG am Tisch sitzen, in großer Runde beim Abendessen und mit Gelächter oder im kleinen Kreis mit intimen Geständnissen, sah uns in der ersten Morgendämmerung durch regenfeuchte Gassen schlendern, Pläne schmiedend, die Nacht rekapitulierend ... Nach Barcelona zu gehen war die beste Entscheidung, die ich je traf, es war ein Filetstück in meinem Leben, der Gegenbeweis für meine sonst geisterhafte, zurückgezogene, schreibende Existenz, ein Wunder. Nie wieder würde ich solche wilden, intensiven Jahre vor mir haben, mit diesen innig geliebten Freunden, nie wieder würde ich so jung und so mittendrin sein. Das alles war für immer vorbei, und anders als beim Schreiben blieb nichts davon, außer der Erinnerung. Aber anders als beim Schreiben kann ich sagen: Ich habe es erlebt.

Benedict Wells

Benedict Wells wurde 1984 in München geboren. Nach dem Abitur zog er nach Berlin und widmete sich dem Schreiben, seinen Lebensunterhalt bestritt er mit diversen Nebenjobs. Sein vierter Roman, „Vom Ende der Einsamkeit“, stand mehr als anderthalb Jahre auf der Bestsellerliste, er wurde u.a. mit dem European Union Prize for Literature (EUPL) 2016 ausgezeichnet und bislang in 34 Sprachen übersetzt. Wells lebt in Berlin und Bayern.

LIVING APART TOGETHER

von Miku Sophie Kühmel

„LAT."

„Was?"

„L.A.T. Living Apart Together."

„Und das seid ihr jetzt."

„Na ja. Das ist jedenfalls unser Ist-Zustand."

„Und das heißt, dass ihr zusammen seid, aber getrennt."

„Also, ja: getrennt voneinander. Atmen wir. Schlafen wir. Essen. Haben Stuhlgang, dies das. Wir sind dann zusammen, wenn wir es wollen."

„Und ihr wollt das immer gleichzeitig? Und genau gleich lang?"

„... Es ist jedenfalls besser, als sich die meiste Zeit auf die Nerven zu gehen. Also gerade mache ich Komparatistik."

„Schwänze?"

„Bärte!"

„Bärte. Ja, Bärte sind so viel interessanter."

„Oder? Also. Allein die Struktur. Wie sie sich anfühlen. Wie ein Schwamm oder eine Schuhbürste oder ein Reisigbesen ..."

„Klingt jetzt alles nicht nach Dingen, die man gern im Gesicht hätte. Oder zwischen den Beinen."

„Ach, machst du das nie? So, mit der Haarbürste auch mal über die Stirn kratzen oder die nackte Schulter. Das kommt ja drauf an, wie sehr man aufdrückt."

„Ich hab bloß mal mit meiner Zahnbürste masturbiert."

„Dr. Best X-Borsten?"

„Das sind die besten, ja. Apropos, entschuldige mich kurz, mir sackt grad das Blut in den Schritt. Kennst du dieses Kitzeln? Das Gefühl, kurz bevor es über die äußeren Schamlippen tritt..."

„Tell me about it. Ich kann mittlerweile Muster in meine sauberen Unterhosen menstruieren. Wie so 'ne Blut-Barista."

„Blumen? Blüten?"

„Schmetterlinge. Wobei. Für mich sind's Schmetterlinge, für andere vielleicht Abbilder vom Tor zur Hölle."

„Perioden-Rorschach? Ach, es gibt noch so viel zu entdecken."

Dann springt sie von ihrem Hocker und stöckelt durch das noch verschlafene Café zum Klo. Wenn wir sprechen, ist es, als hätten wir Maschinengewehre unter den Zungen sitzen, als drückte der jeweils andere in uns so einen Knopf. Dann rauchen und trinken wir und pfeffern uns die Bemerkungen um die Ohren, schöpfen jede Idee ab, kratzen sie aus wie den Joghurtrest aus seinem Becher. Zusammen am Tresen im Village haben unsere Geister Sieben-Meilen-Stiefel. Aber eigentlich war das schon immer so, auch noch in der lausigen Vorstadt, die kurz vor dem Nirgendwo in der Provinz lag. Und jetzt schau uns an, hocken wir hier in New York und machen Fettfleckmuster mit unseren patschigen Händen an dünnwandige Latte-macchiato-Gläser. Manja trinkt ihren mit Hafermilch. Die schmeckt ihr nicht, aber sie hat sich daran gewöhnt und sie sagt das Wort so gern: Oat Milk.

Immer noch keine blauen Haken. Noch einmal überprüfe ich in der Wetter-App die Uhrzeit, gleiche sie ab: Ja, auch in Lima ist es jetzt 7 Uhr. Lu kann nicht mehr schlafen, kann gar nicht sein. Kurz vor der Abreise noch hat er behauptet, das würde niemals gehen, das laute Lamablöken, wie sollte er da –? Für die anderen Leute am Flughafen war das alles Kleinkindkauderwelsch gewesen, aber Jo und ich verstanden jedes Wort und beruhigten ihn, versprachen, Lamas gäb's ja kaum, nur Alpakas, die seien wie Schäfchen mit langem Hals, die könne man zählen und sie seien höflich und würden sicherlich verständnisvoll die Schnauze halten, sobald er schlafen sollte. Sicherlich, ich habe „Blackbird" nur zur Sicherheit aufgenommen gestern Abend, eine Sprachnachricht als Back-Up, denn mein verdrehtes verheultes Gesicht im Screenfreeze hätte Lu nur Alpträume beschert. Dann lieber so. Gute-Nacht-Lied, nachgereicht. Der Notfallplan, Vater aus der Dose.

Die Häkchen werden nicht blau. Ein bisschen nervös tippe ich mich durch die Einstellungen. Als ich meinen Verdacht bestätigt sehe, werden meine Finger kalt.

„Sorry!"

Da rempelt Manja mich an, das Telefon fliegt auf den Tresen, schlittert, ich fange es gerade noch so ab, bevor es dem Kellner in eine sehr kleine, sehr teure Schale Porridge mit Brombeeren fällt. Manja klettert auf den Stuhl zurück und ächzt dabei wie ein Preisboxer.

„Puh, hat doch ganz schön gedreht gestern." Sie grinst fröhlich, bis sie in mein Gesicht schaut.

„Einar, du kannst doch nicht schon wieder heulen."

„Jo hat die Einstellungen geändert."

Sie zieht ihr Gesicht zusammen und man kann sich nicht sicher sein, ob sie gerade auf eine Plombe gebissen hat oder sich fragt, ob sie mich richtig versteht. Verkatert ist eine Kabuki-Schauspielerin an ihr verloren gegangen. Sie tippt sich gegen das Kinn.

„Wow, die neue Technik. Was kann man an Kindern denn heutzutage alles einstellen? Lautstärke? Das wäre praktisch. Oh, oder ein Energiesparmodus? Damit man Lu nicht zum Mittagsschlaf ...?"

Manja hat wirklich keine Ahnung von Kindern und sie will auch keine haben. Manchmal glaube ich, dass sie einfach stehen geblieben ist, als wir sechzehn waren. Mit allem. Außer mit ihren Brüsten, die sind gigantisch. Waren sie andererseits auch damals schon, mehr als einmal hatte man ihr an der Bushaltestelle nachgepfiffen. Manchmal hatte sie mich dann an sich ran gezogen und geknutscht, weil sie sich dann sicherer gefühlt hatte. Ich tippe energisch auf das Telefon, bis mir einfällt, dass meine Nägel frisch lackiert sind, dann ziehe ich die Hand wieder ein.

„Nein, Mann."

„Der Mann bist du."

„Ja, thank you for the affirmation", ich wische ungeduldig durch die Luft, „Jo hat die Einstellungen geändert. Im Messenger. Ich kann nicht mehr sehen, wann er online war."

„Ah ja."

„Und die Häkchen werden nicht mehr blau."

Sie gluckst.

„WAS?"

„Hörst du dir mal zu?"

„Woher soll ich jetzt wissen, ob sie meine Nachricht gesehen haben? Wer lässt denn heutzutage sein Telefon noch länger als vier Stunden unberührt rumliegen? Das ist doch verantwortungslos!" Kommentarlos hält sie mir eine Zigarette vor die Nase. „Hier. Kannste brauchen. Und kein doppelter Espresso mehr für dich. Hast du selber überhaupt geschlafen?"

Ich schaue sie so böse an wie möglich. Die Lamettasträhnen fallen ihr ums Gesicht, als sie einfühlsam den Kopf neigt. „Mein Lieber."

Ich schiele aus dem großen Fassadenfenster zu meiner Linken und auf Manhattan dahinter. Morgens ist die Stadt eine Höhle, manche

Gebäude scheinen von der Decke zu hängen wie große graue Backenzähne, Stalaktiten, verziert mit flackernden Fenstern, in denen kaltes Licht dämmert. Es ist nicht so laut wie man denkt. Man kann gut schlafen, wenn man müde genug ist. Das Müdewerden ist das größere Problem. In einer halben Stunde werde ich am Union Square sitzen im sechsten Stock und Zeuge sein, wie der Lesesaal erwacht. Manja und ich und die anderen Doktorand*innen der Abseitselite, die nicht in Harvard sind oder Yale, sondern hier, in diesem Schlund von einem Städtereisenklischee, gespickt mit verschimmelten Ecken und Saus und Gesöff und Kaufgelegenheiten, das sie ablenkt, den Blick verstellt und den Durchgang zum Elysium und dessen Vorhalle der Reflexion, des ewigen Selbsthinterfragens über den unendlichen Zeitraum von fünf Jahren, so lange dauert die Promotion in den USA, gleich mit. Eine extra Portion Selbstmitleid und Selbsthass und Raum, die Abneigung gegen alles zu steigern und die Distanz zu nichts halten zu können, was hinter den Mauern des eigenen Körpers passiert, des Gehirns vor allem nicht. Eine Eiszeit für die Existenz, die im Inneren schlägt und pumpt und puckert wie ein Geranke aus Uhrwerken. Morgen habe ich wieder einen dieser Termine, einen Termin, bei dem sie fragen, und, wie beträgt sich alles? Und ich sage, gut gut, auch wenn mir bisher nichts eingefallen ist für die Arbeit außer dem schmissiger Titel: Fontane & Fallobst.

„Plum Porridge? Oder ’n Grilled Cheese vielleicht?“

„Danke, das pfeift direkt durch in die Keramik.“

Um Manja zu beschwichtigen, nehme ich ihr doch die Zigarette ab, stecke sie hinter mein Ohr, für den Weg. Sie schabt sanft an meinen kurz rasierten Haaren vorbei. Ich habe mir gestern mit meinem neuen Wilkinson den Nacken freigesäbelt. Spüre die Wärme ihrer Hand auf meinem Oberschenkel, wie sie durch den Stoff und meine Haut bis auf die Knochen dringt. Vorsichtig nehme ich ihre Finger und verflechte sie mit meinen, wie immer, wenn einer von uns Angst hat. Vor der Dunkelheit, vor den Jungs, vor Fahrrädern. Vor dem Leben. Vor dem Versagen. Baden in der Depression des Augenblicks, die Melancholie ein Zuhause, traurig sein wollen, weil es sich einzig richtig anfühlt. Welcome home! Schmollend drehe ich mich Manja zu, unsere Gesichter voreinander, das unkaputtbare Schelmenblitzen in ihren Mandelaugen. Ich murre: „Hast doch gehört, dass man daheim über mich gerichtet hat, so lange ist das auch noch nicht her: Ich bin die schlechteste Mutter der Welt. Da darf man traurig sein und sich selbst bemitleiden."

Ihre Brauen sind perfekt wie gezupft. Einfach so gewachsen. Ihre Finger wie manikürt, obwohl sie kaum etwas daran macht. Sie legt eine Hand unter mein Kinn. „Liegt vielleicht daran, dass du geboren wurdest, um ein Vater zu sein. Ist eh besser. Papi sein. Du kannst dich schuldig fühlen, wie du magst, und alle sind entzückt, wenn du anderthalb Mal mit Lu an irgendnem Spielplatz auftauchst. Jeder Gang zur Schule wird 'ne Heldentat sein von dir. Und das ist doch sooo rührend, wenn Männer –"

„Du bist so scheiße."

Sie lacht. Ich lache auch ein bisschen. Sie nimmt mein Telefon und schiebt es hinter das Einstecktuch.

„Der Anzug ist schon krass."

„Heiß, oder?"

Sie nickt anerkennend und drückt mir einen Kuss auf die Nase. Sie riecht aggressiv nach Pfefferminz. Aber so kann ich wenigstens wieder frei atmen.

„Hey, hey, Missy. Ich bin schon immer noch verheiratet. Auf dem Papier."

Sie grinst, nur wer sie gut kennt, liest aus den Fältchen um ihre Nase den Hauch Mitgefühl für mich und die ganze Geschichte. Wir lassen gleichzeitig unsre Beine vom Hocker baumeln und unsere Gedanken wandern. Lu. Lu. LU. Die ersten Minuten ist es nur dieses Lied, laut geschrien, seine verschmierten Breibacken. Ich war noch nie länger als einen halben Tag von ihm getrennt. Und er nicht von mir. Und ich werde das Gefühl nicht los, dass ich damit das größere Problem habe als er. An Jo denke ich eigentlich nur, wenn wir telefonieren. Am Flughafen stand er dann vor mir und war immer noch so ein schöner Frosch, mit dem roten breiten Mund und den blondierten Haaren, ein bisschen ungewaschen und deshalb schwer wie Algen legten sie sich in dicken Strängen immer wieder über sein rosa Gesicht. Während Lu jammernd um meinen Hals hing, blickte er abwesend, jedenfalls abweisend, fast tot aus dem Fenster. Ophelia.

Ich wünschte, es hätte einen Streit gegeben, ganz viel Wut. Aber das gab es nicht. Er wurde nur immer bleicher und stiller und irgendwann sagte er, da wäre eine Stelle frei in dieser Sprachschule, die Peruaner*innen wollten Deutsch lernen. Und das einzige, was mir einfiel war: Liegt wohl am Quinoa.

„Ihr solltet das auch mal probieren. Living Apart Together. Du und Jo."

„LAT?"

„LAT."

Ich schaue sie an, wie zufrieden sie aussieht, wie sie sich den Sermon spart, wie dankbar ich ihr dafür bin und mich deshalb öffne, während sie den Hafermilchschaum auslöffelt und ihr Gesicht dabei immer enttäuschter wird: „Ist's dafür nicht ein bisschen spät? Ich mein. Was weiß ich, ob uns das geholfen hätte. Apart sind wir jetzt jedenfalls."

„Und am Leben auch." Ihr aufmunterndes Schaumlächeln ist so vertraut, dass ich die Schultern sinken lassen muss und dankbar bin. „Du irrst dich, Einar. Das hier ist erst der Anfang."

Miku Sophie Kühmel

*Miku Sophie Kühmel (*1992 in Gotha), ist Schriftstellerin und Podcast-Produzentin. Sie hat kurz in New York und lang in Berlin studiert, wo sie heute lebt und arbeitet, derzeit an kurzer Prosa, langem Audio und einem neuen Roman. Ihr Debütroman „Kintsugi" ist 2019 bei S.Fischer erschienen, war auf der Shortlist für den Deutschen Buchpreis und wurde mit dem „aspekte"-Literaturpreis und dem Preis der Jürgen Ponto-Stiftung ausgezeichnet.*

BLICK AUFS WATTENMEER

von Friedrich Ani

Es war einmal eine Zeit, da durfte jeder und jede nach draußen, wohin und wann und wie lange auch immer. Man traf sich in Biergärten, an Flussufern, vor Imbissständen, in überfüllten Kneipen und chaotischen Behausungen, um Joints zu drehen und andere Substanzen zu probieren. Es war eine Zeit der Nähe, der Zusammengehörigkeit, des Überflusses an Zukunft und Gegenwart. Auch ein junger Mann – nennen wir ihn Georg – lebte in jener Zeit, allerdings ein wenig abseits des allgemeinen Treibens, auch wenn es nach außen hin nicht so schien.

Er hatte nämlich Freunde, mit denen er durchaus regelmäßig gastronomische Betriebe besuchte. Einige Jahre arbeitete er sogar bei einer Zeitung, umgeben von Kolleginnen und Kollegen, auf die er sich jeden Morgen auf seiner Fahrt von der Stadt aufs Land in die Lokalredaktion geradezu freute. Vermittelten sie ihm doch ein Gefühl des Gebrauchtwerdens und der Sinnhaftigkeit seines Tuns. Für ihn ein starkes, ungewohntes Gefühl.

Als Kind war er überzeugt, er wäre ein überflüssiges Anhängsel von Erwachsenen, die vorgaben, seine Eltern zu sein. Mit acht oder neun Jahren entdeckte er seine Leidenschaft fürs Lesen, er versank in Romanen und Gedichtbänden, deren Inhalt er kaum begriff und die ihn dennoch wie ein himmlischer Segen erfüllten. In der Jugend begann er zu schreiben, Verse und Szenen, Kurzgeschichten und Liedtexte. Was er zu hören bekam, war: Unfug! Sinnlos!

Er schrieb trotzdem weiter, zunehmend verzweifelt, wütend und selbstzerstörerisch, in der grimmigen Vorstellung, das Virus der Sinnlosigkeit würde ihn früher oder später vernichten.

Er überlebte. Vermutlich, dachte er oft, hatte er einfach nur Glück gehabt. Da er in so jungen Jahren gelernt hatte, das Alleinsein in einem Zimmer zu ertragen, allen Schlägen und Rückschlägen, der Finsternis und allen innerlichen Überschwemmungen zum Trotz, habe er – so rekonstruierte er an den Schwindel erregenden Abhängen mancher Nächte – eine besondere Zähigkeit entwickelt, die Außenwelt zu ertragen, ja sogar phasenweise an ihr teilzunehmen, ohne von der Masse zerrieben zu werden.

Im Buch einer amerikanischen Psychologin las er den Begriff des „geselligen Einzelgängers“ und erkannte sofort, dass er damit gemeint war. Er ging aus, lernte Menschen kennen, Männer, Frauen, er verliebte sich. Ihm gelang die eine oder andere Partnerschaft. Anfangs verstörte er die Frauen, weil er sich zierte, sie mit in sein Zimmer zu nehmen – in Wohnungen mit mehreren Räumen hatte er nie gelebt, was ihm erst mit fast fünfzig auffiel. Seine Freundinnen glaubten, er verberge sinistre Geheimnisse vor ihnen, dabei wusste er nur um seine lausige Fähigkeit, ein lässiger Gastgeber zu sein. Seine Unbeholfenheit in Dingen, die für andere selbstverständlich waren – Geburtstagseinladungen, gemeinsame Ausflüge, Tanzen und dergleichen – , marterte ihn. Er wollte nicht unhöflich erscheinen, abweisend oder selbstgefällig. Er konnte einfach nicht aus seiner Haut, so wenig, wie er sein Lebenszimmer gegen eine luftigere Behausung mit veränderten Wänden und einem möglicherweise überraschenden Ausblick einzutauschen vermochte.

Beinah wie ein kosmischer Scherz erschien ihm schließlich seine späte Hochzeit. Nicht nur wegen der Tatsache an sich, dass er nämlich nach Jahrzehnten des Einzelnseins – unterbrochen von einer übersichtlichen Anzahl an Beziehungen – tatsächlich diesen entscheidenden Schritt vollzog und seiner Zukünftigen einen Antrag machte. (Um der Wahrheit zu genügen: Georg machte ihr zwar einen Antrag, ließ dann aber vierzehn Jahre verstreichen, bis er sich zu einem Termin bereiterklärte, womit die Frau in der Tiefe ihres Herzens nicht mehr gerechnet hatte.) Der Hochzeitstag selbst verblüffte ihn in gewisser Weise, noch mehr jedoch der Ort – ein klaustrophobischer, an jenem Nachmittag völlig überhitzter Ort, der dem an enge Räume gewöhnten Georg, zumindest in den ersten Minuten, ein Höchstmaß an Selbstbeherrschung abverlangte.

Georg und seine Frau gaben sich das Ja-Wort in einem Leuchtturm an der Südspitze einer Insel im hohen Norden. Unfassbar, dass ein einziger Blick durch ein Bullauge hinaus aufs Wattenmeer ihm derart viel Ruhe und Zuversicht einflößte!

Zurückgekehrt in ihre Heimatstadt, beschlossen Georg und seine Frau, ihre bisherige Lebenssituation beizubehalten, was bedeutete: Jeder blieb weiterhin in seinen eigenen vier Wänden. Dort, in seinem Zimmer, muss man sich Georg heute als glücklichen Menschen vorstellen, auch wenn er, wie er vor sich selbst zugibt, „das vollkommene Glücklichsein noch am Lernen“ sei.

Wann immer er in diesen Wochen der massiven Ausgangsbeschränkungen, der verlassenen Hinterhöfe und still gewordenen Straßen aus dem Fenster schaut, ergreift ein Gedanke von ihm Besitz: Dass sich sein Leben vielleicht doch unbändig gelohnt haben könnte.

Friedrich Ani

Friedrich Ani, geboren in Kochel am See, schreibt Romane, Gedichte, Jugendbücher, Hörspiele und Drehbücher. Er erhielt sieben Mal den Deutschen Krimipreis sowie den Stuttgarter Krimipreis, den Adolf-Grimme-Preis und den Bayerischen Fernsehpreis. Sein Roman „Der namenlose Tag" wurde unter die zehn besten internationalen Kriminalromane des Jahres gewählt und von Volker Schlöndorff verfilmt. Weitere Veröffentlichungen: „Im Zimmer meines Vaters" (Gedichte), die Kriminalromane „Nackter Mann, der brennt", „Ermordung des Glücks", „Der Narr und seine Maschine", „All die unbewohnten Zimmer" (Suhrkamp Verlag). Friedrich Ani ist Mitglied der Bayerischen Akademie der Schönen Künste und des Internationalen PEN-Clubs. Er lebt in München.

DIE GEISTER VON CORONA

von Moritz Rinke

Hans Castorp will eigentlich nur seinen lungenkranken Vetter im Sanatorium besuchen. Er plant drei Wochen für die Reise von Hamburg nach Davos ein, am Ende lebt er sieben Jahre im Lungensanatorium. Im „Zauberberg" von Thomas Mann heißt es im Kapitel über „Freiheit", dass Castorp diese Zeit im Rückblick „zugleich unnatürlich kurz und unnatürlich lang erschien".

Leider kann ich nicht die ganze Passage zitieren, weil Thomas-Mann-Sätze immer so lang sind. Aber es ist schon erstaunlich, wie die erlebte Zeit im „Zauberberg" zu dieser Coronazeit passt, in der Tage und Wochen miteinander verschmelzen und man schon gar nicht mehr weiß, wann Montag ist oder Mittwoch, vom Datum ganz zu schweigen. Für Eltern mit Kitakindern ist sowieso nur noch Wochenende, unendlich lange hintereinander gereihte Sonntage.

Meinen Sohn nimmt das auch sehr mit. Seine Freunde darf er nicht treffen, auf den Spielplatz darf er nicht, auch nicht zum Geburtstag seiner Großmutter. „Was passiert da draußen?", hat er gefragt. Ich dachte an den Film „Das Leben ist schön" von Roberto Benigni, in dem der Kellner Guido seinem Sohn vorgaukelt, das Konzentrationslager wäre nur ein Spiel. Ich überlegte, die ganze Coronakrise als Spiel zu inszenieren. Wir gingen nach draußen und jagten die Coronageister wie bei den Playmobil-Ghostbusters mit dem Proton-Pack-Teilchenwerfer, aber schon am nächsten Tag skypte er mit seinem Kita-Freund Maxi, und der sagte ihm, es gebe keine Coronageister, so ein Quatsch, Covid-19 sei echt und gefährlich, er solle lieber im Homeoffice bleiben.

Den Achtzigsten meiner Mutter habe ich mit ihr allein gefeiert. Sie lehnte im Fenster, ich stand unten auf der kleinen Straße. Wir mussten sehr laut sprechen, eher schreien.

„Mir wird das jetzt zu doof, ich komme runter!", sagte sie. „Als ich Kind war und Krieg herrschte, bin ich bei Fliegeralarm auch vor die Tür gegangen!"

„Nein!", rief ich entsetzt, „du musst oben bleiben. Das hat sogar die Bundeskanzlerin gesagt!"

„Ich sehe doch, dass du nicht krank bist!", entgegnete sie. „Ich hab's dir immer angesehen, wenn du krank warst!"

„Beim Fliegeralarm konnte man die Flugzeuge sehen, das Virus sieht man aber nicht! Außerdem müssen wir die exponentielle Robert-Koch-Kurve abflachen!"

„Aber nicht an meinem 80. Geburtstag! Komm mir da nicht mit so einer Robert-Koch-Kurve! Ich komme jetzt runter!"

Vor ein paar Tagen habe ich für die Eltern eines Freundes aus Bremen Impfstoff gegen Pneumokokken besorgt, Pneumovax 23, den gibt's ja in Apotheken gar nicht mehr. Ich bin dann mit dem gekühlten Impfstoff über die Autobahn gebrettert, Übergabe auf halber Strecke auf der Raststätte Helmstedt-Süd. Ich stieg mit der Kühltasche aus dem Auto. Der Freund, Asthmatiker, stand schon da.

„Komm mir zehn Schritte entgegen, lege es auf den Boden, dann steig wieder in dein Auto", sagte er.

„Wir haben uns aber verdammt lange nicht mehr gesehen", sagte ich.

„Ja, stimmt, ich muss los. Ich weiß nicht, wie lange dein Kühlakku hält."

Das Leben hat gerade seltsame Formen angenommen. Andere Freunde von mir haben gerade eine folgende Krise. Bei ihm wurden Humane Papillomviren entdeckt. Ansteckung erfolgt meist über Geschlechtsverkehr, ebenfalls möglich ist eine Übertragung über infizierte Sexspielzeuge. Seine Freundin ist außer sich. Er sagt, er habe es bestimmt von ihr. Sie sagt, das sei unmöglich. Wenn die Coronakrise vorbei ist, will sie sich beim Arzt testen lassen. Die beiden reden von nichts anderem mehr.

Moritz Rinke

Moritz Rinke, 1967 in Worpswede geboren, ist einer der erfolgreichsten Dramatiker und Schriftsteller seiner Generation. Zuletzt wurde am Deutschen Theater Berlin sein Stück „Westend" uraufgeführt.

KOCHEN GEGEN DIE KRISE

von Hatice Akyün

Ich koche. Nein, nicht vor Wut. In meinem Alter lässt man sich nicht mehr so schnell provozieren. Ich koche in der Küche. Es gibt Tage, da muss ich Töpfe und Pfannen durch die Küche wirbeln, um meine inneren Koordinaten wieder einzupendeln. Kochen ist mein Kompass in der Krise. Stundenlang kann ich mich dann mit der Konsistenz von Käsekuchen beschäftigen.

Schwierige Zeiten haben mich immer in die Küche getrieben. So richtig fing es 2007 an, als ich zum ersten Mal Mutter wurde. Es war das Jahr, in dem das vierjährige britische Mädchen Maddie McCann aus einer Ferienwohnung verschwand und seitdem als vermisst gilt. Das Schicksal des Kindes trieb mich Tag und Nacht um. Ich konnte nicht mehr schlafen, konnte meinen Alltag kaum bewältigen, so sehr hat es mich emotional aufgewühlt.

An einem dieser Tage, als es um mich herum kein anderes Thema mehr zu geben schien, hielt ich es nicht mehr aus. Ich ging in die Küche und setzte einen Teig an. Einen, der besonders aufwendig zuzubereiten war: einen französischen Mürbeteig. Jede Zutat, die ich miteinander vermischte, beruhigte mich. Meine Gedanken sortierten sich langsam, die panische Angst, dass auch mir das mit meinem Kind passieren könnte, ließ nach. Als ich nach vier Stunden meine Küche verließ, hatte ich eine Tarte au Citron gebacken und einen Weg gefunden, meiner Angst für eine Weile zu entfliehen. Seit dieser Zeit koche und backe ich, wenn ich das Weltgeschehen für mich sortieren muss.

Der Krieg in Syrien, der Angriff auf Charlie Hebdo, die Terroranschläge in Paris, Brüssel, Istanbul, in Halle, in Hanau. Das Wissen, es nicht ändern zu können, nicht rückgängig machen zu können, ist lähmend. Beim Kochen kann ich meine Gedanken wie Küchenschubladen sortieren. Eins habe ich gelernt: Große politische Ereignisse erfordern komplizierte Rezepte. Die italienische Küche zum Beispiel eignet sich nicht besonders für Weltkrisen. Die Rucola-Zitronen-Pasta ist schneller fertig, als ich mit dem Nachdenken. Die französische Küche ist gut für mittlere Krisen. Und vielleicht sind Pulled-Gerichte gerade so beliebt, weil die Zubereitung Tage dauert.

Wenn ich koche, bekomme ich ein Gefühl von Halt und Geborgenheit, weil mich viele Gerüche an meine Kindheit erinnern. Weil ich dann mit mir ins Reine komme, mich unbewusst erinnere an urvertraute Zeiten und mich sicher fühle. Wenn mir das mit rationalen Strategien und Bemühungen nicht gelingt, wenn ich immer nur im Rahmen einer selbst überfordernden Selbstkritik drehe, aber auch das fruchtlos bleibt, muss ich diesen Plan abbrechen und eine lustbetontere Therapieform finden. Dann müssen mich meine Sinnesorgane zur Beruhigung führen.

Vielleicht habe ich diese Eigenschaft von meiner Mutter übernommen. Sie, eine anatolische Bäuerin, gab mir schon als junges Mädchen mit auf den Weg: „Eine glückliche Familie ist diejenige, deren Feuerstelle zu jeder Zeit raucht". Und wenn man einer türkischen Familie etwas Böses wünscht, verflucht man die Küche und sagt: „Möge das Feuer eures Ofens erlischen!" Unsere Küche in Duisburg war schon immer die Lebensader unseres Hauses und meine Mutter das Herz der Küche. Sie kam morgens in die Küche, setzte Teewasser auf und sagte: „Was koche ich heute nur?" Seit ich denken kann, steht sie am Herd und brät, bäckt oder dünstet. Nachts setzt sie Joghurt an, danach den Hefeteig für Börek und sie kocht Suppen, in denen die Seele versinkt wie im samtumkleideten Ruheraum eines Hamams.

Ich bereite mit Händen und Gedanken die Köstlichkeiten zu und gehe dabei den Dingen auf den Grund. In Sinnlichkeit steckt ja auch das Wort Sinn. Kochen zum Sattwerden, zum Erfreuen des Gaumens, um die eigenen Fähigkeiten in der Koordinierung verschiedenster Techniken zu vervollkommnen oder um einfach mal eine Balance zwischen Körper, Geist und dem Dazwischen zu finden. Und so koche ich mich in eine Leidenschaft, die mir im Zwischenmenschlichen irgendwie abhandengekommen ist.

Ein präziser Blick, eine angeregte Phantasie, Empathie offen zu fühlen – es ist die Verbindung dieser Eigenschaften, die mir durch meine Eltern in die Wiege gelegt wurde und die durch das Kochen genährt wird. Dazu gehört auch das Temperament, Initiative zu ergreifen und der Ordnungssinn, Abläufe so zu regeln, dass alles auch so kommt, wie es kommen soll. Die Geduld zu warten, bis der richtige Moment da ist, das Vermögen, beharrlich an einer Sache zu bleiben. Es geht eben doch mehr, als man anfangs geglaubt hatte. Aber immer wieder angstfrei von vorne anfangen zu können, musste ich mir hart als Eigenschaft erarbeiten.

Es gibt da dieses wunderbare Sprichwort im Türkischen, das zum Leitsatz für mein Lebensrezept wurde: „Wenn jemand mit Steinen nach dir wirft, gib ihm Brot." Und manchmal ist es eben das Leben selbst, das einem Steine in den Weg legt, die man wegräumen muss, um weitergehen zu können. Es gibt so unendlich viele Lebensweisheiten, die sich um das Essen drehen. Im Deutschen sagt man, etwas ist „das Salz in der Suppe" oder man spricht vom „Erfolgsrezept". Mir hilft das Kochen, auf neue Ideen zu kommen.

Und wenn mir dann jemand doch mal in meine „Suppe spuckt", versuche ich mir bewusst zu machen, dass ich schon immer mit mehreren Benachteiligungen zu kämpfen hatte: als Frau und Migrantin. Hatte ich mich als Frau bewährt, musste ich noch beweisen, dass ich auch als Migrantin gut genug war. Das hat mich stark gemacht, einmal mehr aufzustehen. Hinfallen habe ich mir erlaubt, liegen bleiben kam nie in Frage.

Kultur gehört in meinen Alltag und Essen ist Teil meiner Kultur. Gerüche, Geschmäcke, Gaumenfreuden. Keine Prasserei, aber Genuss mit und ohne Reue. So bin ich aufgewachsen. In der türkischen Kultur geht es beim Essen einzig und allein darum, mit der ganzen Familie zusammenzukommen. Aber leider kann ich diese Essorgien bei mir zu Hause nur an den Wochenenden feiern. Durch meinen Beruf bin ich tagsüber sehr eingespannt und muss – wahrscheinlich wie alle arbeitenden Mütter – die Mahlzeiten gut planen. Die wichtigste Frage ist: „Bekomme ich das Essen um spätestens sieben auf den Tisch?"

Auch türkische Frauen ändern ihre Traditionen nach und nach. Aber ich fühle mich immer noch wie ein kleines Mädchen, wenn ich im Haus meiner Mutter bin und die unterschiedlichsten Gerüche ihrer wunderbaren Gerichte durch das Haus ziehen.

Mein Lieblingsgericht ist Manti, ein türkisches Nudelgericht. Man könnte, wenn man sich viele Feinde bei den Türken machen möchte, auch sagen, es sind Ravioli. Aber das sind sie natürlich nicht. Manti sind klitzekleine gefüllte Teigtäschchen. Die Verniedlichung am Ende bedeutet tatsächlich, dass sie unfassbar klein sind. Man braucht einen ganzen Tag, um sie vorzubereiten und es dauert keine zehn Minuten, bis sie aufgegessen sind. Im Türkischen sagt man, dass vierzig Manti auf einen Löffel passen müssen, erst dann sind sie richtig. Eine unglaubliche Arbeit, die sich aber lohnt. Am Ende werden sie kurz in Salzwasser gekocht und mit einer Soße aus Butter, Knoblauch und Joghurt serviert. Ich koche es zwar nicht oft, dafür aber sehr gern. Weil Manti-Zubereitung für mich wie Meditation ist. Viele meiner journalistischen Geschichten sind während der Zubereitung von Manti entstanden. Vielleicht sollte ich einen Manti-Kurs anbieten für all die gestressten Menschen, die sonst zum Yoga gehen.

Jeder von uns muss einen Weg finden, mit Krisen fertig zu werden, die uns manchmal aus unserem Sicherheitsgefühl werfen. Manche gehen joggen, andere lassen es nicht an sich heran. Mein Weg ist das Kochen. Auch wenn es vielleicht naiv klingen mag, Kochen wirkt meditativ. Weil man sich im wahrsten Sinne des Wortes Zeit nimmt, etwas zu verarbeiten.

Hatice Akyün

Hatice Akyün ist Journalistin, Schriftstellerin und Moderatorin. Ihre Kolumne „Ansichtskater" erscheint seit 2011 im DER TAGESSPIEGEL. Sie veröffentlichte bisher „Einmal Hans mit scharfer Soße", „Ali zum Dessert", „Ich küss dich, Kismet" und „Verfluchte anatolische Bergziegenkacke".

Hatice Akyün lebt in Berlin.

VIKING 1 UND 2 LANDEN WEICH AUF DEM MARS DER VERGESSLICHE RIESE SPRICHT*

von David Wagner

„Heute ist ein bedeutender Tag, ein weltgeschichtliches Datum!"

„Ach ja? Was ist denn, Freund?"

„Heute ist dein Geburtstag!"

„Tatsächlich? Wie alt werde ich denn?"

„Siebenundsiebzig."

„Siebenundsiebzig? Sieh an. Jung bin ich jetzt wohl nicht mehr. Aber auch noch kein Methusalem."

„Weltgeschichtlich ist gerade einiges los."

„Ja? Was passiert denn?"

„Die Pandemie, Papa. Die Pandemie, die alles stillstellt."

„Ach ja, davon habe ich gelesen. Die davor haben wir ja vergessen, die ist aus dem kollektiven Gedächtnis verschwunden. Dabei sind Millionen an ihr gestorben, Max Weber und Egon Schiele, um nur zwei zu nennen. Und zwei Brüder meines Vaters. Lange habe ich gedacht, sie wären an der Westfront gefallen."

„Ach."

„Und meinen Vater, deinen Großvater, hätte es beinah ebenfalls erwischt, zwanzig Jahre alt. Er war Jahrgang 1900 und musste nie rechnen, um auf sein Alter zu kommen."

„Musst du ja schon. Wie alt wirst du heute?"

„Stell dir vor, was mein Vater erlebt hat bis zu seinem Tod. Ein, zwei, drei, vier verschiedene Deutschlands."

„Kaiserreich, Weimarer Republik, Drittes Reich, Bundesrepublik. Ganz schön viel Geschichte für ein Leben."

„Und du mein Sohn, sein Enkel?"

„Ich kenne nur die alte Bundesrepublik und die neue inklusive Beitrittsgebiet."

„Ich hingegen bin zwei Jahre vor dem Ende des Tausendjährigen Reichs geboren. Das zum Glück doch nur zwölf Jahre dauerte."

„Weißt du, was der dtv-Atlas für Weltgeschichte für dein Geburtsjahr vermerkt?"

„Eine Karte, die zeigt, dass die Deutsche Wehrmacht Europa von

** Dies ist kein Auszug aus David Wagner: Der vergessliche Riese, Hamburg (Rowohlt) 2019.*

den Pyrenäen bis zum Kaukasus und von Nordafrika bis zum Nordkap beherrscht?“

„Diese Karte gibt es, ja. Es folgt jedoch eine schematische Darstellung der Schlacht um Stalingrad.“

„Damit war der Krieg verloren. Dass er zu Ende war, ist eine meiner frühesten Erinnerungen. Ich war zwei Jahre alt, und die Glocken haben geläutet – aber das weiß ich wahrscheinlich nur, weil meine älteren Schwestern es mir erzählt haben. Ich soll mich sehr gefreut haben.“

„Und was kam dann? Wie ging deine Weltgeschichte weiter?“

„Deutsche Teilung, Kalter Krieg. Mauerfall und die Auflösung der Blöcke, das Gerede vom Ende der Geschichte, die neue Unübersichtlichkeit und das Ende des amerikanischen Jahrhunderts.“

„Das hatte mit dem Kriegseintritt der USA kurz vor der letzten Pandemie begonnen, oder?“

„Ja, 1917.“

„Und wann hat es aufgehört? Mit der Wahl Donald Trumps zum Präsidenten der Vereinigten Staaten?“

„Er wirkt zumindest so korrupt und überfordert wie einer der späten römischen Kaiser. Er ist ein Phänomen der Dekadenz. Nun ist China an der Reihe; China hat seinen Wiederaufstieg vollzogen. Wir leben, noch haben es nur nicht alle bemerkt, längst im Chinesischen Jahrhundert.“

„Wiederaufstieg? Wieso Wiederaufstieg?“

„Na, China war doch schon einmal und das für lange Zeit die größte Wirtschaftsmacht und reichste Volkswirtschaft der Erde. Erst die industrielle Revolution hat die Verhältnisse verschoben.“

„Aha.“

„Du warst doch in China, du hast es doch gesehen, oder?“

„Ich habe gedacht, ich wäre in der Zukunft zu Besuch. War mir aber nicht sicher, ob das die Version der Zukunft ist, in der ich leben möchte. Die ich uns allen wünsche.“

„Wieso soll heute noch mal ein historischer Tag sein? Wie kamen wir darauf?“

„Dein Geburtstag, Papa.“

„Und was haben der oder ich mit der Weltgeschichte zu tun?“

„Du und ich, wir erleben sie, jeden Tag. Jetzt gerade.“

„Ach ja? Und ich dachte, sie müsste erst geschrieben werden. Geschichte als Sinngebung des Sinnlosen, kennst du doch, oder?“

„Theodor Lessing? Ich erinnere mich an seine Kampfschrift gegen den Lärm."

„Im Grunde könnte ich mittlerweile selbst Geschichte erzählen. Bin ich nicht historisch, so alt wie ich jetzt bin?"

„Kannst du, Papa. Kannst du. Hast du nicht im Kalten Krieg gekämpft? Und als Hauptmann der Reserve bei Wehrübungen den Ernstfall geprobt?"

„Wir haben bloß die drohende Niederlage geübt. In einem konventionellen Krieg hätten wir keine Chance gehabt gegen die Panzerarmeen des Warschauer Paktes."

„Ach, und daher die Nachrüstung und die Cruise-Missiles?"

„Nein, die und die Pershing II waren, wenn ich mich recht erinnere, eine Antwort auf die Bedrohung durch die russischen SS-20-Atomraketen, die auf Westeuropa gerichtet waren."

„In einem nicht-konventionellen, sprich Atomkrieg, hätten wir also auch keine Chance gehabt?"

„Nein, beide Seiten nicht. Den nuklearen Ernstfall hätte wohl keiner überlebt."

„Haben wir ein Glück gehabt, dass der nie eingetreten ist."

„Hast du überhaupt schon was erlebt in deinem Leben?"

„Na, den Fall der Mauer habe ich mitbekommen. Ich ging noch zur Schule, saß im Geschichte Leistungskurs und sollte mich mittels des dtv-Atlas mit der Weltgeschichte vertraut machen."

„Und, stand der Mauerfall schon drin in deinem Atlas?"

„Nein, der passierte ja gerade. Die Weltgeschichte war live auf Sendung, so wie heute, jetzt, in diesen Wochen."

„Wieso, was passiert jetzt?"

„Die Pandemie, Papa."

„Habe ich noch nichts von mitbekommen. Was ist los?"

„Nichts ist los. Das ist es ja gerade. Alles steht still und alle, fast alle, bleiben zu Hause, um sich nicht anzustecken."

„Ich bin sowieso zu Hause. Ab und zu geh' ich in den Garten. Sag mal, hast du damals eigentlich was geleistet in deinem Leitungskurs?"

„Wahrscheinlich nicht. 2001 ist aber schon wieder was passiert."

„2001? Meinst du den Film?"

„Nein, ich meine den 11. September und die entführten Flugzeuge."

„Ach, die einstürzenden Türme."

„Weißt du, dass deine Nichte, meine Cousine, mit ihrer Wiener

Künstlergruppe ein knappes Jahr zuvor heimlich einen Balkon an einem der beiden Türme des World Trade Center installiert hat? Sie hatten eine Residenz in einer Galerie in einem der obersten Stockwerke gewonnen und aus Pappkartons eine Ausstellung aufgebaut; eine Fake-Ausstellung, um hinter der Wand aus Kartonage eines Nachts das normalerweise nicht zu öffnende Fenster samt Fassadenverkleidung abzuschrauben und einen mit Gegengewichten gesicherten Balkon durch die entstandene Öffnung zu schieben."

„Wahnsinn. Haben sie Ärger bekommen?"

„Sie wurden nicht einmal erwischt. Haben aber alles von einem Hochhaus gegenüber dokumentieren lassen."

„Wie schön die Vögel heute zwitschern. Die Sonne scheint. Und die Kinder spielen im Garten nebenan."

„Hörst du, wie ruhig es ist? Kein einziges Flugzeug am Himmel."

„Stimmt, nichts los da oben. Nichts passiert."

„Das ist es, die Welt steht still. Dass nichts passiert, das ist das Ereignis."

„Nichts?"

„Na ja, jeden Tag sterben ein paar tausend an der Krankheit, die das Virus auslöst. Sie ersticken."

„Hört sich an wie ein Horrorfilm."

„Wir leben in einem, auch wenn es auf den ersten Blick nicht so aussieht."

„Wie endet sie eigentlich, die Weltgeschichte in deinem dtv-Atlas?"

„Weiß ich nicht mehr. Lass mich mal nachsehen. Ich muss ihn nur kurz suchen."

„Such mal. Ich rechne derweil aus, wie alt ich heute werde."

„Ich habe meinen dtv-Atlas zur Weltgeschichte gefunden. Die erste Auflage erschien im Dezember 1966, ich besitze ein Exemplar der erweiterten 19. Auflage vom November 1984: 1741 bis 1820. Tausend."

„Wie, schon damals waren über 1,8 Millionen Exemplare verkauft worden? Wer hat die gelesen? Und wie klug waren die dann alle?"

„Sehr klug. Wahnsinnig klug. Ich bin mir sicher, jeder Gymnasiast hat dieses Buch von vorne bis hinten auswendig gelernt."

„Und wie endete die Weltgeschichte nun?"

„Der letzte Eintrag klingt noch heute wie aus der Zukunft, er lautet: „Juli/Sept. 1976 Viking 1 und 2 landen weich auf dem Mars: Photos; Experimente mit Bodenproben.“

David Wagner

David Wagner, 1971 geboren, debütierte mit dem Roman „Meine nachtblaue Hose“. Es folgten der Erzählungsband „Was alles fehlt“, das Prosabuch „Spricht das Kind“, die Essaysammlungen „Welche Farbe hat Berlin“ und „Mauer Park“, die Kindheitserinnerungen „Drüben und drüben“ (mit Jochen Schmidt), der Roman „Vier Äpfel“, der auf der Longlist des Deutschen Buchpreises stand, und „Ein Zimmer im Hotel“.

2013 wurde ihm für sein Buch „Leben“ der Preis der Leipziger Buchmesse verliehen, 2014 erhielt er den Kranichsteiner Literaturpreis und war erster „Friedrich-Dürrenmatt-Gastprofessor für Weltliteratur“ an der Universität Bern. Seine Bücher wurden in viele Sprachen übersetzt. Er lebt in Berlin.

KEINEN METER ABSTAND

von Ramona Raabe

Britta hamstert nicht, sie kauft vor. Gewissenhaft, nicht rücksichtslos. Sie kauft vor, sodass sie für einen Monat zu Hause bleiben kann. Sie verbraucht sparsam und genügsam, verzichtet dabei auf alles, was schnell verderblich ist. Man könnte auch sagen, auf alles *Frische*, aber die Formulierung „Verzicht auf leicht Verderbliches" gefällt ihr besser. Es klingt, bei dem Gedanken muss sie grinsen, nach einer Maxime, die sich wunderbar auf ihr bisheriges Leben und ihre Beziehungen anwenden lässt. Daher kommt der Satz ihr wie eine standfeste Aussage vor, die von charakterlicher Stringenz zeugt. Allerdings hat sie nur mit wenig Menschen so vertrauten Kontakt, dass kaum jemand sich detailliert nach ihrem persönlichen Versorgungsstand erkundigen würde. Mit ihrer Mutter telefoniert sie und mit ihrer Kollegin Mara, die im selben Büro desselben Messeunternehmens wie Britta sitzt, mit den gleichen Aufgaben betraut ist und zu gleichen Bedingungen nun mit Kurzarbeit nach Hause geschickt wurde. Im Fall der Kollegin allerdings mit zwei Kindern, dafür aber auch mit Partner.

Aus gefalteten Baumwollfetzen und mit verknoteten Haargummis hat sie einen Mundschutz gebastelt, entsprechend einer online aufgestöberten Anleitung. Die Gummis spannen an ihren Ohren. Auch an diesem Tag, als sie ihren Wagen auf dem großzügigen Parkgelände abstellt. Der Platz erstreckt sich vor dem Supermarkt wie eine gigantische, willkommen heißende Fußmatte. Sie braucht ja nicht lang, denkt Britta und spürt die Gummis hinter den Ohren glühen. Es ist Ende April 2020. Langsam hat sie sich daran gewöhnt. Ob das gut ist? Sie fragt es sich, aber noch fragt sie es sich, immerhin, und dann, beschließt sie, ist es wohl okay.

Britta ist keine, die zwischen den Regalen und Gängen irrt. Real, Kaufland, Metro, nichts schreckt sie – sie ist ein lösungsorientierter und zweckgebundener Mensch. Deshalb steuert sie zielsicher durch die bunten Passagen, die tunnelgleichen Verlockungen, mit Einkaufsliste im Kopf. Deshalb bleibt sie zu Hause, sorgt vor, trifft niemanden. Vielleicht genießt sie es, heimlich. Außerdem hat sie Bibi. Sie packt ein paar Packungen Tiefkühlerbsen in den Wagen, Rahm-Porree, mexikanische Gemüsepfanne, Pizzen und Flammkuchen. Sonderangebotsschilder baumeln über ihren Köpfen, sterngeformte rote Pappe. Ein trauriges Feuerwerk. Sie mag diesen Ort nicht. Die Kälte, scheint es ihr, steigt aus den Tiefkühltruhen hervor, wie Friedhofsnebel in einem Horrorfilm. Schnell schiebt sie die Glasplatte zurück. Britta bekommt nicht gut Luft unter der Maske. Ihr atmender Mund saugt die Baumwolle ein, befeuchtet sie. Die Brillengläser beschlagen. Sie blinzelt ein paar Mal, einfach so. Damit geht es ihr besser.

Manche Menschen tragen Handschuhe. Sie streichen sich Strähnen aus dem Gesicht, kratzen sich unter den Masken, ehe sie mit derselben Hand per Druckmassage die Reife einer Avocado testen. Manche Menschen tragen keinen Mundschutz. Das ist nicht richtig, denkt Britta. Manche tragen kostbaren, medizinischen Mundschutz. *Asozial*, denkt Britta. *Verbrecher.*

Sie besorgt noch ein paar Leckerlis für Bibi. Es ist das einzige Regal, vor dem sie sich Zeit nimmt. Ihre Augen tasten die Produkte ab, die niedlichen Abbildungen darauf, die idyllischen Fotos bumsglücklicher Hunde. Vor diesen Regalen steht Britta immer ein bisschen wie andere in einem Museum. Nur hier lässt sie sich intuitiv leiten. Von den Farben, den Schriftzügen, den Etikettierungen. Abwechslungsreich soll's sein.

An diesem für eine außergewöhnliche Zeit äußerst trivialen Tag aber passiert etwas mit Britta. Etwas, was einen bekanntlich dann erwischt, wenn man es am wenigsten erwartet. Sie steht nicht allein vor dem Regal. Erst nimmt sie die Präsenz kaum wahr, doch die Erscheinung bleibt beharrlich an ihrer Seite, rührt sich kaum. Britta begreift: da wartet einer. Ein großer, etwas schlaksiger Mann. Kurz ist sie irritiert, beinahe erbost, weil dieses hier, dieses Verharren vorm Tierbedarf, ihr ganz privater Moment im öffentlichen Raum ist, ihre Quasi-Meditation, wenn man so will, und hier steht der nun und wartet. Doch die Irritation weicht einer vorsichtigen Entzückung, als sie begreift, weshalb er wartet, so freundlich und so reizend geduldig, auf nicht nur eins Komma fünf, sondern gleich zwei Meter Abstand!

„Entschuldigung“, sagt sie sogar und ihre Maske wölbt sich etwas unter ihrem Atem. Sie geht einen großen Schritt zurück und macht eine freundliche, ausladende Geste, dass er doch vortreten möge. Er trägt einen Mundschutz aus lila Stoff, mit weißen Schnürsenkeln als Band. Und eine Brille. Auch die ist etwas beschlagen. Kommt es Britta nur so vor, oder beschlägt sie jetzt stärker? Atmet er schneller, wie er nun hier steht und sie anblickt? Oder ist es ihre eigene Sicht, die immer fleckiger wird? Hinter dem Dunst, *durch den Dunst,* und auf zwei Meter Abstand, sieht sie warmbraune Augen. Nougat, denkt Britta. Seine Wangen schieben sich nach oben. Er lächelt. Sie formen die Augen zu zwei schlanken Fischchen mit Grübchenflossen.

So viel Atem unter Brittas Maske, so wenig davon in ihr.

Die französische Bulldogge begrüßt Britta vor der Tür. Vor lauter Freude über ihr Erscheinen versperrt sie ihr den Durchgang. Die Hündin und ihr lustiges Betragen sind laufende Metaphern. Britta räumt die Einkäufe ein, muss geometrisch denken, umräumen, clever anordnen, muss Platz schaffen. Sie taut sich Tagliatelle auf, mit Spinat und Lachs. Das eisklumpige Nudelnest löst sich nur langsam in der Pfanne. Das Öl spritzt zart. Ein appetitlicher Duft füllt die kleine Küche. Sie schaut einen Krimi im Fernsehen; oder ist es schon die Talkshow im Anschluss? Sie denkt an wunderschöne Nougat-Fische. „Danke“, haben die unsichtbaren Lippen unter dem Mundschutz gesagt, der Mann ihr zugenickt. Und dann stand er vor dem Regal, wie sonst nur Britta vor dem Regal steht, unangemessen verwundert. Konnte er ihren Blick in seinem Rücken spüren? Ihr Spannerblick, – aber romantisch –, der ihn abtastete von der Haarspitze bis an die Fersen. Britta kennt das nicht, was da passiert und doch ahnt sie es. Konnte es ihr auch passiert sein? So schnell? Britta fühlt sich etwas krank.

Britta hadert. Genug hat sie eingekauft, genug für sicher sechs Wochen. Es gibt keinen Grund, diese Wohnung, ihre schützende Insel, zu verlassen. Sie kann ja an ihn denken, sagt sie sich. Sie hat ja schon an andere gedacht. Also legt sie sich hin, denkt an braune Augen und geheimnisvolle Lippen unter lila Stoff, daran, was diese Lippen alles tun könnten und sie streichelt sich. Doch anders als sonst verschwindet das Kribbeln auch danach nicht. Es pulsiert weiter.

Am nächsten Tag geht Britta wieder in den Markt. Sie wiederholt das, vier Tage, sie streift zwischen den Regalen wie durch die schmalen Gassen einer südländischen Kleinstadt, prüft die Produkte ab wie Klingelschilder. Ihr Ziel hat keine Koordinaten. Wo kann sie ihn finden? Sie dreht verzweifelt Runden im Markt, begegnet den immer gleichen Leuten. Sie denkt an Kameras, die sie im Bild haben und ihre Schritte nachverfolgen können. Sie denkt das Wort *verhaltensauffällig*. Auf dem Rückweg im Auto kommen ihr die Tränen. Jahrelang dachte Britta, sie habe die Einsamkeit nicht einfach bezwungen, nein, sie habe sie sogar bewohnt. Jetzt merkt sie, dass sie einander bisher nicht begegnet waren.

Vergiss nie, hatte ihre Tante vor vielen Jahren bei einem selten vertrauten Gespräch gesagt, dass Alleinsein nicht bedeutet, einsam zu sein. Es hatte gestimmt. Und jetzt stimmt es nicht mehr.

In der thailändischen Stadt Lop Buri ลพบุรี, sieht sie im Netz, sind die Javaneraffen außer Rand und Band. Die Videos zeigen irre Bilder: Unmengen der sandbraunen Makaken rennen auf die Straße, große und kleine, stürmen irgendwohin, jedenfalls aus dem Bild. Normalerweise füttern Touristen die Affen, heißt es in dem Artikel. Doch nun, während der Pandemie, bleiben die Gaben aus. Die zivilisierten Affen sind hilflos, also aggressiv, auf sich zurückgeworfen. Laut der Bangkok Post, zitiert der Artikel, gebe es in der Stadt zwei rivalisierende Lager. Da sind einmal die Tempelaffen und die Stadtaffen. Normalerweise respektieren die ihre Reviere, kommen sich nicht in die Quere. Das ist vorbei.

Es dauert ein paar Tage, bis sie ihn wieder sieht. Mittlerweile hat sie ihren Blick geschärft, sieht Gesichter unter den Masken, denkt sich Nasen und Lippen, wo keine sind.

Fast ist es, als *erinnere* sie sich an Nasen und Lippen, wo nie welche waren.

Er steht bei den Reinigungsmitteln, bei den Handseifen. Er trägt dieselbe Kleidung, dieselbe Brille, aber einen anderen Mundschutz. Einen apfelroten. Sie dachte, vielleicht ist das alles vorbei, wenn sie ihn nur wiedersieht, sie dachte es hoffnungsvoll und ängstlich. Und jetzt? Ihr Herz hämmert und sie stolpert ihm vor die Füße. Bis zum

Anschlag der Abstandslinie, die so unsichtbar ist wie die Bedrohung.

Er, das sieht sie in seinen Augen, erkennt sie sofort. Das ermutigt sie. Er lächelt und hebt die Hand zum Gruß. Britta geht einen winzigen Schritt vor, übertritt zitternd die Grenze, aber mit Respekt. „Ich bin Britta", sagt sie.

Er antwortet. Seine Stimme ist warm und etwas heiser. Er gibt ihr seinen Namen hin – ganz beiläufig wirft er ihr den Spuk zu und sie drückt ihre Brust ein wenig vor, damit ihr Herz ihn aufschnappen kann: Egon.

Sie reden über den Tag, die Einkäufe, witzeln über die Knappheit mancher Produkte. Haha, hoho. *Schon so oft gehört, aber nicht von dir. Du lässt alles anders klingen.*

„Das ist jetzt vielleicht komisch, aber... ich habe dich gesucht", sagt Egon nach einer seltsamen Pause, am Ende der einfachen Worte. Auch er geht einen Schritt auf sie zu. Ein Meter Abstand. Er habe gehofft, sie wiederzusehen. Und, das sei nun gewissermaßen, ach, und ja, natürlich schon, also, *völlig unangebracht,* also *in dieser Situation,* aber... ob sie das weitermachen wollen? Einander wiedersehen? 90 Zentimeter. Britta glüht. *Mein Risiko ist dein Risiko.*

Am Abend will Bibi noch mal raus – eine Stunde, nachdem sie die tägliche Spätrunde schon gegangen waren. Die Dogge benimmt sich seltsam. Britta schaut zum Himmel, schaut, ob Vollmond ist, obwohl sie an sowas nicht glaubt. Sie findet keinen Mond. Offenbar muss man nicht an etwas glauben, um trotzdem tief verunsichert zu sein, wenn es plötzlich fehlt.

Sie glaubt eigentlich auch nicht daran, Gespräche mit ihrer Hündin zu führen. Jetzt sagt sie ihr immer wieder mit dem Ton einer Predigerin „Da muss ich jetzt Abstand nehmen", während die Hündin sich, als sie wieder zu Hause sind, wärmend auf ihre Füße gelegt hat. Die Dogge unterbricht sie, tatsächlich, sie bellt ihr mitten ins Wort. Als würde sie gegen ihre Vernunft protestieren. *Bitch, please.*

Britta und Egon haben Nummern ausgetauscht. Sie telefonieren. Sie telefonieren morgens um 8 Uhr, bevor er – geschiedener Mathe- und Biologielehrer an einer Gesamtschule – anfängt, Mails abzuarbeiten, Schülerfragen zu beantworten. Und sie telefonieren am frühen Nachmittag, wenn er damit fertig ist. Und am Abend noch mal, nachdem er die Unterrichtseinheit für den nächsten Tag vorbereitet hat. Britta und Egon haben beide Fernweh nach demselben Ort (Lettland), eine ähnliche unwahrscheinliche Abneigung gegen Duftkerzen und Knollengemüse (sie Steckrüben, er Radieschen; beides – wie sie von ihm erfährt – sogenannte orthotrope Sprossknollen) und sie hassen es zu telefonieren, außer miteinander. Und noch etwas, was Britta, wäre sie der Typ dafür, mit einer eigentümlichen Begeisterung, die nur dem wildesten Zufall zuteilwird, all ihren Freundinnen mitgeteilt hätte: Brittas Sehschwäche lässt sich auf minus 2,75 Dioptrien beziffern, Egons auf plus 2,75. Gemeinsam auf Null, freie Sicht voraus.

Er hört ihr zu. Auf eine so aufmerksame, so interessierte Art, dass sie erst jetzt merkt, was sie alles zu sagen hat.

Die Affen in Lop Buri ลพบุรี, liest sie nun, werden von den Behörden und Einheimischen gefüttert. Diesmal findet sie kein Video und muss dem Bericht glauben. Sie sieht dafür ein Video von einer pinkelnden Fledermaus, sieht ihr akrobatisches Zucken.

Im Markt ist es, als tanzten die Maskierten um sie herum. Aber das stimmt nicht: Britta ist es, die tanzt. Die nicht mehr weiß, wohin. Die anderen sind farbtupfende Schatten. Britta aber: Sie streckt hier die rechte Hand nach einem Strauch Tomaten, da die linke nach der Schachtel Trauben, und allemal schubst sie mit der Hüfte den Wagen an, gleitet in die nächste Regal-Gasse. Und da steht er nun, unerwartet.

Sie erstarrt. Er ist es doch? Ja, er ist es. Seine braunen Augen über der lila Maske. Der verwundert-erschrockene Ausdruck, als er sie erkennt. Ein Hauch von Unbeholfenheit. Das sieht sie noch, bevor ihre Brillengläser wieder beschlagen und ihre Augen hinter dem Dunst verschwinden. Seine auch. Britta und Egon, sie verschwinden voreinander und dann miteinander. Sie fühlt ihn schon als Teil von sich.

Es geht nur so, es geht nur *all-in*. Ihr ist schlecht vor Angst. Sie geht auf ihn zu. Ohne Lippen, ohne Nase und jetzt auch ohne Augen.

Mein Risiko ist dein Risiko. Britta senkt sich in Egons Umarmung, hält ihn und wird gehalten. Lehnt sich dann ein paar Zentimeter zurück.

Verschwommen erkennt sie sein Schema, den Kopf, die angegrauten Haare. Sie berührt den Stoff der Maske, fährt die darunter liegenden Lippen nach. Sie spürt die Wärme, die Bewegung, spürt blind die Öffnung zwischen den Lippen. Brittas Finger fassen an seine Schläfen, verfangen sich in der Maske, nesteln hastig am Bund herum. Er fällt etwas zurück, gegen das Regal. Sie spürt die entrüstet lodernden Blicke der anderen. Spürt sie wie ein Publikum. Hört das Tosen und Branden dieser Szene. Britta atmet einmal tief durch. Nimmt langsam ihre Maske ab. Nimmt einen gesunden Luftzug. Danach zieht sie seine runter, reißt sie fast ab, legt das Gesicht frei.

Sie schaut nicht hin, als sie sich traut. Als sie nach seinen Händen fasst.

Ramona Raabe

Ramona Raabe, Jahrgang 1992, hat Film- und Literaturwissenschaft an der Freien Universität Berlin und UC Los Angeles studiert. Ihre literarischen Arbeiten wurden vielfach veröffentlicht und mehrfach ausgezeichnet, u.a. mit dem Martha-Saalfeld-Förderpreis 2013. Im Jahr 2018 erschien ihr erstes Buch, die Novelle „Das pathologische Leiden der Bella Jolie“ (Dittrich Verlag). Ramona Raabe lebt im Havelland bei Berlin.

OPA

von Jo Schück

– Was hast du eigentlich damals gemacht, Opa?

– Wie, gemacht?

– Na ja, du warst doch dabei, oder nicht?

– Ja, schon irgendwie, aber ich ... ich weiß jetzt auch nicht.

Er hatte die Frage erwartet. Sie sich vor Jahren sogar selbst gestellt, sich und seinen Freunden: „Was machen wir, wenn unsere Enkel uns eines Tages fragen, was wir damals gemacht haben?"

Keine Antwort von keinem. Müdes Lächeln. Gemurmel. Manche hatten schon damals stumm ins Leere gestarrt. Und jetzt stand die Frage im Raum. Und sie machte nicht den Eindruck, sich wegbewegen zu wollen. Sie stand einfach da und starrte ihn an.

Er hatte immer gewusst, sie würde kommen, er hatte nur gehofft, nicht jetzt. Irgendwann später. Für immer irgendwann später.

– Du willst nicht darüber reden, oder?

– Doch, schon, klar ...

Nein, wollte er nicht.

– ... also, was willst du wissen?

– Ich würde einfach gerne verstehen, was damals passiert ist. Ist doch ungewöhnlich, einen Opa zu haben. Und dann noch einen, der die Zeit miterlebt hat!

Er war aus der Zeit gefallen. Hinein in eine andere Zeit.

– Hattet ihr Angst?

– Angst? Nein. Es war ... angespannt. Das schon. Aber Angst? Nein, nicht wirklich. Das, das Schlimme, das kam ja dann erst ...

Er hatte nie aufgehört, darüber nachzudenken. Es war in ihm drin. Ein zähflüssiger Teig, den er zwar unaufhörlich knetete, aber nicht formen konnte. Geschweige denn loslassen. Oder rauslassen. Backen. Wegbacken. Darüber sprechen ... er wusste nicht, wie das gehen soll.

– ... und auch ziemlich unerwartet.

– Du meinst ...?

– Ja. Krieg.

Er haucht das Wort so dahin. Als ob seine Lippen nicht wüssten, was sie taten. Krieg. Es war ihm nicht möglich, sich diesem Wort hinzugeben. Physiologisch undenkbar. Als wenn seine Nervenenden allergisch darauf reagierten.

Krankhafte Überempfindlichkeitsreaktion. Krieg war Antigen. Es kam ihm nicht in den Kopf.

– Was hast du an dem Tag gemacht?

– Dem Tag? Es gab keinen Tag. Es war ja nicht wie früher, als ein Land dem anderen eine offizielle Kriegserklärung per Boten überbacht hat.

– War das früher so?

– Klar, sowas lernt man doch in der Schu...

Wie dumm von ihm.

– Jedenfalls war das dann alles einfach so, und bevor du gemerkt hast, was gerade passiert, warst du schon mittendrin.

– Aber es muss doch irgendwie angefangen haben?

– Ach, Anfang, Ende. Wo endet der Anfang, oder wo fängt das Ende an?

Sie starrten gemeinsam. Seine Enkelin. Und die Frage. Kreuzfeuer. Was sollte das? Sie war doch eigentlich alt genug, um zu verstehen, dass es da nichts zu verstehen gab. Wenn wir eines aus der jüngeren Geschichte gelernt haben, dann doch vor allem, dass man aus der jüngeren Geschichte nichts lernen kann. Bis vor Kurzem haben sich die Historiker noch darüber gestritten, wodurch der Erste Weltkrieg ausgelöst wurde. Und er sollte ihr jetzt erklären, was in den letzten zwanzig Jahren passiert war? Wie naiv von ihr.

– Ach, weißt du, es gab einfach unglaublich viele Holzköpfe.

– Holzköpfe?

– Ja. Holzköpfe. Und die saßen an den falschen Stellen.

– Du meinst den aus Ungarn?

– Ja, den aus Ungarn. Den aus Russland. Den aus Spanien. Die ganze Welt hat doch verrücktgespielt. Und dann Norwegen. Ausgerechnet Norwegen.

– Wieso, was war denn mit Norwegen?

– Das war die erste Nation, in der ausschließlich Elektroautos gefahren sind.

– Was?

Nichts. Es hatte nichts damit zu tun. Aber, so war das eben. Keiner konnte sich vorstellen, dass ein so tolles, so innovatives Land auf einmal ... – und jetzt hatte er stattdessen immer Elektroautos im Kopf, wenn er Norwegen hörte. Wie naiv von ihm.

– Ach, wir dachten einfach, dass die sowas nicht machen würden.
– Aha.
Es ging nicht. Gedankenteig. Klebriger Gedankenteig.
– Das kann man nicht verstehen, wenn man nicht dabei war.
– Deswegen frage ich ja.
– Ja.
– Und waren eure Holzköpfe besser als deren Holzköpfe?
– Was? Nein. Ach so. Na ja, die hatten wir ja auch selbst gewählt.
– Du auch?
– Nein.
Doch. Aber das konnte er ihr ja schlecht sagen. Sie würde es nicht verstehen.

Er war mit dabei gewesen. Aber es war verdammt noch mal auch nicht so einfach, wie die kleine Madame es sich ausmalte. Was hätte er denn tun sollen? Not oder Elend, mehr stand nicht zur Auswahl. Er hatte sich für Elend entschieden. Und ja, er hätte besser Not gewählt, aber wie zum Teufel hätte er das ahnen sollen? Und damals hatte er gedacht, hatten alle gedacht: Noch einmal diesen Weg. Ein letztes Mal, das Schlechte im Guten. Dann wird es besser, es muss, es kann ja nicht immer so weitergehen; wir müssen ja auch ein bisschen an uns, die Kinder, unsere Enkel ...! Und jetzt stand sie vor ihm, mit ihren ... Vorwürfen! Schon klar, gut war anders, aber wenn es kein gut gibt? Es hatte nur schlecht und ganz schlecht gegeben. Not hätte er wählen sollen.

– Na ja, irgendwer muss sie ja gewählt haben.

– Es war ja überhaupt nicht klar, was das heißt. Die Engländer waren gerade erst raus aus Europa und dann die Türken ... na ja, du weißt schon, ... und dann die Terror-Attacken. Jeden Tag Terror. Selbstmordattentäter, Machetenangriffe ...

– Die Menschen hatten Angst vor einem Machetenangriff? Oh mein Gott, gab's Verletzte? Sie war gerade mal zehn. Zehn Jahre und ein Herz aus Sarkasmus.

– Ja, ich weiß, wie das jetzt klingt.

– Also, die Menschen hatten Angst vor Messerattacken und deswegen ...

– Nein, nicht deswegen.

– Weswegen dann?

– Das kam ...

Er suchte nach Worten. Fand keine, jedenfalls keine guten.

– ... das kam alles auf einmal. Eben noch normales Leben und dann: bumms. Alles anders. Alles auf dem Kopf.

– Aber ihr hattet doch eine Wohnung? In Berlin?

– Ja.

– Und Mama ging auf 's Gy...

– Gymnasium.

– Gymnasium, genau. Und manchmal, da seid ihr sogar verreist.

– Ja.

– Ohne Checkpoints und ohne Soldaten und so.

– Ja.

Sie hatte mit allem recht. Es war die Hölle. Und sie war ein Teil davon. Die Frage hatte sich keinen Zentimeter bewegt, stand immer noch im Raum.

„Was machen wir, wenn unsere Enkel uns eines Tages fragen, was wir damals gemacht haben?" Hatte er sogar gepostet, damals, als es noch Twitter gab. Viele Likes. Und Re-Tweets. Re-Tweets, wiederholte sein teigiger Kopf. Und er glaubte zu schmunzeln. War aber nur Einbildung.

– Und dann hattet ihr also Angst, auf einmal?

– Ein bisschen. Ja.

– Aber vorhin hattest du doch gesagt, ihr hattet keine Angst?

Die ersten Umsiedlungen waren kurz nach der Wahl gekommen. Grenzen gab es nicht mehr. Welch Ironie. Selbst mit Maschinengewehren konnten sie niemanden zurückhalten. Sie versuchten es trotzdem. Alle gegenseitig, irgendwie. Und ihm war klar geworden: Jetzt sind sie da. Die Guten, die Bösen, die Holzköpfe, die Nachbarn, die Freunde. Sie kommen alle zu ihm. Und sie kommen nicht in Frieden. Sie wollen ihren Teil Leben. Von ihm.

– Also?

Gedankenteig.

Jo Schück

Jo Schück, Jahrgang 1980, hat Publizistik, Philosophie und BWL studiert. Seit 2014 moderiert er die ZDF Kultursendung aspekte, sowie gesellschaftspolitische Dokumentationen und die Musiksendung zdf@bauhaus. Schück war nominiert für Grimmepreis und deutschen Fernsehpreis und ist ausgezeichnet mit dem Ernst-Schneider-Preis und dem CNN Journalist Award. 2020 erschien sein Spiegel-Bestseller „Nackt im Hotel – wie Freundschaft der Liebe und Familie den Rang abläuft“ (dtv).

EINGERICHT

von Juliana Kálnay

Anfangs hatten wir noch geglaubt, wir könnten es fernhalten, wenn wir uns nur gründlich genug wuschen. Kamen wir nach Hause, streiften wir schon an der Türschwelle die Kleidung ab, warfen gleich die Waschmaschine an und stiegen danach unter die Dusche, wo wir unsere Haut kräftig schrubbten, bis sie ganz rot war und bald schon anfing zu schuppen.

Später beschlossen wir, es wäre besser, das Haus nicht mehr zu verlassen. Wir orderten Lebensmittel und Haushaltswaren, die man uns grußlos vor die Tür stellte, und hielten zur Sicherheit alle Fenster geschlossen. Tagsüber gingen wir uns aus dem Weg, aßen in getrennten Räumen und sprachen auch nicht mehr, hinterließen nur Zettel auf Flur- oder Esstischen. Nur nachts im Bett suchten wir die Nähe des anderen. Wir cremten einander die wundgeschrubbte Haut ein und vor dem Einschlafen lauschten wir dem Jaulen der Hunde in unserer Nachbarschaft.

Doch bald erschien uns das nicht mehr ausreichend. Wir legten unser Erspartes für eine letzte große Lebensmittellieferung zusammen und während wir von Innen die Haustürritzen mit Silikon versiegelten und Bretter vor Tür und Fenster nagelten, überkam uns das ungute Gefühl, etwas Wichtiges vergessen zu haben.

Wir wussten nicht, wie lange wir in dieser Situation ausharren müssten. Obwohl wir sparsam mit unseren Vorräten umgingen, rechneten wir heimlich aus, für wie viele Tage sie noch reichen würden. Aus der Ferne hörte man kaum noch Hundegebell. Und wenn wir nachts einander in den Armen lagen, tasteten wir immer häufiger wie beiläufig prüfend das Fleisch an den Hüften des anderen ab, und das flaue Gefühl dabei im Magen wurde von Mal zu Mal ein wenig schwächer.

Juliana Kálnay

*Juliana Kálnay (*1988) ist Autorin des Romans „Eine kurze Chronik des allmählichen Verschwindens“ (Verlag Klaus Wagenbach), der mit dem „aspekte“-Literaturpreis sowie dem Friedrich-Hebbel-Preis 2018 ausgezeichnet wurde. Sie übersetzte den Roman selbst ins Spanische und lebt nun in Köln, wo sie an der Kunsthochschule für Medien Literarisches Schreiben lehrt.*

DER ROMAN DEINES LEBENS

von Michel Birbæk

Du nimmst keine Jobs mehr an, du hörst auf wegzugehen, du hörst auf Sport zu machen, du hörst auf Mails zu beantworten, du hörst auf deine Freunde anzurufen, du meldest Netflix ab, du schaltest dein Handy aus, du löschst endlich deinen Facebook-Account, du machst Schluss mit deiner Affäre. Du lebst fortan wie ein Eremit, ohne Gesellschaft, ohne Kommunikation, ohne Sex, und all das tust du, weil du auf einmal ganz tief in dir fühlst, du kannst es jetzt tun: Du kannst den Roman deines Lebens schreiben.

Bis eben warst du ein ganz normaler Mensch, doch nun sitzt du von morgens bis abends knurrend vor deinem Manuskript. Du schreibst und liest und schreibst und liest, und wenn du nicht schreibst oder liest, denkst du daran zu lesen oder zu schreiben, vierundzwanzig Stunden am Tag für Tag, Woche für Woche, Monat für Monat – du schreibst den Roman deines Lebens.

Neun Monate später druckst du zum ersten Mal das Manuskript aus. Du öffnest eine Flasche Champagner, die du extra für diesen Zweck gekauft hast, legst dich auf die Couch und beginnst zu lesen. Hm. Wenig später klappst du das Manuskript wieder zu, stellst den Champagner in den Kühlschrank und machst dich an die Arbeit. Du feilst verzweifelt an Sätzen, die sich zwar richtig lesen, aber vorgelesen falsch klingen. Du brütest zwei Tage über den Satzaufbau von Zeile 3 auf Seite 330, du starrst auf diese Zeile, vierundzwanzig Stunden am Tag für Tag, Woche für Woche. Schließlich formulierst du ihn um, fällst glücklich ins Bett, um morgens aufzuwachen und gleich als erstes zu wissen, dass die neue Formulierung unerträglich ist. Wenig später sitzt du wieder vorm Rechner und starrst auf diese Zeile. Draußen wechseln die Blätter die Farbe und irgendwann wird dir klar, was du brauchst: Du brauchst dringend dein Leben zurück.

Du nimmst wieder Kontakt zu deinen Freunden auf und merkst: Die sind sauer. Du beginnst wieder Sport zu machen und merkst: Das wurde Zeit. Du hast endlich wieder Sex und merkst: Hui, das tut aber gut, aber mitten drin schlaffst du ab, weil dir plötzlich einfällt, was an dem Satzaufbau der Zeile 3 auf Seite 330 nicht stimmt. Du entschuldigst dich, fährst schnell nach Hause und schreibst Seite 330 neu und hey, das liest sich echt gut! Leider passt jetzt der Rest des Manuskripts nicht mehr ...

Du machst dich wieder an die Arbeit. Keine Jobs, keine Freunde, keinen Sex, kein Netflix, kein Facebook, kein Handy, keine Mails, kein Tanzen, kein Leben – aber das ist okay für dich, denn du schreibst den Roman deines Lebens.

Drei Monate später druckst du das überarbeitete Manuskript aus und öffnest eine Flasche Champagner. Du legst dich auf die Couch, liest das Manuskript durch und ... es gefällt dir! Du hast es geschafft! Du hast den Roman deines Lebens geschrieben! Du schickst ihn schnell an den Verlag und fährst endlich in den wohlverdienten Urlaub.

Schon morgens im Zug fällt dir auf, dass der Titel noch nicht so richtig gut ist, aber okay, da fällt dir bestimmt noch was Besseres ein. Mittags im Ferienapartment fällt dir ein, dass du im zweiten Akt vielleicht nicht ganz die Spannung gehalten hast, ein blöder Fehler, da musst du noch mal ran. Nachmittags am Strand realisierst du, dass das Ende vielleicht doch nicht so stark ist, wie du geglaubt hast und abends an der Hotelbar wird dir endgültig klar: Du hättest das Ding so niemals rausschicken dürfen, der Verlag wird dich hassen und das ist nur fair, denn du kannst nicht schreiben.

Eine Woche später hast du immer noch nichts vom Verlag gehört. Damit ist die Sache für dich klar. Aus Scham verbringst du den restlichen Urlaub im Apartment. Nach drei Wochen fährst du wieder nach Hause, um dich in den eigenen vier Wänden zu verkriechen, doch im Briefkasten erwartet dich ein Brief – der Verlag will dein Manuskript als Spitzentitel veröffentlichen ...

Du rufst deine Freunde an! Du gehst tanzen! Du hast Sex! Und irgendwann realisierst du es: Der Roman deines Lebens wird veröffentlicht! Deine Geschichte, deine Gefühle, deine Dialoge, deine Kern-Botschaften, Zeile 3 auf Seite 330, das alles wird auf ewig dokumentiert. Deine Geschichte wird Geschichte! ...

Du ziehst die Vorhänge zu. Du nimmst keine Jobs mehr an. Du hörst auf zurückzurufen, wegzugehen, netzuflixen, Sport zu machen, Mails zu beantworten. Du igelst dich komplett ein. Doch der Roman erscheint, du musst da raus, Interviews, Promo-Termine, Buchmesse, Lesetour, du musst da raus, und irgendwann rät dir der Therapeut, zu dem du neuerdings sechsmal die Woche gehst, dich deiner größten Angst zu stellen.

Und schließlich tust du es.

Du stellst dich deiner Angst.

Du gehst da raus und erzählst tausenden von Menschen von dem Roman deines Lebens. Du öffnest deine Seele, zeigst deine Schwächen, deine Sehnsucht, deine Liebe, deine Verzweiflung und deine Angst. Und nach den Lesungen beantwortest du die Fragen zu dem Roman deines Lebens und in drei von zehn Fällen ist die erste Frage zu dem Roman deines Lebens ...

Wie viele Seiten hat er.

Michel Birbæk

Sein aktueller Roman „Das schönste Mädchen der Welt" erscheint aktuell als Taschenbuch.

DOKTOR BARSCH

von David Baum

Wieder sitze ich in diesem verhassten Wartezimmer, beobachte eine Laus, die über eine abgegriffene Ausgabe der Zeitschrift Bunte defiliert, und erinnere mich an meinen letzten Besuch in der Ordination von Doktor Waldemar Barsch. Es muss Jahre her sein, der harmlose Folgetermin einer Routineuntersuchung anlässlich meines dreißigsten Geburtstages. Kurz darauf hatte er anrufen und „eine gute und eine sehr schlechte Nachricht" ankündigen lassen. Nassgeschwitzt war ich gegenüber seines schwulstigen Empiresekretärs gesessen, ohne abzuwarten, was ich von den beiden Optionen alles Erstes hören wolle, ist er mit dem erschreckenden Teil herausgeplatzt: „Um es kurz zu machen, Sie müssen sterben." Woraufhin er seine Hornbrille absetzte, um mit zugekniffenen Augen zu beobachten, wie sich Entsetzen in meinem Gesicht breitmachte.

Barsch hatte es stets genossen, seine Diagnosen dramaturgisch minutiös zu inszenieren. Nach einer endlos anmutenden Pause hatte er ausgeführt, dass mein Ableben, nun ja, nicht unmittelbar bevorstünde, es sich vielmehr um eine allgemeine Tatsache handeln würde, die, wie bekannt sei, zur unabdingbaren Wahrheit eines jeden Menschen gehöre, und so weiter. „An Ihnen allein, nicht mehr ganz so junger und dem Alkoholischen zugeneigter Österreicher", referierte er in selbstverliebten, schnörkeligen Sätzen, „liegt es nun, wie lange Sie das hinauszögern vermögen." Ich werde ihm für diesen heilsamen Schock noch dankbar sein, hatte er mir zur Verabschiedung noch mitgegeben – sowie einen Prospekt über diverse Infusionen, die er gegen ein groteskes Honorar feilbot.

Einige Jahre bin ich aus Protest über diese fragwürdige pädagogische Maßnahme zu einer anderen Hausärztin gewechselt, einer gewissen Doktor Hannelore Prosa, bis diese an ihrem durch Raucherhusten verursachten Lungenkarzinom verstorben war.

Vielleicht ist es gerade die bewusst inszenierte Ungepflegtheit der Praxis, die mich immer wieder angezogen hat, überlege ich, während die Laus unterhalb des rechten Auges des Sängers Seal, der auf dem Bunte-Titel abgebildet ist, Platz genommen hat. Die Wände des verhassten Wartezimmers sehen immer noch aus, als hätte man sie mit Fetzen voll Eiter abgewischt.

Vermutlich handelt es sich um einen ursprünglich geschmackvoll gemeinten Beigeton aus der Kollektion von Farrow & Balls, stelle ich mir vor, und Barsch hat sie seinem morbiden Geschmack folgend nach dem Vorbild eines Weltkriegslazaretts auftragen lassen. Ein Rätsel, wieso die Bewohner der gediegenen Hamburger Stadtteile Harvestehude, Eppendorf und Rotherbaum in Scharen diese Ordination aufsuchen. Dabei wird die Adresse von Barsch nach wie vor auf den Partys der Hamburger Society als Geheimtipp gehandelt, was recht sicher mit jenen Vitamincocktails zu tun hat, die Barsch seinen Patienten verabreicht. Jede Infusion angeblich präzise auf das medizinische Sündenregister abgestimmt. Auch jetzt lässt sich beobachten, wie sich der Schlagzeuger einer Rockband und eine bekannte Schmuckdesignerin hinter die Behandlungsnischen begeben, um sich zufrieden lächelnd an einen Tropf anschließen zu lassen. Dann werde ich aufgerufen.

Auf dem Weg durch den Flur der Praxis merke ich erst, wie wackelig ich inzwischen auf den Beinen bin. Grußlos zieht Barsch den Vorhang hinter sich zu und mustert mich. „Das ist ja schneller gegangen als gedacht", sagt er, und presst seine violett schimmernden Lippen zu etwas wie einem Lächeln zusammen. Müde lasse ich mich auf die Liege sacken und erzähle von den beunruhigenden Ereignissen der vergangenen Tage: Der Wanderung durch die so genannte Teufelsschlucht des Südtiroler Bergrückens Schlern, die ich, als trittsicherer und geschulter Wanderer, kaum zu bewältigen wusste. Dem gleich nach meiner Rückkehr folgende Festbankett zum siebzigsten Geburtstag des Vaters meiner Freundin Jolante im Bremer Parkhotel, wo ich auf einen eigens einstudierten Lieblingsschlager des Jubilars zum Besten gegeben habe und schließlich während einer Polonaise mit den Bremer Gesellschaftsgrößen zusammengesackt war.

Leise summt Doktor Barsch den Refrain des Liedes, von dem ich eben berichtet habe. „Zarah Leander, nicht wahr?", murmelt er, während er meine Gliedmaßen abtastet. Ich ignoriere die unangebrachte Nachfrage. „Herr Doktor, es fühlt sich beunruhigend an, als würden sich tausendfache schmerzhafte Haarrisse in meinen Knochen breitmachen", sage ich. Barsch grunzt fasziniert, wiederholt murmelnd meine Worte. „Tausendfache schmerzhafte Haarrisse also." Beinahe enttäuscht stellt er fest, dass eine Afrikareise vor einigen Wochen aufgrund der Inkubationszeiten ausgeschlossen sei, eine interessante Tropenkrankheit also nicht infrage käme. „Bingo", ruft er schließlich nach kurzem Grübeln. „Ich lege mich fest: Jugendrheuma."

„Jugendrheuma?“, frage ich ungläubig. Aber da beginnt er bereits in grellen Farben zu schildern, wie meine Gelenkinnenhäute bereits angefangen habe müssen, im ganzen Körper zu wuchern, des Nächstens von innen her Knorpel und Knochen angreifen und schließlich eine regelrechte Flut an Gelenksflüssigkeit alles in mir überschwemmen und schmerzhaft anschwellen lassen würde. „Zur Sicherheit“, wie er sagt, würde er eine seiner Assistentinnen eine Blutabnahme an mir vornehmen lassen, um etwaige andere Möglichkeiten auszuschließen, was allerdings in hohem Maße unwahrscheinlich sei. „Allerdings muss ich Sie enttäuschen, sterben tun Sie auch daran nicht“, sagt er mit erwartungsvoller Miene, als würde er eine launige Reaktion auf diesen fahlen Witz erwarten. Dann dreht er sich weg und verschwindet hinter dem Vorhang, um einen weiteren Infusionsschlauch in die Venen irgendeines Hanseaten zu pflocken.

Abends liege ich in meinem Zimmer der Erwachsenen-WG, die ich zurzeit bewohne, reiße das kleine Pflaster ab, das mir die Assistentin über den Einstich der Blutabnahme geklebt hat, und werfe es weit von mir auf das nächtliche Parkett. Ich stelle mir vor, wie sich dieses merkwürdige Jugendrheuma durch mein Skelett fressen würde. In der Küche nebenan höre ich, wie meine Mitbewohner erleichtert darüber sprechen, dass ich wenigstens nichts Ansteckendes in ihre Gründerzeitwohnung eingeschleppt habe. Ich nehme eine der Schmerztabletten, die ich mitbekommen habe, und dämmere in einen unruhigen Schlaf.

Als ich schweißgebadet aufwache, steht der Zeiger meiner alten Erbwanduhr auf kurz nach drei. Die Fetzen des Fiebertraumes, aus dem ich gerade hochgeschreckt bin, wabern noch zum Greifen nahe in meinem Gehirn. Ich kenne das, es passiert immer, wenn ich aus so einer REM-Phase gerissen werde, dann bleiben nur Augenblicke, um danach zu greifen und eine der Szenen in die Wachheit herüberzuretten. Jetzt gelingt es, die eine oder andere Traumerinnerung auf ihrer Flucht ins Unterbewusste zu fassen. Ich habe mich offenbar nach Afrika zurück geträumt, wo ich vor zwei Monaten gewesen bin, und doch war da keine reale Erinnerung, vielmehr hat sich mein Gehirn groteske Szenen zusammengesponnen. Seltsame Versatzstücke, eine traditionelle afrikanische Tanzdarbietung, ich selbst meine Kleider von mir werfend mittendrin, und dabei den Zarah Leander-Schlager grölend. Typisch, denke ich mir, was die Gehirnregionen ebenso zusammenpantschen. Ich fasse mir an die Stirn, sie glüht. Ich höre, wie einer der Mitbewohner über den Flur tapst und schlafe wieder ein.

Die ersten beiden Tage in Afrika sind ein gewaltiger Sinnesrausch gewesen, Spektakel der Eindrücke, ein Eintauchen in anders leuchtende Farben, große Gefühle. Was man eben so empfindet, wenn man in einen bislang ungesehenen Erdteil eintaucht. Mein Freund Jonathan, preisgekrönter Fotokünstler, der mit seinen Afrikabänden eine Millionenauflage erreichte, hatte seinem engsten Freundeskreis zu seinem Geburtstag eine luxuriöse Gruppenreise springen lassen und uns in das schickste Hotel von Kigali, der Hauptstadt Ruandas, eingebucht.

Als ich nun aber am dritten Morgen erwachte, schmerzte mein Kopf fürchterlich, in meinem Zimmer hingen Schwaden alkoholischer Ausdünstung. So sehr ich mich auch anzustrengen versuchte, gelang es mir kaum, die Erinnerung an den vorangegangenen Abend zurückzuholen. Ich steckte mein Handy an die Powerbank bis es endlich wieder anging, und checkte die Nachrichten. „Nicht lustig", hatte Jonathan mir noch in der Nacht getextet. Mir dämmerte, dass der Abend nicht sonderlich gut verlaufen sein musste.

Trotz mehrfacher Versuche, ihn zu erreichen, ging Jonathan nicht an sein Telefon. Es war kurz vor Mittag, gleich sollten wir zum Empfang in der Präsidentenvilla aufbrechen, wo die First Lady eine Ausstellung von Jonathans Werken persönlich eröffnen und uns im Anschluss ehrenhaft empfangen sollte. Ich sprang ins Badezimmer, um mich halbwegs für den Höhepunkt der Reise fit zu kriegen, als das Zimmertelefon surrte. Es war Gianna, das Topmodel, das auch zu unserer Reisegruppe gehörte und die von der Hotelrezeption anrief, um mir verlegen mitzuteilen, dass Jonathan keinesfalls wolle, dass ich heute an der Vernissage teilnehme. Ich stockte, in mir stieg ein unbestimmtes Gefühl von Schande auf. „Gianna, ich weiß leider nichts mehr, was ist denn gestern bloß ..." Sie unterbrach mein Gestottere, der Shuttlebus sei bereist vorgefahren, man würde besser später darüber sprechen, dann legte sie auf.

Ich duschte trotzdem, anstelle des hellblauen Leinenanzugs, den ich mir zurechtgelegt hatte, zog ich Bermudashorts und ein T-Shirt an und ging an den Pool, der menschenleer in der Mittagssonne dampfte. Ich setzte mich auf eine der Liegen und versuchte angestrengt, zusammenzureimen, was vorgefallen sein könnte. Als ich hinter einer der Glastüren zur Lobby die Umrisse eines schmalen Mannes ausmachte. Er war John, unser Fahrer vom Vortag, der mich zu beobachten schien. Ich stand auf und schaute demonstrativ in seine Richtung. Als hätte er auf eine Art Einsatz gewartet, kam er über den Hof und fragte mich in seinem umständlichen Deutsch, dass mir gestern schon aufgefallen war, nach meinem Wohlbefinden. Ohne ihm zu antworten, erkundigte ich mich, ob er gestern Abend dabei gewesen sei. John nickte betreten und ich forderte ihn schroff auf, mir sofort alles zu schildern. Doch es war nichts aus ihm herauszukriegen, stattdessen erklärte er, dass man für mich ein Ersatzprogramm für den Nachmittag organisiert habe. Er bedeutete, ihm zu folgen und ich stieg in die Mercedes-Limousine, die vor dem Hotel bereitstand.

Als würde er irgendeinen Staatsbesuch den Hügel chauffieren, ließ John die Limousine den Hügel hinabgleiten. Einige Kinder in Adidas-Trainingsanzügen liefen neben uns her und winkten. Nur zwei Mal sprach John mit, oder besser gesagt: zu mir. Einmal als wir am Hôtel des Mille Collines vorüberfuhren, wo es dem Hotelmanager gelungen war, während des Völkermords in den Neunzigern gelungen war, 1268 Menschen vor dem Zugriff der mordenden Huti-Milizen zu bewahren. Das zweite Mal wies er mich auf eine frühere katholische Kirche hin, in der das Gegenteil passiert war, allein in jenem Gebäude über zehntausend Menschen grausam dahingemetzelt worden waren. Bedrückt starrte ich den vorbeiziehenden Orten des Grauens hinterher.

Wir fuhren weiter, ließen Kigali hinter uns, um nur einige Kilometer später vor einer merkwürdigen Anlage Halt zu machen. Ich stieg aus, John wies mir mit stummen Gesten den Weg, und folgte mir stets mit einigen Metern Abstand.

Unsicher setzte ich einen Schritt vor den anderen, die Anlage führte wie eine gigantische Treppe in die Höhe. Die Inschrift des Bogens über den Haupteingang hatte mir verraten, dass ich mich im zentralen Genocide Memorial Center befand. Links und rechts der betonierten Platten standen tönerne Vasen, aus denen rötlich schimmernde Blumen emporwuchsen, ich stieg weiter voran und schaute auf die Risse, die sich durch die Platten zogen. Schritt für Schritt stieg das Unbehagen, das sich noch einmal anders anfühlte als in den zahlreichen Gedenkstätten für die Opfer des Holocaust, die ich schon besucht hatte. Mir wurde schnell klar, warum. Hier wurde keinen Toten vergangener Zeiten gedacht, sondern Menschen, die während meiner eigenen Lebenszeit ermordet worden waren. Ich versuchte mich zu erinnern, was ich in jenem Jahr 1994, als all das geschehen war, so getrieben hatte. Ich hatte in Wien studiert, war in die bunte Partyszene meiner Hauptstadt eingetaucht, hatte zum ersten Mal den Opernball besucht und auf einem Clubbing mit Boy George auf dem Klo eine Ecstasy-Tablette geteilt. Es waren herrliche, unbeschwerte Jahre.

„Wo sind eigentlich all die Leichen bestattet", fragte ich John, der immer noch hinter mir bis auf den höchsten Punkt der Plateaus gekommen war. Er schaute mich ungläubig an. „Na hier", sagte er. „Sie sind gerade über Zweihundertfünfzigtausend tote Menschen gelaufen." Ich spürte, wie der Boden unter mir wackelig schien, als würde er mich nicht mehr weiter tragen zu wollen.

Als ich erneut aus meinem Fiebertraum erwache, merke ich, dass meine Temperatur stark angestiegen sein muss. Die alte Erbwanduhr in meinem Hamburger WG-Zimmer zeigt immer noch auf kurz nach drei, sie muss stehengeblieben sein. Mein Mitbewohner Valentin steht plötzlich im Zimmer und hat eine Atemschutzmaske über sein recht sicher besorgtes Gesicht gezogen. „Dieser Doktor Barsch hat mehrere Male angerufen", sagt er. Wieso er diese seltsame Maske trage, frage ich. Und ob er nicht weiß, dass ich bloß Jugendrheuma habe und dieses nicht ansteckend sei.

„Das ist es doch", sagt Valentin. „Du hast tagelang geschlafen, immer wieder und wieder kamen diese Anrufe aus der Arztpraxis." Aber in meinem Blut wäre nichts an Hinweisen auf eine Erkrankung gefunden worden. „Du hast kein Hepatitis und kein HIV, und schon gar kein Jugendrheuma, sie wissen es einfach nicht." Ich versuche mich aufzurichten, aber merke, dass ich das gar nicht kann. Jeder einzelne Knochen scheint bei der geringsten Bewegung zu bersten. „Sollen wir vielleicht die Rettung verständigen?", fragt Valentin, ich versuche den Kopf zu schütteln, aber nicht einmal das klappt. „Ach egal, es geht schon", sage ich und Valentin verlässt verstört nickend den Raum.

Eine Fehlentscheidung, einerseits, denke ich mir. Es muss doch einen Grund dafür geben, dass mich etwas mit ganzer Macht auf den Boden meiner Matratze drückt. Die folgenden Tage liege ich regungslos da, ich verspüre keinen Hunger, mit großen Mühen nippe ich an dem Tee, den mir Valentin manchmal bringt. Ich schaue auf das kleine Bild von Fouqué an meiner Wand, das ich einmal in einem Antiquariat an der Schanze gekauft habe. Der alte Dichter sitzt darauf in einem Rollstuhl und grüßt mit seinem Federhut, als wäre es zum Abschied, irgendwie. Ich schlafe viel, aber ich träume nicht mehr. Vielleicht aber, so denke ich, sind mir die Traumfetzen, wie ich sie kenne, auf die Schliche gekommen und machen sich rechtzeitig aus dem Staub, bevor ich ihrer habhaft werde. Aber nein, vermutlich träume ich einfach nicht mehr, vielleicht nie mehr.

Nach der dritten Fiebernacht merke ich deutlich, dass noch etwas fehlt. Ich spüre mich plötzlich nicht mehr. Kurz denke ich, dass ich vielleicht tot sein könnte. Doch da ist immer noch die alte Uhr, das Bild von Fouqué, der alte Chaiselongue, den ich auf ebay erstanden habe. Dann wird mir klar, dass es schlichtweg die Schmerzen sind, die ich nicht mehr spüre. Ich kann sogar aufstehen. Als ich plötzlich in der Küche stehe, schauen mich meine Mitbewohner verwundert an. „Ich brauche bitte einen sehr starken Kaffee“, sage ich.

Der Anrufbeantworter von Doktor Waldemar Barsch, der sich wie eine Rede im Volksempfänger angehört hat, schweigt. Unter der altbekannten Nummer hebt seit Tagen niemand ab, obwohl ich immer wieder und wieder die Nummer anrufe, um endlich zu besprechen, was mit mir geschehen sein mag. Die Korkwand in unserer WG-Küche, wo sonst die zugfachen Hochzeitseinladungen von Valentins aristokratischem Freundes- und Verwandtenkreis hingepinnt werden, ist nun ausschließlich für meine Genesungswünsche reserviert. Und wer da alles geschrieben hat, sogar der alte Großonkel Otti, der sich im Afrikafeldzug Malaria geholt hat, welches ungefähr alle zehn Jahre wieder ein bisschen ausbricht, hat aufmunternde Zeilen geschickt. „Wir kapitulieren nicht!“ hat er in seiner alten Onkel Otti-Schreibschrift und dem alten Onkel Otti-Humor auf die Karte gemalt, auf der Rückseite blüht ein kolorierter Enzian. Als ich beinahe alle Genesungswünsche fertig betrachtet habe, kommt Valentin in die Küche. „Hör mal, das ist ja schön, dass es dir wieder gut geht“, sagt er. „Aber ich habe einen Cousin im Hafenkrankenhaus, der sollte dich nochmal anschauen.“ Man wisse ja nie, sagt Valentin. Und ich weiß, dass er recht hat. Nie weiß man irgendwas.

Ich habe also den hellblauen Leinenanzug aus dem Schrank genommen, was mir mehr als passend erscheint, denn ich fahre mit dem beigefarbenen Hamburger Mercedestaxi hinunter an den Hafen. Das Hafenkrankenhaus und das Bernhard-Nocht-Institut sind eine Institution internationalen Ranges. Nur von den Fähren im Hafenbecken der Elbe lässt sich das Ausmaß der Anlage erkennen. Es wurde nach der Choleraepidemie 1892 gegründet und gilt als eines der wichtigsten Forschungsstationen für Tropenkrankheiten weltweit.

Es dauert, bis ich Valentins Verwandten endlich aufgestöbert habe. Er ist viel jünger, als gedacht, ein fescher Mann mit semmelblondgelocktem Haar. „Ah du bist das, und offenbar wohlauf“, sagt er und bittet mich in sein kleines Büro, wo er mich erst einmal durchsucht und sich eingehend schildern lässt, was sich in den vergangenen Wochen alles zugetragen hat. Es gibt diese seltene und seltsame Begegnung zwischen heterosexuellen Männern, in der sich eine Art romantischer Regung zeigt. Nichts Sexuelles, oder derlei, eher eine Art Sehnsucht, in Kindertagen beste Freunde gewesen zu sein. So einer ist Doktor Friedemann Fröhlich. Ich lese seinen Namen auf dem Namensschild, das an seinem Arztkittel baumelt. „Du heißt wie aus einem Arztroman", sage ich. Er schmunzelt und sagt, dass das exakt der Witz sei, den er sich von Valentin ständig anhören müsse. Dann aber mahnt er zur Ernsthaftigkeit und beginnt mit seinen Untersuchungen und ich genieße die Nähe, die dabei entsteht.

Zwei Stunden später ist er sich sicher, dass ich gehabt habe, was eigentlich nicht möglich ist: Denguefieber. „Wir erforschen das seit Jahrzehnten", sagt er und dass man wegen mir nun die Inkubationszeit noch einmal neu überdenken müsse.

Knochenbrecherkrankheit habe man das früher genannt, eine Seuche, die bis heute die meisten Todesopfer weltweit mit sich reißen würde. „Das Gute aber ist", sagt Fröhlich, „dass man eh nichts dagegen tun kann, außer abzuwarten, ob man es überlebt oder nicht." Zum ersten Mal in der Begegnung sinkt meine Sympathie, denn plötzlich erinnert mich dieser fesche, sympathische Mann, an den unbarmherzigen Barsch. „Was um Himmels Willen soll daran gut sein?", frage ich schroff. Fröhlich lächelt mild. „Na ja, nur in deinem Fall natürlich, denn du hast es überstanden, ohne zu ahnen in welcher Gefahr du gewesen bist", sagt er. „Und wir haben währenddessen keine Behandlung versäumt, schließlich hätte es keine gegeben." Das erscheint mir schlüssig.

Ein Jahr nach meiner Denguefieber-Erfahrung habe ich keinen Alkohol mehr getrunken, vielleicht auch deshalb, weil mir immer noch keine Idee gekommen ist, was damals in Kigali geschehen sein mag. Heute aber hat es mich auf den Kiez getrieben, und ich habe spontan beschlossen, im Silbersack ein paar Fofftein zu trinken. Als mir in einer Nische Fröhlich auffällt. Er bemerkt mich auch schnell und wir beginnen gemeinsam weiterzutrinken. „Eins habe ich nie verstanden", sagt Fröhlich. Valentin habe ihm doch damals meinen Hausarzt genannt und man hatte meine Daten dorthin übermitteln wollen. „Klar", sage ich und bestelle eine neue Runde. Ich weiß noch, wie ich mich hämisch gefreut hatte, dass endlich diesem Barsch die eigene Fehlbarkeit und Unkenntnis vor Augen geführt werden könnte. Da merke ich erst, wie Fröhlich herumdruckst. Die Schwestern des Tropenkrankenhaus hätten mehrfach versucht, den Kollegen ausfindig zu machen, aber niemand habe je von diesem Mediziner gehört, weder im Telefonbuch noch im Hamburger Ärzteregister ließe sich ein

Eintrag zu jemandem dieses Namens finden. Ich lache laut auf, jeder halbwegs in der Hansestadt sozialisierte Mensch muss einfach von Barsch gehört haben. Fröhlich zuckt mit den Schultern. Er hat es nicht.

Nach ein paar weiteren Fofftein laufen Fröhlich, den ich nun Friedemann nennen darf, und ich durch die Hamburger Nacht, um die Praxis von Doktor Barsch zu finden. Wir haben erst noch in Pöseldorf Halt gemacht, Hähnchenkeller, Zwicks, und so weiter. Am frühen Morgen fährt Jil Sander in ihrem Rolls Royce die Milchstraße hoch an uns vorbei, wir beobachten einen betrunkenen Schauspieler, wie ihm die Bankautomatenkarte eingezogen wird.

„Was hast du denn nun eigentlich auf dieser seltsamen Veranstaltung in Kigali bloß angestellt?", fragt Friedemann. „Irgendwas wirst du doch davon noch wissen." Ich bleibe stehen und versuche in mich hineinzulauschen, aber meine Erinnerung gibt nach wie vor nichts davon preis. Wir irren ein wenig umher, suchen die Weggabelung zur Claus Schilling-Straße, wo die Praxis von Doktor Barsch liegt, aber selbst die Straße erweist sich als unauffindbar. Friedemann und ich beschließen, die mehrfachen Rätsel, die uns zusammengeführt haben, einfach ungelöst zu belassen. Es ist eine laue Juninacht, glücklich betrunken schlafen wir auf einer Parkbank ein.

Kurz wache ich auf, als die Singvögel ihr morgendliches Konzert beginnen. „He?", fragt Friedemann neben mir, ganz verkatert und verschlafen auf der Parkbank. „Ist alles in Ordnung?" Ich schaue mich kurz um, höre die Vögel, sehe die Alster, auf der die Frühmannschaften des Ruderclubs Germania ihre Drachenboote schneidig durch die Fluten steuern und höre ihre Trommeln. Ich schaue auf Friedemanns schönes Gesicht, die Sommersprossen, die bis über seine Augenlider reichen. Er ist wohl wieder eingeschlafen. Die Antwort lautet Nein.

David Baum

David Baum wurde 1973 in Burghausen geboren und ist in der Nähe von Salzburg aufgewachsen. 1996 zog er nach Hamburg, arbeitete u.a. für Max, Das Magazin der Süddeutschen Zeitung, Park Avenue und Welt am Sonntag. Sieben Jahre war er in der Chefredaktion des Magazins GQ, seit 2017 arbeitet er als Autor für den Stern.

DIE TODESMUTIGEN SCHWESTERN

von Norbert Kron

1

Kennen Sie den jüdischen Witz von der Mutter, die ihrem Sohn zwei Krawatten schenkt? Nein?

Also: Eine Mutter schenkt ihrem Sohn zum Geburtstag zwei Krawatten. Eigentlich hat er sich Geschenke dieser Art von ihr nachdrücklich verbeten. Als er beim nächsten Festessen ihr zuliebe dennoch eine davon trägt, sieht sie ihn verletzt an und sagt: „Und die andere? Hat dir wohl nicht gefallen?“

Jetzt kennen Sie den Witz. Und kennen meine Mutter.

Als ich sie an diesem Morgen besuche – zum ersten Mal in diesen bedrückenden Zeiten –, blickt sie mich wie einen Außerirdischen an. Ich trage eine Atemmaske. Vier Wochen habe ich sie nicht gesehen, vier Wochen haben wir am Telefon über das Ansteckungsrisiko gesprochen. Immer sagte sie: „Komm doch her. Du musst für mich einkaufen. Diese Schwester vom Pflegedienst, die bringt nur Mist. Ich habe nichts zu essen.“ Nun, wo ich ins Wohnzimmer trete (sie hat ihre Hörgeräte nicht drin, weshalb sie mich nicht durch die Haustür kommen hörte), sieht sie überrascht auf und sagt: „Na, sag mal. Ist das nicht gefährlich, dass du hierher kommst? Du bist schon ein alter Mann. Du gehörst zur Risikogruppe.“

Ich gehöre zur Risikogruppe, sagt meine Mutter, die neunundachtzig ist – und in wenigen Tagen neunzig wird. Sie lebt nach wie vor allein in ihrem Reihenhaus in München, unterstützt von den Schwestern des Pflegedienstes, die ihr einmal die Woche beim Duschen helfen und für sie einkaufen. Natürlich reicht das nicht, weshalb ich sie in den letzten Jahren jedes zweite oder dritte Wochenende besucht habe. Meist verständigen wir uns dann schreiend. Zuerst schreie ich nur, weil sie schlecht hört. Wenn sie fragt: „Ich verstehe dich nicht. Was hast du gesagt?“, rufe ich so lange „Nimm deine Hörgeräte“, bis sie energisch den Kopf schüttelt und sagt: „Auf keinen Fall. Die fallen so leicht raus. Dann verliere ich sie. Nuschle nicht so.“ Die Schwestern vom Pflegedienst, behauptet sie, haben immer viel zu wenig Zeit. Wenn ich entgegne: „Dann bestellen wir sie noch ein zweites Mal in der Woche“, lacht sie: „Kommt nicht in Frage! Ich will die nicht hier haben.“ Und wenn sie sich beschwert, dass sie ihr nie das zum Essen kaufen, was sie sich wünscht, platzt mir endgültig der Kragen: „Aber sie müssen dir alles kaufen, was du willst. Du musst es ihnen nur sagen.“ Natürlich sagt sie dann: „Nein, nein, das tue ich nicht. Was die dann von mir denken.“

Es ist nicht leicht, Sie verstehen. Trotzdem, wie gesagt, bin ich alle zwei, drei Wochen von Berlin zu ihr nach München gefahren, im vollbesetzten „Sprinter“, in dem sich die Geschäftsleute mit ihren Laptops drängen (und irgendwelche Serien anschauen, während ich an meinem Roman zu schreiben versuche). Seit die Pandemie sich in Deutschland verbreitet, habe ich diese Reisen unterbrochen. Was ist, wenn ich mich auf der Zugfahrt anstecke, wenn ich das Virus unwissentlich in mir trage, wenn ich meine Mutter vor ihrem neunzigsten Geburtstag damit infiziere? Ich habe von einer solchen Geschichte gehört – dass eine Frau, zurückgekehrt von einer Kreuzschiffreise, ihren herzkranken Vater angesteckt hat, der daraufhin verstarb. So schwierig das Verhältnis zwischen meiner Mutter und mir ist: diese Gefahr macht mir zu schaffen.

Nun aber habe ich mich an diesem Ostersamstag doch auf den Weg gemacht. Der bayerische Ministerpräsident, den meine Mutter nicht mag („ha, der Söder, dieser Lackaffe!“), hat strikte Auflagen für Verwandtenbesuche erlassen. Deshalb habe ich sogar die Patientenverfügung, die ich meiner Mutter irgendwann abgerungen habe, im Gepäck, weil ich mit patroullierenden Polizisten im Zug gerechnet habe, die mich an der Grenze zu Bayern genauso scharf überprüfen wie einst die DDR-Grenzer die Pässe auf der Zugfahrt nach Westberlin. Nichts davon. Der Schaffner will nicht einmal meine Bahncard sehen, der Zug ist völlig ausgestorben: Zum ersten Mal in meinem Leben habe ich einen ganzen Großraumwagen mit Ruhezone völlig für mich allein.

Ich stehe im Wohnzimmer, halte Sicherheitsabstand und sage dumpf durch das Vlies hindurch: „Ich habe dir ein Croissant vom Bahnhof mitgebracht.“ Sie schaut mich an und sagt: „Und Eis? Hast du kein Eis gekauft? Jetzt mach erstmal Kaffee.“

Meine Mutter trinkt vier Tassen Kaffee am Morgen, weil sie sonst nicht wach wird, sagt sie, und hebt Käse ein halbes Jahr lang auf, bis sich Schimmelstellen zeigen, ihr Motto: „Ach, das schneid ich weg – ein bisschen Schimmel schadet nicht.“ Das einzige, was nie annähernd so lange hält, ist das Speiseeis, das sie in Großpackungen verzehrt. Sie isst es zu Kaffee und Kuchen, zum Frühstück und zum Abendessen. Wenn ich ihr sage: „Iss nicht so viel Süßes! Das ist nicht gesund!", lacht sie das weg: „Mein Vater war Österreicher, ich bin mit Süßspeisen aufgewachsen."

So ist sie also neunundachtzig geworden und steuert auf ihren neunzigsten zu. Jetzt kennen Sie auch den Grund, warum ich in diesen Zeiten unbedingt zu ihr kommen sollte. Die Angst, sich mit Corona anzustecken („Was solls! Wenn ich's kriege, dann krieg ich's!"), ist also weniger groß als die Sorge, dass ihr die Speiseeisvorräte ausgehen könnten. Außerdem müssen wir das Grab meines Vaters besuchen, das sie allein nicht mehr besuchen kann. Und schließlich ist da noch ein dritter wichtiger Grund: meine einundachtzigjährige Tante, ihre jüngere Schwester.

2

Meine Tante war vor allem auch für mich immer ein entscheidender Anlass, regelmäßig nach München zu reisen. Als sie vor zwei Jahren schwer an Demenz erkrankt ist, musste ich sie in einem Pflegeheim unterbringen, im sogenannten „beschützenden Bereich", einer geschlossenen Station, die sie als „weglaufgefährdete Person" nicht verlassen kann. Man kann sie dort zwar besuchen, aber nicht einmal telefonisch erreichen. Als Taufpatin hat sie mich ein Leben lang begleitet, hat mich mit ihrem hellblauen VW-Käfer in die Schule gefahren und geholfen, meinen Vater zu pflegen, der schon mit Ende fünfzig zum Pflegefall wurde. Ich habe sie immer sehr geliebt. Da sie keine Kinder hat, habe ich natürlich ihre Betreuung übernommen, was angesichts ihrer Hilflosigkeit eine herzzerreißende Aufgabe ist.

Seit Beginn der Ausgangsbeschränkungen habe ich auch sie nicht mehr gesehen. Die Station meiner Tante ist nun von innen und außen verriegelt, eine doppelte Festung, aus der nicht nur keiner der Beschützten mehr heraus kommt, sondern auch kein Verwandter mehr hinein darf. Beim Frühstück am Ostersamstag bedrängt mich meine Mutter jedoch: „Wenn wir beim Vater am Grab waren, musst du zur Tante fahren. Vielleicht kannst du sie durchs Fenster sehen. Oder du schreibst ihr eine Postkarte. Damit sie weiß, warum wir sie an Ostern nicht besuchen!"

An dieser Stelle beginnt unser Gespräch wieder an Lautstärke zuzunehmen. Nachdrücklich versuche ich meiner Mutter klarzumachen, dass das alles keinen Sinn hat. Es ist weder möglich noch nötig, meine Tante durchs Fenster zu sehen oder ihr zu sagen, warum wir nicht kommen. Weil sie es nämlich nicht versteht. Meine Tante gehört zu jener Gruppe von Menschen, die trotz des Hochrisikos, das für sie besteht, nicht die geringste Ahnung von der Gefahr hat, die die ganze Welt in Atem hält. Über ihrem Bett hängt ein Schreiben, mit dem ihr der bayerische Ministerpräsident im Namen des Freistaats Bayerns zum achtzigsten Geburtstag gratuliert hat. Ich habe es dort aufgehängt – wenn ich sie aber frage, wie alt sie ist, schaut sie leer in den Raum und weiß nicht einmal, was das ist: Alter.

Meine Tante versteht nicht nur die Welt nicht mehr, sie ist auch aus der Zeit gefallen. Bei jedem Besuch sagt sie: „Ja, sowas, wo kommst du denn her? Seit wann bist du denn da?" Es sind die einzigen reflexhaften Sätze, die sie sagen kann, und egal, ob ich antworte: „seit gestern Abend" oder „vom Mond", es geht derselbe freudige Ruck durch ihr Wesen, der umso berührender ist, als sie ansonsten in ihrem ganzen Wesen völlig geknickt ist, und zwar im wahrsten Sinne des Wortes. Vor einem Jahr ist sie, von einem Besuch auf den nächsten, plötzlich von der Hüfte an vornübergebeugt, die Arme zum Boden hängend, so dass ich auf sie zusprang, in der Angst, dass sie vornüber kippen würde. Anders als meine Mutter, die große Probleme mit dem Gehen hat und sich nur mit zwei Krücken voranbewegt („Ein Rollator? Ha, auf keinen Fall. Das ist was für alte Leute"), konnte meine Tante immer, auch nach Einsetzen der Demenz, wie eine Marathonläuferin Kilometer zurücklegen. Das tat sie auch jetzt noch, nur lief sie nun durch die beiden Flure der Station hinab, als liefe sie ihren beiden herabhängenden Armen hinterher.

Nach Reduzierung der Psychopharmaka begann sie sich zwar wieder aufzurichten, doch ihr Wesensknick hatte sich lediglich verlagert: Statt vornüber gebeugt, marschierte sie nun von der Hüfte an abgeknickt durch die Heimflure, mit einem im 45-Grad-Winkel nach rechts abgewinkelten Oberkörper. In diesem Zustand habe ich sie also von meinem letzten Besuch in Erinnerung, eine gramgebeugte alte Dame, die trotzdem noch immer die aufrichtige Liebenswürdigkeit ihres früheren Lebens besitzt. „Ja, sowas", hellte sich ihr Gesicht auf, als sie mich von Ferne sah: „Wo kommst du denn her?"

Früher, wenn ich sie nach einer Stunde des Spazierengehens mit dem Satz verabschiedete: „Ich muss jetzt wieder los, ich muss noch für die Mutter einkaufen“, kam es stets zu einer schwierigen Abschiedsszene, bei der sie auch meine Versicherung nicht tröstete: „Ich komme morgen wieder!“ Das Morgen bedeutet ihr nichts. Manchmal hat sie Tränen in den Augen, wenn ich mich losreiße, aber habe ich erst einmal das Ende des Flurs erreicht, beweist mir ein Blick zurück, dass sie mich bereits vergessen hat. Und so ist es normal, dass sie, wenn ich sie am nächsten Tag wieder besuche, mich beim Erkennen mit der gleichen unschuldigen Freude anlacht und sagt: „Na sowas, du! Das ist ja eine Überraschung!“ Frage ich sie dann, ob sie sich erinnert, wann ich das letzte Mal da war, schaut sie leer vor sich hin und weiß nicht, was ich meine.

So geht es allen auf der Station, auf der sie lebt – zumindest ist das mein Eindruck. All die beschützten Bewohner sind auf die eine oder andere Weise aus der Welt gefallen. Da ist die neunzigjährige Frau R., die stets wie schlafend den Rollator vor sich herschiebt und kaum noch etwas hört. Die mild blickende Frau V., die als Zimmergenossin meiner Tante tagsüber stets im Bett liegt und nur ab und zu beim Eintreten ihre Augenlider für einen ihrer milden Blicke hebt. Oder die quirlig-kleingewachsene Frau B., die mir als Neuzugang auf der Station am Flur entgegentanzte und rief: „Ich bin die Kleine!“ Sie ist tatsächlich sehr klein, fast kleiner als meine gebückt auf und ab stromernde Tante, sieht dabei völlig gesund aus. Trotzdem lebt sie im beschützenden Bereich und versteht nicht, dass sie eingeschlossen ist. Einmal, als ich an Weihnachten zu Besuch kam, rief sie mir von einem Tisch aus im schönsten Bairisch zu: „Mei, is der groß. Der hod ja drei Mädder!“ Ich lachte ihr die Antwort zurück: „Na, drei Meter ist ein bisserl übertrieben.“ – „Noja, aber zwoa-fünf-a-neinzge scho!“

Sie alle also, die halbtaube Frau R., die immerdösende Frau V., die kleinquirlige Frau B. und meine geliebte, grundgeknickte Tante J., die seit einigen Wochen zu den Höchstrisikomenschen dieser Welt zählen, haben nicht die geringste Ahnung, was sie von außerhalb der Festungsmauern, in denen sie leben, bedroht. Seit Wochen schon habe ich meine Tante nicht gesehen. Wenn ich darüber nachdenke, wie es ihr mittlerweile geht, frage ich mich: Ist sie nun der glücklichste Mensch auf der Welt, weil sie von der gefährlichen Infektionswelle, die uns alle in den Angst- und Ausnahmezustand versetzt, nichts weiß – oder ist sie der ärmste Mensch, weil ihr Leben, das kein Bewusstsein mehr von sich hat, nur noch ein Scheinleben ist? Ist dieses Leben, das nur noch mit Medikamenten lebbar ist, überhaupt menschenwürdig – oder holt sich die Natur mit dem Virus, dem wir medikamentös nicht gewachsen sind, zurück, was wir ihm mit unserer Hochleistungsmedizin abtrotzen?

Was sicher ist: dass es im windschiefen Dasein meiner Tante nur eines Windhauchs bedarf, um sie umzupusten, und dieser Wind namens Corona, dieses Welttief, das als lautloser Sturm um den Erdball zieht, klopft auch beim strahlendst blauen Himmel mit seinem dunklen Pochen an die Tür des Pflegeheims. Niemand darf dort hinaus noch hinein – mit Ausnahme der Pflegeschwestern, versteht sich, die ich als stets mutige, bemühte Menschen kennengelernt habe. Mein Respekt vor ihnen ist in diesen Tagen noch gewachsen. Ihre Namen enden zum größten Teil auf „ic", die meisten von ihnen sprechen ein osteuropäisch gefärbtes Deutsch: „Jochànna, komm, sätz dich chin", so wie in ganz München hinter den gefährlichen Bäckertheken und Supermarktkassen fast ausschließlich junge Frauen und Männer mit Balkanmigrationshintergrund bedienen. (Die, die an diesen Arbeitsplätzen ein astreines Münchnerisch sprechen, tragen auf ihren Namensschildchen dagegen oft türkische Namen.)

An ihnen also, diesen Neumünchnern, die die einzigen sind, die bereit sind, den Altmünchnern in ihrer desolat hochbetagten Lebensphase zur Seite zu stehen – für das mäßige Gehalt, das man in den Münchner Pflegeheimen trotz der Kosten eines Wohnheimplatzes von 4.700 Euro im Monat (Doppelzimmer!) erhält –, hängt also Leben und Tod. Vor einer Woche erhielt ich den aufgeregten Anruf einer Heimbeauftragten, die mich darüber verständigte, dass es nun den ersten Coronafall im riesigen Seniorenstift gegeben habe. Seither lag das Stift noch mehr wie ein steinernes Kreuzfahrtschiff unter Quarantäne. All seine Kreuzfahrtgäste mitsamt der Pflegecrew sind getestet worden, auch die der geschlossenen Station, worauf mich drei Tage später ein erregt erleichterter Anruf darüber informierte, dass meine Tante – und alle anderem im Bereich – negativ seien. Und dennoch ist es klar, dass nur ein einziges Virus die Kaimauer überspringen muss, damit der Sensenmann all den geistig, körperlich und seelisch Geknickten mit dem Schwung seiner Sense jenen Todesatem zuhauchen wird, der sie über Bord in das Boot des Charon spült, der sie aus den Gewässern des Lethe über den Styx rudert. Vielleicht nicht alle. Aber meine Tante ganz bestimmt.

Wann wird der Bann aufgehoben? Wann kann ein Angehöriger seine Verwandten jemals wieder besuchen? Schlimmer noch: Wird dies überhaupt je wieder möglich sein? Muss dieses Heim, dass die Gefährdetsten der Gefährdeten beherbergt, nicht eine halbe Ewigkeit geschlossen bleiben, weil ihre Sicherheit auf Jahre nicht zu gewährleisten ist? Werden sie diese Ewigkeit überleben, ob mit Virus oder ohne? Es ist das, was mir am meisten wehtut: die Befürchtung, dass ich meine Tante, die nicht weiß, was die Stunde geschlagen hat, nie wieder leibhaftig sehen werde. Dass es keinen einzigen Tag mehr gibt, wo sie sich für einen Moment über ihr geknicktes Wesen erhebt und, nun völlig zurecht, mit größtem Erstaunen zu mir sagt: „Ja, wo kommst du denn her?"

3

Es gibt noch eine dritte Schwester, die älteste der drei, meine andere Tante. Sie ist schon zweiundneunzig, lebt mit ihrem Mann, ebenfalls zweiundneunzig, in ihrem Einfamilienhaus im Voralpenland. Sie ist fast blind, Hilfe bekommt sie von ihren drei unermüdlich hilfreichen Kindern, die selbst viele Kinder, ja bereits die ersten Enkel haben. Was sie alles erlebt, alles überstanden haben, die drei Schwestern, in ihrem langen, epochenumspannenden Leben. Geboren in einer kleinen Stadt im Sudetenland, haben die älteren Hitler in der Stadtmenge die Hauptstraße einfahren gesehen, nachdem dieser mit Chamberlain das fatale Münchner Abkommen ausgehandelt hat. Acht Jahre später wurden sie alle drei mit den Eltern vor die Tür ihres Hauses mitsamt der Druckerei gesetzt, mussten mit dem Hab und Gut, das in eine große Holzkiste passt (die heute noch im Keller meiner Mutter steht), die Heimat verlassen und Quartier in einer bayerischen Bauernscheune beziehen, deren Großgrundbesitzer die Flüchtlinge nicht haben wollte. Im Ort wurde es den Buben verboten, sich mit den Flüchtlingsmädchen einzulassen, da diese, einst wohlhabende Bürgerskinder, keine Mitgift einbringen konnten. In München, wo die fünfköpfige Familie schließlich eine kleine Parterrewohnung fand, kam meine Mutter als Sprechstundenhilfe bei einem Schönheitschirurgen unter, der von einer Kundin vor dem Operationstermin gesagt bekam: „So ein Näschen wie das Fräulein K. hätte ich gern!" Meine Mutter wechselte, aufgrund der Avancen des verheirateten Schönheitschirurgen, als Sekretärin an das Institut für Deutsche Philologie, wo sie meinen Vater kennenlernte, der als angehender Spezialist der Goethezeit aus Berlin-Brandenburg in die weißblaue Nachkriegsstadt gekommen war. Sie schloss den Bausparvertrag für das Reihenhaus ab, pflegte dort zehn Jahre meinen Vater, bis er im Ehebett starb.

Am Morgen des Ostersonntags sitzen meine Mutter und ich, nach dem Besuch des Grabs und nach dem Einkauf im Supermarkt, wieder beim Frühstück und trinken Kaffee. Die Sonne scheint zur Terrasse herein, es herrschen frühsommerliche Temperaturen, und meine Mutter beginnt den „Osterspaziergang" aufzusagen: „Vom Eise befreit sind Strom und Bäche / Von des Frühlings holdem belebendem Blick." Dann, nach der vierten Tasse Kaffee, hat sie nur eins im Sinn: dass wir den Gefrierschrank von dem Eis befreien, dass nach dem Kauf am Vortag noch übrig geblieben ist. Von den drei Familienpackungen hat sie bereits ein Drittel aufgegessen. (Natürlich habe ich ihr geholfen). Das ist ihr Hamsterkauf, ihr Memento Mori: dass ihre Eisvorräte schneller hinwegschmelzen, als sie sie nachkaufen kann.

Dann kommt der Papst im Fernsehen, Franziskus, nicht Benedikt, und meine Mutter sagt: „Der arme Benedikt. Von dem sieht und hört man nichts mehr." Franziskus hält im völlig leeren Petersdom die Ostermesse und schließt den Ostersegen „Urbi et Orbi" daran an. Mit ihm werden allen, die an den Fernsehgeräten, am Radio, ja selbst am Internet sitzen, sämtliche zeitlichen Sünden erlassen. Ich bin mir sicher, dass die Übertragung in diesem Moment auch auf der beschützenden Station meiner Tante gezeigt wird. Vermutlich versuchen die Schwestern dort, sie und die anderen Bewohnerinnen vor den Fernseher zu setzen, aber meine Tante wird auch in diesem Moment keine Erlösung finden, sondern weiter als rastlose, geknickte Seele in den Fluren auf und ablaufen, so lange sie laufen kann.

„Es ist wunderbar, dass du da warst", sagt meine Mutter, als ich am Ostermontag mit der Gesichtsmaske zum Zug aufbreche. „Du musst schauen, dass du alle zwei Wochen kommst." Als ich wieder in Berlin bin, rufe ich sie bang am dritten, vierten und fünften Tag an. „Wie geht es dir? Hast du irgendwelche Symptome?" Sie verneint, das nicht, aber der Kühlschrank sei leer. „Ich hätt' gern ein Eis."

Nun wissen Sie, was es mit meiner Mutter auf sich hat. Und Sie können mir glauben: So sehr wir uns streiten, laut werden, einander anschreien, in diesem Moment, wo sie das sagt, wird es mir ganz heiß ums Herz. Ich habe Angst um sie. Und ich wünsche mir nur eins: dass sie gesund und unverwüstlich, wie sie ist, vom bayerischen Ministerpräsidenten, den sie so hasst, in wenigen Tagen den Brief erhält, der ihr zum neunzigsten Geburtstag gratuliert.

Norbert Kron

Norbert Kron, Jahrgang 1965, lebt als Journalist und Schriftsteller in Berlin. Bücher u.a. „Autopilot“ (Roman, C. Hanser), „Wir vergessen nicht, wir gehen tanzen“ (Hrsg., S. Fischer). Seit 1992 etwa 500 Berichte für die Kulturmagazine der ARD („titel thesen temperamente“ u.a.), Interviews mit u.a. Helmut Schmidt, Angelia Jolie, Amos Oz. Stipendien u.a. Villa Aurora Los Angeles, Deutscher Literaturfonds. Seit 2018 initiiert er den deutsch-israelischen Geschichtenaustausch „dont-forget-dance.org“. Eigener YouTube-Kanal: „Norbert Kron ARTstories“.

ENGEL FLIEGT

von Christoph Silber

Die lassen uns nicht raus. Wir sitzen im Käfig. Unsere Stadt, unsere ganze Welt: ein Käfig. Unsere Träume so schmal wie die Abstände zwischen den Gitterstäben. So flüchtig wie Werbespots für Dinge, die uns verwehrt bleiben. Der Duft der großen weiten Welt. Die klügere Zahnbürste. Die zarteste Versuchung, seit es Schokolade gibt.

Anschauen können wir uns die Freiheit. Anfassen ist verboten und kann tödlich sein – seit dem Tag, an dem das Tier auftauchte. Das Tier, das meine Stadt entzweigerissen hat, zehn Jahre bevor ich in sie hineingeboren wurde. Eine graue Schlange, Höhe drei Meter, Länge hundertdreißigtausend. Wer ihr zu nah kommt, wird von der Polizei gestoppt, oder wenn er sich doch irgendwie heranschleicht, von der Betonröhre auf der oberen Kante, oder wenn er auch die überwindet, vom Stacheldraht, und falls er sogar den durchdringt, von echten Gewehrkugeln.

Theoretisch kann man einen Antrag stellen, aber der ist eben meistens theoretisch. Wozu auch der ganze Beton, wenn jeder einfach so mit einem Stück Papier herauskommen könnte? Nein. Kaum jemand kommt heraus aus unserer Republik, und wenn doch, dann wird er bei Nacht und Nebel wegtransportiert und darf nie wieder herein. Niemals im ganzen Leben. Wer fliegen könnte, hätte vielleicht eine Chance. Aber fliegen ist schwer zu machen, das weiß ich von Ikarus und dem Schneider von Ulm. Schwer für uns Menschen. Die Vögel machen es immerzu. Die finden das ganz einfach. Vielleicht ist Fliegen wie der Kommunismus: das Einfache, das schwer zu machen ist.

Die Betonschlange hat verschiedene Namen. Im Westfernsehen heißt sie die Mauer. Ab und zu auch Schandmauer, wenn sich zwischen den Werbeblöcken der Tonfall verhärtet. In meiner Schule nennen wir die Schlange den Schutzwall. Weil sie uns vor dem „Imprallismus“ schützt, wie unser Pionierleiter Burki das nennt. In meinen Jungpioniervträumen war der „Imprallismus“ ein weißer Riese mit einer Waschkraft, so ergiebig, dass sie unsere ganze Deutsche Demokratische Republik, von Rügen bis zum Thüringer Wald, mit wohlriechendem, weißem, hochgiftigem Schaum überschwemmen würde, wenn es nicht den Schutzwall gäbe.

Aber ich bin ja kein Jungpionier mehr. Ich bin jetzt ein Thälmannpionier. Thälmannpionier Anton Engel, zehn Jahre alt, vierte Klasse, rotes Halstuch. Mit dem blauen habe ich die Kinderträume abgelegt. Habe sie aussortiert wie meinen Bummibär und die Spielzeugindianer.

Einen Kindertraum habe ich allerdings behalten, aber das darf niemand wissen. Ich habe ihn in einer dunklen Ecke versteckt, wo niemand nachschaut: den Fliegetraum. Ungefähr einmal im Monat kommt er. Ich spüre es jedes Mal im ganzen Körper. Es passiert ohne Wachs und Federn. Ohne Flugapparat, Kirchturmspitze oder Felsenklippe. Ich gehe über eine große Wiese, atme tief ein und strecke jeden Muskel meines Körpers, bis das Luftgefühl kommt, als würden sich lauter kleine Poren in mir öffnen, die sich mit Schwerelosigkeit füllen. Dann verlassen meine Füße den Boden. Ich schwebe. Mein Körper gerade wie ein Lineal, leicht vorwärts geneigt in einem spitzen Winkel zur Erde.

Ich bin verliebt in meinen Fliegetraum. Ich will ihn nicht loslassen. Aber über ihn reden ist auch verboten, weil ich erstens kein Kind mehr bin und zweitens, zweitens wiegt noch viel schwerer. Es kann nämlich sein, dass das mit mir und dem Fliegen mehr ist als ein Traum. Mit fünf war ich einmal so wütend auf meine Kindergärtnerin, dass ich wegrennen wollte. Ich hatte Probleme mit dem Mittagsschlaf, und sie warf mir das in ihrem krächzenden Sächsisch als unsozialistischen Verweigerungsakt vor.

Mir kamen die Tränen. Weil ich vor ihr nicht weinen wollte, sagte ich „du alte Krähe“ zu ihr und rannte aus dem Raum, sie krächzend hinterher ins Treppenhaus. Ich war zu schnell. Stolperte auf der ersten Treppenstufe und spürte in Zeitlupe, wie mein Körper kippte. Da passierte es. Ich streckte mich, spürte überall in mir die Schwerelosigkeit wie kleine Blasen, meine Füße in der Luft, mein Körper kerzengerade und leicht schräg nach vorn gebeugt. Drei Sekunden lang stand alles still, ich hörte die Krähe hinter mir aufschreien. Dann stürzte ich.

Ich erwachte im Krankenhaus. Über mir das Mondgesicht einer weißhaarigen Schwester. An der offenen Tür die Kindergärtnerin, die aufgeregt mit einem Arzt redete. Der runzelte die Stirn, dann kam er zu mir. Wenig später kam meine Mutter, das Gesicht voller Schatten.

Als ich zurück in den Kindergarten kam, war die Krähe verschwunden. Von meinem Flug traute ich mich nie zu sprechen. Auch nicht mit meiner Mutter. Die hatte schon genug Sorgenschatten im Gesicht. Wer Sorgen hat, hat auch Likör, da war sie keine Ausnahme. Aber wenn sie betrunken war, verschwanden die Schatten nicht. Sie wuchsen.

Schluss mit dem Fliegen. Wahrscheinlich war es doch nur ein Traum, den ich endlich loslassen muss. Ich brauche einen neuen als Ersatz. Seit einer Weile probiere ich das mit Steffi. Ich träume von ihren kastanienbraunen Locken, vom Duft ihrer türkisfarbenen Wuscheljacke. Und von dem kleinen dunklen Punkt rechts auf ihrer Unterlippe, der hüpft, wenn sie lacht, und zittert, wenn sie weint. Steffi ist Einzelkind wie ich, kein Vater im Haus wie ich, Schlüsselkind wie ich. Sie ist viel allein mit ihrem Hund und den bunten Wänden ihrer Wohnung. Ich bin viel allein mit den Büchern, die so ziemlich alle unsere Wände bedecken. Außerdem spielen wir beide Schach, was sonst keiner in unserer Klasse kann.

Nach dem Hort gehen wir zusammen. Steffi wohnt um die Ecke in einem hundert Jahre alten Mietshaus, dessen Fassade aussieht wie eine verheulte Oma mit bröckelnder grauer Schminke und verlaufener Wimperntusche. Ihr kleine Punkt hüpft jedes Mal, wenn ich das sage. Wenn unsere Mütter nicht daheim sind, treffen wir uns auf Steffis Dach. Die Dächer in unserem Block sind alle miteinander verbunden, wenn auch hier und da ein bisschen unterschiedlich in der Höhe. Es gibt Leitern für die Schornsteinfeger, und wenn man ein bisschen mutig ist und nicht nach unten in die Tiefe schaut, schafft man es bis zur Ecke Eberswalder. Von dort hat man einen Blick auf die Mauer, hinter der die Dächer des Westens schimmern.

Genau da sitzen wir jetzt, spielen Steckschach, teilen uns eine Tafel Bambina-Schokolade und blicken nach drüben. Steffi lässt sich lange Zeit mit ihrem nächsten Zug, sie schnieft. Ich schaue nach, ob sie weint. Tut sie nicht. Sie starrt. „Die lassen uns nicht raus“, sagt sie leise, aber mit so großem Ärger, dass es sich trotzdem irgendwie laut anfühlt. „Mein Papa ist da drüben und die Schweine lassen uns nicht raus.“

Steffis Vater ist Chemiker. Vor zwei Jahren, als wir noch das blaue Halstuch umhatten, durfte er auf Dienstreise nach Westberlin und kam nicht zurück. Seitdem versucht ihre Mama, mit ihr rauszukommen. Sie haben den Antrag gestellt, den theoretischen.

„Und wenn sie euch doch rauslassen, mit wem soll ich dann Schach spielen?“

Steffi sieht mich kritisch an und klaut mit ihrem Springer meinen Turm. „Dann musste dir eben was einfallen lassen“, sagt sie und ihre Nase kräuselt sich. Dann finde ich eine Lücke in ihrer Deckung, setze Schach, und die Rettung ihres Königs kostet sie den frechen Springer. Der Ärger kommt zurück in ihr Gesicht. „Die lassen uns nicht raus.“

Wir schauen den Vögeln zu, die sorglos über die Mauer fliegen. Ich rede davon, wie einfach die es haben mit dem Fliegen. Wovon ich wirklich reden will, ist mein Fliegetraum und was wäre wenn. Steffi starrt mir in die Augen, als hätten sie sich plötzlich verfärbt. „Woran denkst du?“

„Glaubst du, dass Menschen schweben können?“ Ich höre die Worte aus meinem Mund blubbern und will sie am liebsten gleich wieder verschlucken, als ich ihren Blick sehe.

„Nur, wenn sie Vampire sind.“ Sie lacht und ich lache mit, erleichtert, dass wir das Ganze als Jux abhaken können.

„Vampire haben’s gut“, sage ich.

„Na, irgendeinen Spaß müssen die ja haben vom Vampirsein. Stell dir mal vor, lebenslänglich nix anderes als die Blutwurst vom Schulessen.“ Wir machen beide Würggeräusche. Dann hören wir die Kirchturmglocke – es ist sieben, wir müssen nach Hause. Ich helfe

Steffi auf ihre Dachlukentreppe, ihre Hand ist warm und weich, sie guckt zu mir hinauf. „Kannst loslassen."

Am nächsten Morgen weckt mich ein lautes Rumpeln unten auf der Straße. Ich rappele mich auf und schaue aus dem Fenster über meinem Bett. Es ist noch nicht richtig hell und Stimmen sind zu hören, Schritte, Türen. Dann faucht ein Motor auf und ein Lkw biegt um die Ecke. Es ist ein Umzugswagen. Am Beifahrerfenster erkenne ich Steffis Mama.

Ich spüre etwas Warmes, Feuchtes auf meiner Wange und fühle ein Schluchzen kommen. Ich versuche es runterzuschlucken, aber es it stärker. Meine Tür geht auf und meine Mutter steht da, das Gesicht ein einziger Schatten. „Anton? Heulst du?"

„Quatsch", sage ich und wische mir mit dem Schlafanzugsärmel über die Wangen. Thälmannpioniere heulen nicht.

Sie schielt mich an. „Ich seh's doch. Du heulst."

„Nein!", sage ich laut.

„Heulsuse", lallt sie und der Schatten verdunkelt sich.

Meine Wangen werden heiß, diesmal vor Wut, und ich renne. An ihr vorbei, raus aus dem Zimmer, den Korridor runter und raus aus der Wohnung. Sie krächzt mir hinterher, ich höre ihre schweren Taumelschritte hinter mir. Am Treppenabsatz erstarre ich. Und drehe mich zurück. Sehe sie an der Tür, sie greift nach mir. Ich renne in die andere Richtung, treppauf. Sie keucht mir hinterher.

Zwei Stockwerke, dann bin ich oben auf dem Dachboden, sie ruft mir nach. Ich klettere die Leiter hoch, stemme die Luke auf. Sie kommt am Fuß der Leiter an. „Bist du krank im Kopf?"

Ich renne. Klettere. Rase. Springe. Richtung Eberswalder. Schaue runter zur Straße, auch wenn runterschauen eine Scheißidee ist, und da sehe ich ihn: den Umzugswagen. Er rattert um die Ecke, Richtung Westen. Ich renne auf die Ecke zu, wo der Abgrund ist und wo ich gestern mit Steffi gesessen habe. Jetzt kann ich ihn voll und ganz sehen, den Lkw, wie er auf die Mauer zu fährt – auf den Grenzübergang, das Maul der Schlange, das Steffi verschlucken und nie wieder ausspucken wird.

Ich verlangsame meine Schritte, gehe zum Abgrund, zur alleräußersten Kante. Ich atme tief ein, strecke meinen Körper durch, jeden einzelnen Muskel. Ich kann es spüren, das Blubbern überall. Alle anderen Geräusche verstummen, auch das Kreischen meiner Mutter. Ich merke, dass ich lächle, während mein kerzengerader, sich mit Schwerelosigkeit füllender Körper in Zeitlupe vorwärts kippt und meine Füße sich vom Boden lösen ...

Christoph Silber

Chris Silber ist einer der erfolgreichsten deutschen Autoren im internationalen Film- und Fernsehgeschäft.

Geboren im Ostberlin der 70er Jahre und zweisprachig aufgewachsen, lebt und arbeitet Silber in Los Angeles.

IM TEMPEL DER EICHEN

von Marcus Stiglegger

Für meinen Vater, im April 2020

1.

Eine kleine Biene lässt sich auf meinem Glas mit Kirschsaft nieder, zweifellos angelockt von dem unwiderstehlichen Fruchtzucker. Doch sie kehrt überraschend um, fliegt los und passiert mein Balkongeländer mit einer eleganten Schleife zwischen dem Sichtschutz hindurch. Auf der leicht schwankenden Oberfläche der Flüssigkeit funkelt das helle Sonnenlicht. Warum dieses Schwanken? Als ich zu schreiben aufhöre, beruhigt es sich. Woche drei der angeordneten Isolation, die einer fast obszön idyllischen Quarantäne gleicht. Mit strahlend blauem Himmel, saftigem Grün im Hinterhof und auf den Dächern, stabilem Internet und drei Supermärkten um die Ecke verstehe ich, was „privilegiert" bedeutet in der Zeit der Seuche. Zudem lebe ich vom Reden und Schreiben, eine dankbare Existenz in Zeiten der Isolation, denn es verändert sich nicht allzu viel. Außer, dass die Einsamkeit spürbarer wird in diesen Sonnenstunden.

Und die Erinnerungen, die immer wieder hochkommen, wenn man die melancholische Grenze von fünfundvierzig Lebensjahren durchbrochen hat: Zu leben im Bewusstsein, dass da etwas war, was nicht mehr so ist. Das alte Kino, in dem man als Kind „Watership Down" gesehen hat. Der Club, in dem man zu seinem jugendlichen Ich gefunden hat. Der Schallplattenladen, in dem man zögerlich nach dem ersten Bauhaus-Album gefragt hat. Und der Punk-Modeladen, in dem man seine ersten Doc Martens gekauft hat. All das existiert nur noch als eine langsam verblassende Erinnerung, verbunden mit Abriss und Tod.

Und doch bin ich noch da, habe das alles überlebt. Habe meinen Vater sterben sehen, Beziehungen begonnen und verloren, meine Autos verschrottet, Wohnungen bezogen und verlassen und immer wieder neue Jobs gefunden. Wer schreibt, lebt diese Erinnerungen, ist ihnen ausgeliefert.

2.

Als ich ein Kind war, so etwa zehn Jahre alt, weigerte ich mich im Religionsunterricht, das Wort „Gott" zu verwenden. Wir sollten damals die Schöpfungsgeschichte bebildern, und in meinem Dilemma ersetzte ich „Gott" durch „Natur". Heute mutet das nicht wirklich logisch an, denn wenn die Natur Himmel und Erde schuf, musste es sie ja bereits vorher gegeben haben. Sie war also Schöpferin und Schöpfung zugleich. Ich wusste damals nicht, dass es eine Gaia-Hypothese gab, die den christlich-patriarchalen Perspektiven entgegenstand, ihnen eine spirituelle, im positiven Sinne heidnische Sicht gegenüberstellte.

Als Kind liebte ich es, allein mit dem Fahrrad durchs Feld zu fahren. Ich wuchs auf zwischen Obstfeldern – von denen viele heute bebaut sind – und fuhr oft so lange, bis ich in den gar nicht so nahen Wald kam. Dort saß ich dann und beobachtete die Frösche, Insekten und Fische im Teich, wurde von Stechmücken attackiert und von der Sonne gegrillt. Andere Menschen hier empfand ich als Eindringlinge und versteckte mich, so gut es ging. Die selbst gewählte Isolation in der Natur erschien mir natürlich und angenehm. Heute weiß ich auch, dass ich in jenen Jahren ein Mobbing-Opfer in der Schule war, zu einer Zeit, als es noch keinen konkreten Namen hatte, gedemütigt und ausgegrenzt zu werden. Es war einfach eine Tatsache, die vorkam. Ich lernte bald, dass man aus der erzwungenen Ausgrenzung einen freiwilligen Rückzug machen konnte. Wenn einen nichts mit der Gemeinschaft verbindet, warum sollte man dann um Akzeptanz buhlen? So wurde die vermeintliche Schwäche zur Stärke.

Ist es wirklich so, dass nur das Rudel überlebt und der einsame Wolf stirbt? Wer kann das wissen? In meiner Vorstellung gab es immer eine Welt jenseits des Rudellebens.

3.

Mein Vater hat mir nur wenige konkrete Dinge zu Lebzeiten geschenkt und hinterlassen. Er war kein Leser. Und doch schenkte er mir zwei Bücher von Jack London, die er als Kind geliebt hatte: „Südseegeschichten" und „Jenseits der weißen Grenze". Diese Bücher halte ich in Ehren. Mit ihrer verblassten Goldprägung stehen sie in meinem Lesezimmer. Alle zwei bis drei Jahre nehme ich sie zur Hand. Ich lernte also früh, dass der Mensch der Natur nicht wirklich überlegen ist, auch wenn er sie kontinuierlich zerstört. Als Mob können wir enormen Schaden anrichten, allein sind wir den Kräften und Energien meist ausgeliefert. Aber ist der einsame Wolf wirklich zum Untergang verurteilt? Kann es kein „mit“ statt eines „gegen“ geben?

Eine zweite Erinnerung verbindet mich mit meinem verstorbenen Vater: Als ich etwa neun Jahre alt war, ging ich mit ihm in den österreichischen Alpen wandern. Der Weg endete unvermittelt an einem Wildwasserlauf. Eine dort installierte Behelfsbrücke war offenbar jüngst weggespült worden. Also hängten wir unsere Wanderschuhe an den Gürtel und wateten barfuß durch die eiskalte Schmelzwasserflut. Ich vertraute der Hand meines Vaters, die mich sicherte, und doch fühlte ich mich einer grausamen und zerstörerischen Naturgewalt ausgeliefert, die an mir zerrte, die mich durchfror und forderte. Ich kann nicht sagen, wie lange unser Weg dauerte, doch ich erinnere mich gut an die vollkommen erfüllte Erschöpfung, die ich nach dieser Eroberung des Nutzlosen, wie es Werner Herzog nennt, empfand. Die Füße brannten lange nach, doch die Macht der Natur so nah erlebt zu haben, prägte mein Leben.

4.

Ich beschließe also, dem Weg der Biene zu folgen und aus dem häuslichen Exil in den nahen Wald zu spazieren. Dieser fast ritualisierte Waldgang gehört zu meinen Balancemechanismen im Kampf gegen die Urbanisierung der Sinne und des Geistes. Wir hatten kaum einen nennenswerten Winter und die vorangehenden Sommer haben der Fauna deutlich zugesetzt. Während das Unterholz wuchert, wirken die hochgewachsenen Bäume merkwürdig kahl und dürr. Wie ein Meer von hochgereckten Bajonetten angesichts einer aussichtslosen Schlacht scheinen sie sich noch einmal gegen die Übermacht eines stetig trockeneren Klimas aufzulehnen, um schließlich zu kapitulieren. Diese Kapitulation wirkt merkwürdig irreal: Manche dieser „besiegten“ Stämme werden vom Sturm verdreht zersplittert, was ihre buchstäbliche innere Leere nach außen kehrt. Von innen her zerfressen und vertrocknet, haben sie den Kräften des Windes nichts mehr zu erwidern.

Verstörend jedoch ist die Zahl jener Bäume, die einfach zu Boden stürzen, entwurzelt angesichts eines trocken-sandigen Unterbodens, der kein Grundwasser mehr speichert. Wie Lehmmauern ragen die tellerartigen Flachwurzelgeflechte vertikal in die Höhe, während sich die Masse des Stammes einen gewaltsamen Weg durch das Dickicht geschlagen hat. Wie erlegtes Großwild ruhen die traurigen Monumente zwischen ihren noch standhaften Artgenossen.

Wir leben in einer kranken Welt, einer Welt in Transformation, die den Zyklus des Jahresrades nur noch formell einzuhalten scheint. Die Sonne brütet, und nur wenige Vogelschreie sind zu hören, zu wenige für einen so schönen Frühlingstag. Die vereinzelten Geräusche erinnern an eine Klage, den Schmerz der Melancholie. Den Fluch, in einer langsam vergehenden Welt leben zu müssen. Allein. Am Ende.

Und doch ist dies mein Tempel. Ein Tempel der Eichen, der Birken und des Ahorns. Auch wenn die Säulen dieses Tempels einstürzen, so bleibt er doch tröstlich als Monument einer anderen Welt, einer zusehends geheimen Welt der Koexistenz, stiller und spärlicher als einst, aber noch immer pulsierend. Denn das ist zugleich tröstlich, dass diese parallele Welt sich nicht beirren lässt, den Zyklus zu leben, selbst gegen die feindlichen Elemente. Ich lege beide Handflächen auf die sonnengewärmte Rinde eines Baumes. Ich streiche über die Textur, das Wechselspiel von Holz, Moos und Staub. Ich werde mir dieses Lebens gewahr.

5.

Im Tempel der Eichen lege ich langsam meine Handfläche an die Baumrinde. Mein Daumen berührt sanft den fragilen, jungen Zweig, der zwischen den Rindplatten wächst und sein glänzendgrünes Haupt – die Knospe – zur Sonne erhebt. Hier reckt sich neues Leben zum Licht, hier zeigt sich, dass nicht alles verloren ist in diesem Wald der Baumruinen und Wurzelteller. Ich bin allein mit diesem Moment: spüre die Wärme der Sonne, die Rohheit der Rinde, spüre einen sanften Windhauch. Jene Sinfonie der Natur.

In diesem Augenblick weiß ich, was manche mit „Gott“ meinen, doch es ist viel mehr: eine allumfassende, heilige Energie, die uns offen steht, wenn wir uns ihrem Strom nicht verschließen. Wir sind nicht eins, wir müssen es werden. Es werden wollen.

Wir könnten den Kampf sonst verlieren. Das wird mir in diesem Augenblick klar. Als ich die grüne Knospe im Wind zittern sehe.

Marcus Stiglegger

Marcus Stiglegger unterrichtet Film an einer Berliner Hochschule, schreibt Bücher, komponiert Musik, reist, wandert, denkt – und redet. Manchmal öffentlich.

DIE EULE

von Julia Alina Kessel

Irgendwo in der Nähe musste die Eule stehen. Ihre Augen analysierten die Umgebung, hasteten hin und her, als hinge die Entdeckung von einem Minimum an verstrichenen Sekunden ab, als verblasste ihre Erscheinung mit der verblassenden Zeit. In ihrer Fantasie hatte sie sich hundertmal einen Fleck wie diesen ausgemalt, eine Ecke des Hafens, den flanierende Ausflügler erkundeten. Heute kreuzten wenige Fußgänger ihren Weg, hielten höflichen Abstand. Zu ihrem Erstaunen waren die Straßen menschenarm, als traute die Bevölkerung der neuen Freiheit nicht, sondern hielt sie für einen Irrtum, eine Unsicherheit, der man sich vorher zu sicher gewesen war.

In ihren Wagen zu steigen und eine Richtung einzuschlagen, die ihrer Entscheidung entsprang, hatten ihre Gliedmaßen mit Adrenalin überschüttet. Es war eine kindliche Freude wie jene, endlich alt genug zu sein für elternfreie Erkundungen, die sie auch heute im Erwachsenenalter überfiel, wenn sie sich Lakritzstangen oder Bücher kaufte, ohne um Erlaubnis fragen zu müssen. Fahren frei von Einschränkung war auf einmal genug Anlass für Glück. Als die horizontale Linie des Wassers ihr entgegenglitzerte, pumpte es verschwenderisch durch ihre Gefäße: Niendorf. Blaue Unendlichkeit ohne Grenzen.

Kurz nach der Wende hatte es ihren Vater hierher in den kleinen Fischerort gezogen, nicht weit entfernt vom Grenzbezirk Dassow, in dem er sich jahrelang den See im kapitalistischen Ausland hinter der Mauer vorstellte, mit der sich nicht alles ein- oder aussperren ließ. Nach seinem ersten Besuch hatte er diesen Ausflug jedes Jahr wiederholt, bis er nach Bayern gezogen war. Mit ihrem Vater hatte sie viele Orte bereist. Nur hier an der Ostsee waren sie nie gewesen.

Sie passierte die bunten Fischerhütten. Möwen flatterten aus ihren Nestern. Der Frühling setzte sich gegen den langen Winter durch. Bei ihrem Aufbruch am frühen Morgen waren ihr am Wegrand erste an Pünktlichkeit nicht zu übertreffende Krokusse aufgefallen. Als Schülerin hatte sie in einer Projektmappe über Blumenarten deren violette Blüten mit denen der Herbstzeitlosen verwechselt. Heute fühlte sie sich in der Zuordnung sicher.

In der sich dehnenden Zeit der letzten Wochen und Monate waren diese Erinnerungen zurückgeschlichen; an die kindliche Geborgenheit im vor Lexika, Technik, Unterlagen, Schreibwaren überquellenden Arbeitszimmer ihres Vaters, an den sorgsam versteckten Schokoladenvorrat im Bücherregal – und an das Geheimnis hinter der Tür, das sich erst offenbarte, wenn diese geschlossen war.

Majestätisch war dort die Landkarte an der Wand gehangen. Auf anderthalb Meter Höhe und einem Meter Breite hatte ein begnadeter Zeichner Deutschland sowie Teile der es umgebenden Länder kartografiert. In der rechten unteren Ecke kletterten die schwarzen Berge der Alpen den Kartenrand hinaus, von denen sie als junges Mädchen geglaubt hatte, sie würden von bösen Zauberern behaust. Das dunkle Gebirge stand im Kontrast zum Grün der Hügel. Je flacher die Ebene, desto hellgrüner war deren Fläche gezeichnet. Über das gesamte Bild spannte sich ein feines Netz aus Straßen wie Nervenbahnen durch den menschlichen Körper. Die Linien fügten sich in die Landschaft, als hätte nicht der Mensch, sondern die Natur selbst bei deren Errichtung ihre Finger im Spiel gehabt. Schwärme aus roten Punkten in unterschiedlichen Größen und Gebilden markierten die Städte und Ballungszentren. Das Ruhrgebiet formierte sich wie ein roter Mückenschwarm unter einer Laterne in einer Hochsommernacht. So sehr die Berge sie faszinierten, lenkte in seiner Erhabenheit etwas anderes ihre Aufmerksamkeit auf sich: das im Norden gelegene Meer, das in seinen changierenden Blautönen mit denen von Himmel und Wolken verschmolz. Wenn du dort ins Wasser gehst, hatte ihr Vater gesagt und auf den wie ein Zeh geschwungenen Bogen der Lübecker Bucht gezeigt, kannst du acht Länder beschwimmen.

Als ihr Vater die Eule das erste Mal gesehen hatte, nach dem Mauerfall, war er Zeuge ihrer Sachbeschädigung geworden: Ein Junge neben ihm reckte seinen kleinen Körper empor, griff nach der hölzernen Kralle und brach ein Stück davon heraus. Weder hatte ihr Vater ihn ermahnt noch dessen Eltern informiert, obwohl er seiner Korrektheit höchste Priorität einräumte. Je älter sie wurde, desto überzeugter vermutete sie, er selbst wäre der kleine, ein Stück der verbotenen Frucht an sich nehmende Junge gewesen. Jahrelang war sie ihm vorenthalten geblieben; er hatte keinen Vergleich zu solcher Strenge, seine Eltern waren sanft gewesen. Auf diese Prägung hatte jeder seiner nachfolgenden Bezüge zurückgegriffen; bei Göttern,

Politikern, dem Gesetz. Geflohen war er nie, in den Maschen seiner Hoffnung hängengeblieben.

Unzählige Samstage hatten sie gemeinsam vor der Karte verbracht. Sie trieb die Neugier auf das Unbekannte dorthin, ihn die unbändige Begeisterung für diese unterschätzten Landstriche; ein Entzücken, das sich nicht aus Nationalismus oder Fremdenfeindlichkeit speiste, sondern aus bloßer Liebe zur Landschaft. Diese bildete auch die Grundlage für die ewige Diskussion zwischen ihrer Mutter, die sich in ferne Länder wünschte, und ihm: Weshalb woanders hinreisen, wenn unentdeckte Schönheit vor der Tür wächst?

Auf seinem Schoß sitzend folgte sie den Bewegungen seines Fingers, der die Straßen, Orte und Wälder abfuhr und die dort lauernden Geschichten aufweckte. Den Weg ihres Großvaters, der von Breslau über Dresden und Kassel bis nach Bayern geflohen war und von Schloss Hirschberg aus mitansehen musste, wie unten im Tal Tiefflieger den Zug zerbombten, ihm seinen Koffer, seinen letzten Besitz entrissen. Tannhausen, wo dieser bei Bauern Zuflucht fand und ihre von einem Einsatz als Krankenschwester zurückkehrende Großmutter kennenlernte. Dassow, wo deren Familie lebte und wohin er aus Liebe zu ihr einige Jahre danach übersiedelte, nicht unweit des Standortes, den der Labordiagnostika-Hersteller EUROIMMUN später bezog. Hier lag auch die Zahnarztpraxis, die ihre Großmutter mit seiner Hilfe aufbaute. Der vor Grün pulsierende Spreewald mit seinen Wasserstraßen und nach Dill duftenden Essiggurken, die ihrem Vater eine der fröhlichsten Erinnerungen innerhalb des unterdrückenden Systems bescherten. Die sich an den Main schmiegenden Straßen, von bewachsenen Anhöhen und gewaltigen Burgen gesäumt. Das in den nächtlichen Bergen gelb leuchtende Schloss Hohenschwangau, die kleine Schwester des berühmteren, in deren Nähe sie selbst gezeugt worden war. Die violetten Felder der Lüneburger Heide. Und schließlich Niendorf, das erste Mal im Westen. Viele Punkte auf der Karte hatten ihr Vater und sie gemeinsam besucht, sogar in den Jahren, in denen sich Schweigen zwischen ihnen ausgebreitet hatte. Nur die Eule war ungelöstes Mysterium geblieben.

Je mehr sie sich den Fischerbooten und Fischbrötchenverkäufern näherte, desto mehr Menschen wanderten ihr entgegen. Aufgelöst hatte sich die, von diesem unsichtbaren Invasor in den kollektiven Leib leergefegte, filmisch anmutende Kulisse. Wer ihr begegnete, trug in seinem Gesicht noch die neue Trennung, welche nicht mehr Schwarz und Weiß unterschied, sondern erhitzt oder nicht erhitzt, fiebrig oder nicht fiebrig, was sich optischer Zuordnung entzog und zudem sehr rasch und überhaupt zu ändern war. Auch die Schnelligkeit ihres jugendlichen Urteils, dass jede Entscheidung im Grunde einfach war, nur richtig oder falsch existierte, war eingebremst worden.

Gerne hätte sie gewusst, wie ihr Vater zu diesen Wörtern stünde, die wie ein leise verhallendes Echo noch immer umherflogen; Freiheit, Sperre, Solidarität. *Freiheit bedeutet nicht, alles tun zu können.* Diesen Satz von ihm verstand sie erst jetzt, ebenso wie die Spannungen zwischen ihm und seinem eigenen Vater, der seiner Frau in ein ihm zur Enttäuschung gewordenes Land gefolgt war. Die Vorsicht ihres Vaters, sein Misstrauen, seine Unnachgiebigkeit, die sich gegen erneute Ohnmacht gewehrt hatten, sowie seine Empfindlichkeit, was vermutete Bevormundung anbelangte. Ihr Vater hatte eine andere Form des Eingesperrtseins erlebt, das die Persönlichkeitsrechte des einen gegen das Recht auf körperliche Unversehrtheit des anderen höchstens in propagandistischer Manier abgewogen hatte.

Salz konservierender Meereswind fuhr ihr durch die Haare, über Wangen, Hände, erinnerte sie an die Wärme ihrer eigenen Haut. Er riss an Hose und Jacke, sie stemmte sich dagegen, hielt sich gerade. Der Geruch von Matjes und frisch geschnittenen Zwiebeln legte sich auf ihre Zunge. Von weit her ertönte ein Schiffshorn, das zum Aufmarsch blies. Sie trat auf das Geländer zu. Hier an dieser Stelle musste auch ihr Vater gestanden sein, endlich mit freiem Blick auf das Meer. Hier schmeckten die Sauerstoffmoleküle nach Versprechen. Von der Leine gelassene Hunde bellten und sprangen herum. Vor ihr wiegte sich ein angetäuter Katamaran im rhythmischen Auf und Ab der Wellen. Das Meer holte tief Luft und sie mit ihm. Aus diesem Tanz sprach Einfachheit. Begraben unter Selbstverständlichkeiten, die nicht selbstverständlich waren, schlummerte das Glück.

Anstand, Menschlichkeit hatte sich in Pflicht verwandelt, über Gehorsam waren sie hinausgewachsen. Im Stillstand war sie still geworden. Mit der unbekannten Bedrohung in der Atemluft hatte sie ein wachsendes, erschreckendes Begreifen heimgesucht, dass von ihr selbst, fernab ihrer Mutterrolle, fremdes Leben abhing; eine Erkenntnis, die für gewöhnlich in ihrer Indirektheit zu oft verloren ging, während ihr neuer Rock in Bangladesch von Kinderhänden zur

Welt gebracht, ihre leere Shampoo-Flasche in Malaysia bestattet wurde. Dass sie töteten, war nicht neu, nur Art und Weise sowie Inkubationszeit. Der Mensch blieb ein Gewohnheitstier, alles gewöhnte sich an ihn. Es war eine schmerzhafte Erinnerung daran, dass jede Tat Konsequenzen nach sich zog, Nichthandeln Handlung war. Gegen das Vergessen war sie geimpft worden, eine winzig rote Stelle, die nachts manchmal juckte.

Zwänge zerbröselten, Werktage und Wochenende rückten aneinander. Ihr Geschäft verlagerte sich ins Internet, aus Gegebenheit war Möglichkeit geworden. Ihre Stunden sammelte sie nun für ihren Sohn, der noch immer bei seinem Vater wohnte. Er fehlte ihr. Im Vergleich zu vielen anderen war er verschont worden. Auf dem Dachboden wartete die Karte auf ihn, ein zaghaftes Versprechen, das sie sich selbst gegeben hatte. Er wollte sie wieder besuchen, die erzwungene Distanz hatte seine ein wenig aufgeweicht.

Sie war den Uferweg entlanggelaufen, auf die Imbissbuden zu. Und dann, als sie hinter einem Bierwagen hervortrat, ragte unvermittelt das Ziel vor ihr in die Höhe. Vor Andacht erstarrt blieb sie stehen. Die Eule war von gewaltigerer Größe als in ihrer Vorstellung. Sie thronte auf dem massiven Baumstamm, aus dem sie geschnitzt war. Ihr helles, glattes Holz setzte sich von der dunkelbraunen Struktur der Rinde ab; meisterhaft geformte Weichheit im Inneren der rauen Oberfläche. Ihr Schnabel versprach Beharrlichkeit, kräftige Flügel schützten den Körper. Mächtige Augen richteten ihren Blick in die Ferne, als läsen sie aus vergehenden Wolken neue heraus. Sie bewunderte den Künstler für seine Fähigkeit, zu sehen, was noch nicht da, erst im Entstehen war. Zu schnitzen bedeutete, die Welt umzustülpen, umgekehrt zu denken, das Überflüssige zu identifizieren.

Sie trat näher darauf zu, an die Zehen heran, als sie unerwartet Besorgnis überfiel. Die Krallen. Plötzlich wusste sie, aus welchem Grund ihr Vater nie mit ihr hierhergefahren war. Wild sprang ihr Blick zwischen den spitzen Greifwerkzeugen hin und her. Ihr Herz verhaspelte sich. Rechts außen hatte ihr Vater gesagt, aber dort war nichts zu erkennen. Tränen schossen ihr in die Augen. Dann sah sie die Lücke: An der zweiten Kralle von links, der schmalsten der vier, war das letzte Stück herausgebrochen, so winzig, dass es nur dem Aufmerksamen auffiele. Die Eule stand an ihrem Platz und studierte den Himmel. Sie stand noch immer da. Alles war wahr.

Julia Alina Kessel

Julia Alina Kessel, geboren 1990 in München, aufgewachsen in Schleswig-Holstein und Nürnberg, studierte Theaterwissenschaft, Filmwissenschaft, Deutsche Literatur und Philosophie. Sie veröffentlichte in Anthologien und lebt in Berlin sowie in Augsburg.

AM ENDE DER NACHT

von Robin Baller

Gestern ist Mutter – fast – gestorben. Als ich ins Zimmer komme, begrüßt mich Singer mit schwerem Blick. *Es steht,* sagt er, *auf Messers Schneide.* Ich setze mich neben ihn, vor uns Mutters Bett. Im leisen Piepen und Stöhnen der Geräte versuche ich einen Rhythmus zu finden, der mir ruhig zu werden hilft. Ich atme, ein und aus – und beneide Singer für seine ihm ganz eigene Gelassenheit.

Der alte Lindholm, wie Mutter nicht ohne Unterton zu sagen pflegte, wäre auf und ab gerannt, hätte gejammert und gezürnt, *Warum sie?* hätte er womöglich eine Weile proklamiert, um schließlich, beinahe unbemerkt, bei seinem immergleichen *Warum ich?* zu landen. Doch Lindholm, mein Vater, der uns schon als Kinder hatte Horrorfilme sehen lassen, war lange, lange schon tot.

Singer fragt: *Wie geht es dir?* Ich erzähle von der beschwerlichen Fahrt, per Bus und Bahn, von einem Mädchen, das unaufhörlich ihr Telefon wie ein Diktiergerät gehalten habe. Singer hört aufmerksam zu, er nickt, doch ich fühle mich unverbunden, fern. Ich stocke, und Singer nickt noch einmal – er ist ruhig, unheimlich ruhig.

Als Mutter uns Singer vorstellte, waren Jo und ich schockiert. *Er ist viel zu jung,* hatte Jo gesagt, nein, geschossen, denn Jo und Mutter pflegten einen schießenden Ton. *Was weißt du denn,* hatte Mutter retourniert, und ihre Tochter der Missgunst bezichtigt. Singer war Arzt, frisch pensioniert, er ging ins Theater und liebte Jazz. Jo hatte sich nach und nach mit ihm arrangiert, Stiefvater: nein, aber doch ein humorvoller Mensch, ein würdiger Begleiter. Und ich? Ich war beschäftigt. Womit? Mit mir?

Singer will erzählen, was geschehen ist, doch ohne dass ich mich bewusst dafür entscheide, prallen seine Worte am Eingang meiner Ohren ab. Stattdessen denke ich an meinen letzten Besuch im Herbst. Mutter war fünfundsiebzig geworden, und es hatte natürlich eine große Feier gegeben. Das Haus: ein Salon voller Gäste. Auf den Sohn hatten es natürlich alle abgesehen, der so abgeschieden lebte und sich kaum noch sehen ließ. Unwillkürlich unterstellte man mir etwas Spannendes, Geheimnisvolles. Eine Geliebte dichtete mir jemand an, oder war es vielleicht gar ein Faible für Prostitution? Mutter hatte vielsagend von einem Projekt erzählt, einer *langwierigen Forschung,* doch zu sagen wusste ich nichts.

Man reichte mich herum, und da ich mich als gleichbleibend still und wortkarg erwies, marterte man mich mit halblaut vorgetragenen Geschichten von früher, stets mit Seitenblick zu der hochverehrten Jubilarin. Ewig die Anekdoten: *Mutter in Frankfurt,* wild und schlau, Adorno, sagten sie, hätte sie nicht selten gelobt, geistig klar, erbarmungslos kritisch. Ich nickte, jetzt wie damals, und nutzte die erstbeste Chance, mich irgendwann, im Verlauf des Festes zurückzuziehen. Von unten dröhnte der Jazz, und ich saß, einer tickenden Bombe gleich, in meinem traurigen alten Kinderzimmer.

Jo steht in der Tür des Krankenzimmers. Ohne Kind und Mann, ganz ungewohnt. Jo, deren Ähnlichkeit zu Mutter immer frappanter wird, ist fünf Jahre nach mir geboren. Nach ein paar Gläsern Sherry sagte Mutter manchmal, Jo sei *der zauberhafte Epilog eines gescheiterten Romans.* Nachdem die Scheidung vom alten Lindholm vollzogen war, wurde plötzlich, wie sie später nie zu erzählen vergaß, alles gut. Denn während Lindholm, der ein feingeistiger, hypochondrisch veranlagter Schauspieler war, noch auf jede der täglich gestellten Kampfofferten Mutters leidenschaftlich eingegangen war, war jetzt der Raum wieder frei. Niemand wollte sie nun mehr ihrer Freiheit beschneiden, sie zu einer kochenden, putzenden Hausfrau machen, die mit milder Gleichmut die Wehwehchen ihres Mannes heilt.

Jo wirkt beklommen. Hastig umarmt sie Singer, dann mich. Sie schaut zu Mutter hinab und schüttelt den Kopf. Sie weiß alles, denke ich, noch hinfällig, stumm, womöglich gar dem Tode geweiht, kann Jo dem Gesicht unserer Mutter alles entnehmen. Als Lindholm starb, hatte ich gerade weitab der Heimat zu studieren begonnen. Jo hatte mich telefonisch drei Tage nicht erreicht, sodass ich beinahe zu spät zur Beerdigung gekommen war. Eingepfercht zwischen Jo und meines

Vaters zweiter Frau hatte man mir eifrig kondoliert. Mutter hatte sich – *aus Respekt* – im Hintergrund gehalten.

Eine Ärztin betritt den Raum. Ihr verbindliches Lächeln deutet an, dass sie Jo und Singer bereits kennt. *Und Sie sind der Sohn,* fragt sie, als ob sie an meiner Eignung dazu zweifele. Ich nicke und möchte gerne etwas Deutliches, Entschiedenes sagen: *Selbstverständlich.* Aber die Ärztin hat schon begonnen, uns in den Sachverhalt einzuweihen. Mit den Fingern malt sie etwas in die Luft, ihr Blick: erst finster, dann beinahe entschuldigend. Singer sagt etwas, woraufhin Jo energisch nickt.

Wenn ich früher in den Semesterferien mein altes Zimmer bezog, war ich erstaunt, wie fremd ich plötzlich war. Mutter nannte Jo *ein faules Stück,* und Jo, jetzt siebzehn oder achtzehn, drohte damit, auszuziehen. Mach es, sagte Mutter – und später beim Abendessen lachten sie, als sei nie etwas geschehen. Dann und wann, wenn Mutter dazu aufgelegt war, fragte sie mich nach meinem Studium. Unwillig erzählte ich, und Mutter ergänzte. *Es ist immer dasselbe,* sagte sie, *das war es schon damals.* Jo wollte dann wissen, ob ich eine Freundin habe – oder einen Freund. Ich fand es albern und ging nicht darauf ein.

Dann lernte ich Carla kennen. Sie stand schon kurz vorm Diplom, verdiente ihr eigenes Geld und pfiff auf ihr Elternhaus. *Kleingeister,* sagte sie. Carla war getrieben, sie las ständig und lernte, träumte von einer Stellung im Kulturbereich, unabhängig, frei. Ich erzählte ihr von Mutter, die auch einst eine Arbeitertochter gewesen sei. Doch Carla, die zwar bekräftigend nickte, war voller Misstrauen und Furcht, überall witterte sie Korrumpierung und Geiselhaft. Wenn sie mich in meine Heimat begleitete, war sie freundlich – doch stets reserviert. Wir kamen und gingen – bis wir es irgendwann bald bleiben ließen.

Ich spüre den Blick meiner Schwester. *Sag etwas,* fordert sie. Sie glüht, sie ist noch immer *zauberhaft.* Ich frage mich, wie es ist, wenn Mutter nicht mehr da sein wird – was mit Jo geschieht, und was mit mir? Ich soll etwas beitragen – jetzt – soll dem, was Jo, die Ärztin und Singer besprochen haben, zustimmen. Ein Nicken genügt vielleicht. Also, denke ich, aber schon schweife ich ab, ich höre das Lachen, den dröhnenden Jazz, ich sitze in meinem Kinderzimmer – und plötzlich öffnet sich die Tür. Mutter. *Zu viel Geschwafel,* sagt sie, sie setzt sich neben mich und legt ihre Hand auf mein Knie. *Im Grunde sind wir uns ganz schön ähnlich,* sagt sie, *die Unruhe, das Grübeln, der Überdruss, der Wunsch, allein zu sein … aber eines, das habe ich wohl vergessen, dir beizubringen.* Ich spüre ihre kühle, zartgliedrige Hand. Ein leichtes Auf und Ab, dann stärker, dass beinahe etwas Wärme entsteht. *Ab und zu, mein Sohn, ist es wichtig, über seinen Schatten zu springen … und sei es auch anfangs mit einem Hauch von Schauspielerei.*

Ich räuspere mich, und dann kommt sie, meine Antwort, klar und vernehmlich: *Nein.* Während die Ärztin langsam die Augenbrauen hebt, ist Jo erstarrt, Singer lächelt schwach. *Diese Nacht,* sage ich, *diese Nacht noch warten wir.* Jo blinzelt und ich erinnere mich plötzlich an ihren Blick, als ich erzählte, dass Carla und ich uns verlobt haben, dieser heiße, kalte Blick, und dann ein Glückwunsch, durch die Lippen gepresst. Ich schüttle die Gedanken ab und gehe unwillkürlich einen Schritt auf sie zu. Ich höre das Piepen und Schnaufen, noch eine Nacht, denke ich, noch eine Nacht, und dann schließe ich meine jetzt leise weinende Schwester fest in den Arm.

Robin Baller

Robin Baller wurde 1987 geboren. Für einen Auszug aus seinem Roman „Bodmin Paris“ erhielt er 2013 den Martha-Saalfeld-Förderpreis. Zuletzt sind zwei seiner Kurzgeschichten in der Anthologie „Unbehauste“ (Dittrich Verlag) erschienen. Nach einem Germanistikstudium und verschiedenen Tätigkeiten in der Verlags- und Buchbranche arbeitet er nun als Dozent in Frankfurt am Main.

LUCKY_LENNARD

von Fabian Lichter

Lennard sitzt in einer dunklen Wohnung, umgeben von Pappkartons, und knabbert die Haut von seinem Zeigefinger. Sie schmeckt nach Zwiebelringen und Nasebohren. Zum zweiten Mal in Folge ist er für den Videoking-Award nominiert, die größte Auszeichnung, die es in seiner Branche gibt. Dotiert mit zehntausend Euro Preisgeld. Er zieht die Mail in den Papierkorb und streift sich einen Popel an der Jogginghose ab. Zehntausend Euro, ein Betrag, der seinen Puls schon längst nicht mehr höherschlagen lässt. Mit dreiundzwanzig verdient er im Monat schon gut das Dreifache und überhaupt ist ihm Geld an sich schnell langweilig geworden – er hat es ja. Er besitzt alle Spielkonsolen, die er sich gewünscht hat, hat seit Jahren keine Klamotten mehr gekauft, weil sie ihm geschenkt werden und selbst seine Frühstücksflocken bekommt er mittlerweile umsonst per Post geschickt. Mit seinem Gesicht auf der Verpackung. Alles dank eines Videokanals, den er damals als Elfjähriger in seinem alten Kinderzimmer gestartet hat. Da war er noch pummelig und durch sein Lispeln klang er damals wie ein Insekt, das sich in einer Klebefalle verirrt hat. Heute trainiert er, arbeitet an seiner Aussprache und seinem Doppelkinn und ist auf strenger Eiweiß-Diät, damit er auf Instagram nicht mehr aussieht wie ein Mops mit Baseball-Cap. Das hat ein User unter das letzte Bild kommentiert und Lennard ist beim Lesen fast der Burrito im Hals stecken geblieben. Er ist jetzt ein neuer Lennard und hat einen anderen Anspruch an sich und an seine Kunst, denn so sieht er sich: als Künstler. Damals hat er in seinen Videos noch ohne roten Faden vor einer uralten Digitalkamera herumgealbert und Furzgeräusche gemacht. Heute hat er dazu professionelles Equipment. Von seinem Frühwerk distanziert er sich: In seinen anfänglichen Videos erschreckte er alte Damen in dunklen Straßenecken oder beschoss Katzen mit Wasserbomben und Schokopudding, heute spricht er vor allem über sich und sein Leben als Star und packt dabei gesponserte Produkte aus. Die Fans klicken und klicken. Schnell wurden auch andere auf ihn aufmerksam. Zusammen mit einem großen Elektronikmarkt hat er einen Song namens „Baby, Baby – Bämm, Bämm!“ über das Spielen von Egoshootern aufgenommen, der sich über Wochen in den Top 10 der Charts hielt und sogar Helene Fischer verdrängt hat, an die er jeden Abend zum Einschlafen denkt. Es tut ihm ein wenig leid. Denn Lennard liebt alles an Helene, sogar ihre Musik. Auch wenn er das natürlich nie zugeben würde, das wäre nur eine neue Angriffsfläche. Wenn er eines Tages eine Freundin haben sollte, denkt er sich, dann muss sie wie Helene sein. Und sie muss Call Of Duty spielen können und ihm Pfannkuchen mit Ahornsirup und bunten Streuseln an den Schreibtisch bringen, wenn er nach einem harten Arbeitstag vor der Webcam Feierabend macht. Der Song „Baby, Baby – Bämm, Bämm“ war die Initialzündung für alles. Und sein Verhängnis. Vorher konnte er sich frei bewegen. Das ist heute unmöglich. Lennard, online als Lucky_Lennard bekannt, hat ein Problem, das gleichzeitig sein Segen ist: seine Reichweite. Über eine Million Fans folgen ihm und seine Videos werden hunderttausendfach geklickt. Süßigkeitenhersteller und Technikfirmen überhäufen ihn mit Geld und Partnerschaften. Es gibt ein Lennard- Shampoo, Lennard-Sneaker und Lennard-Longboards – alles verkauft sich, wenn sein Name daraufsteht. Er könnte auch Lennard-Hornhauthobel auf den Markt bringen, sie wären nach einer Woche ausverkauft. Doch der Erfolg hat einen großen Nachteil: Er traut sich schon seit Wochen nicht mehr aus dem Haus. Lennard hat sich eine Dreizimmerwohnung in einer neuen Stadt gemietet. Die letzte Wohnung war bereits nach wenigen Monaten verbrannt. Nicht im wörtlichen Sinne, aber ein verfeindeter Youtuber namens Crazy_Hektor hat Lennards Adresse im Netz veröffentlich und die Fans haben sie in Windeseile über sämtliche Kanäle verbreitet. Nur wenige Stunden später konnte er schon nicht mal mehr Klopapier kaufen gehen, ohne dass ihn wildfremde Menschen anfielen wie die Zombies aus Walking Dead. Da war auch bei Lennard irgendwann Schluss. Er ist eine People-Person, ganz klar. Er hat immer schon gern mit seinen Fans über sich und seinen Erfolg gesprochen. Aber das ging zu weit. Damals war er auf dem Weg zum Rewe gegenüber und eine Traube von Fans ist ihm tatsächlich bis zur Abteilung mit dem Toilettenpapier gefolgt. Er hat dann doch Küchenrollen gekauft, weil er es einfach nicht fertigbrachte, vor wildfremden Menschen, die ihn auch noch die ganze Zeit über fotografierten, Klopapier zu kaufen. Ihm ist klar, dass auch andere Menschen machen, was er gelegentlich auf dem Klo macht, aber die Scham, das öffentlich zu zeigen, ist zu groß. Ein richtiger Knacks ist das bei ihm. Eigentlich eine Frechheit, denkt er: Selbst eineinhalb Millionen

Abonnenten auf YouTube entheben einen nicht von den banalsten Zwängen der Natur. Er muss kacken wie jeder stinknormale User. Dann eben die Küchenrolle. Die ist zwar sehr viel unangenehmer am Hintern, aber das öffentliche Bild wird gewahrt. Und das ist in diesen Zeiten das Wichtigste. Crazy_Hektor freut sich über jedes Gerücht, das er über ihn streuen kann, da muss Lennard ihm keine Steilvorlage liefern. Dabei hat Crazy_Hektor selbst genug Dreck am Stecken. Lennard weiß aus sicherer Quelle (Internet), dass Crazy_Hektor betrunken mit einem Leihwagen in einen Hundesalon in Hamburg gerast ist, dabei mindestens ein paar Tiere schwer traumatisiert hat und versucht, das Ganze vor seinen Fans und der Presse zu verheimlichen. Lennards Umzug war vor einer Woche. Jetzt sitzt er hier in seiner neuen Wohnung wie eine Maus in der Falle und seine Laune verschlechtert sich von Tag zu Tag. Vielleicht ist es auch die Wut über seinen wunden Arsch, der in Kombination mit dem Lieferessen, das er sich mit Chilipulver vergeblich versucht, genießbar zu würzen, unausweichlich ist. Jedenfalls hat er damals doch die Polizei gerufen und die vor seiner Wohnung campenden Fans vertreiben lassen, jetzt fürchtet er sich noch mehr vor ihnen, klar. Ein Geräusch, ein Blubbern, dann ein Stechen – sein Bauch arbeitet wie blöde. Kacke, denkt er. Das Signal ist eindeutig. Und die zwei Rollen Klopapier, die ihm seine Agentin zum Blitzumzug noch mitgegeben hat, sind schon wieder leer. Es hilft nichts, er muss sich der Situation stellen. Er muss zum Supermarkt. Der ist immerhin nur zwei Ecken weiter. Lennard schleicht durch das Treppenhaus und öffnet die Haustür. Eine halbe Minute lang stiert er ins Gebüsch vor dem Mietshaus, in dem er seine drei Zimmer bewohnt, und überprüft, ob sich dort auch wirklich nichts rührt. Nein, die Luft ist rein. Er kippt sich den Rest seiner Dose Monster Energy in den Schlund, wirft sie ins Gebüsch, wählt Helene Fischers Album Farbenspiel auf dem iPod und fühlt sich bereit. Helene gibt ihm die nötige Ruhe, das hier durchzustehen. Die Kapuze aufgezogen und eine Sonnenbrille auf der Nase geht es los – er sieht aus wie ein Pausenhofdealer, aber das ist ihm egal. Sein Hintern brennt mit jedem Schritt, sobald sich die Arschbacken bewegen, immer noch wund vom Küchenpapier. An einer Stelle nässt es. Ist das Blut oder nur der gängige Unterhosenschweiß? Im Markt kommt er gut durch. Auf dem Band: Pizza, Klopapier (4-lagig, extra sanft) und Nivea-Creme. Karte in den Apparat, Wiedersehen. Er ist sich sicher, dass er sich unbemerkt durch den Großstadtsupermarkt gekämpft hat und freut sich über den gelungenen Coup. Erleichtert eilt er nach Hause. Sein Handy beginnt zu vibrieren und hört nicht mehr damit auf. Eine Benachrichtigung leitet ihn auf ein Foto von ihm, das ein Unbekannter eben gepostet hat. Er an der Kasse mit Sonnenbrille und Klopapier in der Hand. Kommentar von Crazy_Hektor: „He did it again!“ 19.724 Likes. Es dauert exakt zwei Stunden, bis die ersten drei Personen mit leuchtenden Bildschirmen in der Hand im Dunkeln vor seiner Wohnung stehen und in unregelmäßigen Abständen rauf zu seinem Fenster zeigen. Lennard lässt die Rollläden herunter, seufzt und beginnt, sich eine neue Wohnung zu suchen.

Fabian Lichter

Fabian Lichter wurde 1987 in Singen geboren und lebt in Offenbach. Seit 2016 ist er Redakteur beim Satiremagazin Titanic. Er schreibt für die TV-Formate extra 3 und Late Night Berlin.

DIE LEERE, DIE UNS AUSFÜLLTE

von Alf Frommer

Nick Slater kam aus einer traditionellen Kohleregion Australiens. Man schätzte, dass allein sein kleiner Ort für circa 2,3% der kompletten Erderwärmung verantwortlich war. Am Ortsschild stand Stadt als stolze Unterzeile unter dem Namen des Ortes: „Home of the Climate Change." Das war ganz schön dramatisch. Aber auch gleichsam wahr. Denn Kohle brachte Kohle und das Klima änderte sich doch sowieso alle zweihundertMillionen Jahre. Warum die Zeit nicht nutzen, um etwa zweihundert Millionen australische Dollar zu machen. Im Monat. Wenn man zweihundert Millionen Dollar monatlich verdiente während zweihundert Millionen Jahren, dann ergab dies eine Summe mit mehr Nullen, als im Kabinett von Trump saßen. Zu irgendetwas musste der Kapitalismus doch gut sein, sagte man sich in seinem Ort zwischen den immer länger währenden Dürre-Perioden.

Nick hatte schließlich Angst, selbst als Fossil zu enden, und stieg zunächst ein letztes Mal mit seiner Studienfreundin Melissa ins Bett und dann in einen Flieger der australischen Fluglinie Quantas. Dieser landete pflichtschuldigst etwa dreiundzwanzig Stunden später in Berlin. Natürlich hatte Nick dafür einen CO_2-Ausgleich bezahlt. Irgendwo wurde von seinem Geld ein Bäumchen gepflanzt, das kurze Zeit später einer Autobahn weichen musste. Aber das Gewissen war beruhigt. Darüber machte sich Nick aber keine Gedanken. Denn obwohl das Leben in der bundesrepublikanischen Hauptstadt vergleichsweise günstig war zu zum Beispiel Luanda in Angola – der teuersten Stadt der Welt in Bezug auf Mieten – so musste Nick trotzdem Geld verdienen. Zunächst schlug er sich durch als Kirmes-Boxer auf dem deutschamerikanischen Volksfest, das wie die deutschamerikanische Freundschaft selbst wirklich schon mal bessere Zeiten gesehen hatte. Dann fuhr er lauwarmes Essen für Foodora aus, bis diese von Lieferando eiskalt geschluckt worden waren. Der Kapitalismus frisst seine eigenen Kinder.

Nick suchte einen Job und fand ihn. Ein sehr reicher Internet-Milliardär, dessen Vermögen aus mehr Nullen bestand, als die

AfD Nullen als Mitglieder hatte, wollte auf dem Kudamm in Berlin einen Laden eröffnen, in dem man nichts kaufen konnte. Nick war überrascht. Ein Laden, in dem man nichts kaufen konnte? Was sollte das? Die Geschäftsidee war ganz einfach: die Menschen sehnten sich nach einem Ort, der sie nicht animierte, etwas zu kaufen. Diesen Ort gab es nicht mehr. Darum war der Laden, in dem man nichts kaufen konnte, potentiell ein Konzept, mit dem man hätte Millionen verdienen können. Wenn man etwas verkauft hätte. Aber der Internet-Milliardär besaß schon so viele Nullen – mehr Nullen, als beim HSV im Vorstand und Aufsichtsrat zusammen – sodass es auf die eine oder andere mehr nicht ankam. Er konnte es sich leisten, nichts zu verkaufen. Erst dann hatte man es wirklich geschafft.

Man nannte das Geschäft „Nicks", weil es da nix zu kaufen gab. Und außerdem passte es zu Nick. Zufälligerweise. Was ihn klammheimlich Freude bereitete. Die teuren Designer-Regale waren leer. Aber teuer und designed. Der Laden hatte ein ausgefeiltes Nichtverkaufskonzept, an dem mehrere Retail-Experten mehrere Monate gesessen hatten. Für einen schwindelerregenden Betrag. Das „Nicks" befand sich zwischen einem Deichmann-Shop und einem Adidas-Store. Die Menschen, die in Shoppinglaune auf dem Kudamm flanierten, waren verwundert über die leeren Regale und auch darüber, dass es da wirklich nichts zu kaufen gab. Aber sie waren begeistert. Sie konnten es nicht fassen und bestaunten die leeren Auslagen. Immer wieder fragten sie nach dem Preis für Nichts, aber Nick konnte ihnen keinen nennen, sondern wies sie nur auf den PayPalAccount des Nicks hin. Manche Kunden zahlten sogar Geld darauf. Für nichts. Niemals fühlte sich der Kapitalismus antikapitalistischer an.

Viele Monate ging das gut so. Aber dann veränderte sich alles. In Wuhan tauchte ein Virus auf, nicht während eines Rap-Konzerts des Wuhan Clans (The 36 Chambers of Intensivstation), sondern auf einem Großmarkt. „Neue Lungenkrankheit in China aufgetaucht. 27 Erkrankte". Diese Meldung war eine Randnotiz. Niemand blickte von seiner Fledermaus-Suppe auf. Auch als die elf Millionen-Metropole Wuhan komplett abgeriegelt wurde, regte sich in Europa nichts. Schließlich hatte man von der elf Millionen-Metropole noch nie was gehört. Genauso wenig wie von Fledermaus-Suppe. Oder Menschen, die ernsthaft Fledermaus-Suppe essen würden. Denn auf dem Kudamm ging weiter alles seinen geregelten Gang. Adidas von nebenan bezahlte seine Miete (genau wie Deichmann) und die Hütchen-Spieler nahmen ahnungslose chinesische Touristen aus, die Mundschutz trugen. Lächerlich. Immer noch bestaunten die Kunden das Nicks mit dem Nix an Waren. Im Internet tauchten neben Verschwörungstheorien Witze über das Coronavirus auf. So hieß der Erreger nun. Manche posteten Bilder mit dem gleichnamigen mexikanischen Bier und fanden dies lustig. Schrieben „Höhöhö“ oder ein Zwinkersmiley dazu. Im Internet versteht man sich noch. Es war Februar. Die Tage und Infektionsketten wurden langsam länger. In einem Winter, der sich wie ein durchgehender Herbst angefühlt hatte. Nick dachte an seinen Heimatort und wie die monströsen Tagebau-Bagger am letzten Rest der Hoffnung auf eine Rettung vor dem Klimawandel kratzten. Aber das interessierte nun weniger als Rezepte für Fledermaus-Suppe auf chefkoch.de.

Plötzlich ging alles sehr schnell. Kurz nach Karneval war der Spaß endgültig vorbei. Alle Geschäfte – auch Autohäuser, die Kathedralen unseres Wohlstands – mussten wegen Corona schließen und die Menschen zu Hause bleiben. Michael Müller und sein Berliner Senat wurden mit einem Mal staatstragend. Der regierende Bürgermeister Müller war übrigens so langweilig, dass sich noch nicht einmal der Coronavirus für ihn interessierte. Er war immun. Anders das System an sich. Nur noch systemrelevante Läden wie Supermärkte, Apotheken oder Gartencenter durften geöffnet bleiben. Auch das Nicks blieb weiter geöffnet. Denn leere Regale waren nun Alltag und zeugten von eben jener Systemrelevanz. Wo es nichts mehr gab, musste sich doch vorher etwas immens wichtiges befunden haben. Zum Beispiel Trockenhefe. Die Menschen strömten noch mehr in sein Geschäft, in dem es nichts gab.

Haben Sie Klopapier?
Nein.
Haben Sie Nudeln?
Nein.
Haben Sie Mehl?
Nein.
Haben Sie Hefe?

Nein.
Haben Sie Trockenhefe?
Nein.
Haben Sie Nichts?
Ja.

Das Nicks wurde zu einer Projektionsfläche der Sehnsüchte der Corona-Gebeutelten. Sie dachten sich einfach alle Waren in die leeren Regale, die es beim Rewe oder Aldi nicht mehr gab. Es war die Leere, die uns nun ausfüllte. Und dabei Hefe zur Selbsthilfe. Manche Micro-Influencer lichteten sich sogar vor den leeren Regalen ab und posteten gedankenverloren über das Ende des kapitalistischen Systems. Micro-Influencer waren das Gegenteil von systemrelevant, aber sie hatten Reichweite, auch wenn keine Dosenravioli in Reichweite waren. Es dämmerte ihnen auch die Erkenntnis, dass Micro immer noch größer als Nichts war. Mehr noch: Je weniger es gab, desto mehr wurde Nichts. Aus Makro-, Mikro-Ökonomik.

Es wurde Frühling. Die Straßen dufteten nach diversen Desinfektionsmitteln (Kirsche, Orange-Kiwi) und bunte weggeworfene Plastikhandschuhe lagen überall auf den Gehwegen herum. Sie waren die Blumen des Bösen und leuchteten in fröhlichem Gelb, Weiß und Blau. Im Internet kamen Fake News zu voller Blüte. Die Saat der Fehlinformation ging überall auf. Kurz: Es war die schönste Zeit des Jahres. Hurra, hurra, der Lanz ist da. Und als wäre es noch nicht schön genug: Nick Slater bekam 15.000€ Soforthilfe vom Berliner Senat. Soviel Geld hatte er noch nie mit nichts verdient. Einfach so: mir nichts, dir nichts. Er musste schließlich seine Miete zahlen, was Adidas und Deichmann einfach nicht mehr taten. Aber die waren auch große Konzerne und nicht so ein kleiner Laden mit einem verboten reichen Internet-Milliardär im Rücken.

Sein Nicks wurde unterdessen zu einem Pilgerort, seine Besucherzahlen stiegen exponentiell. Nick musste den Einlass begrenzen und darauf hinweisen, dass man zwei Meter Abstand zu all dem Nichts halten musste. Da gab es nichts, dies musste so sein. Auf den Balkonen standen die Nachbarn des Nicks jeden Tag um 19 Uhr und ließen sich beklatschen. Sie waren schließlich als Fondsmanager oder Key Account

Executives in ihren Stuck beladenen Altbauwohnungen mit vier Meter Deckenhöhe einer wirklich wichtigen Arbeit nachgegangen. Irgendwer musste ja die Corona-Bonds finanzieren für Italien und Spanien. Auch Nick bekam eines Tages im Herbst der Corona-Krise – also im beginnenden Frühling – einen Video-Anruf. Am anderen Ende war der ihm bis dato völlig unbekannte Internet-Milliardär und jonglierte mit Nullen, wie einst Charlie Chaplin in „Der große Diktator“ mit der Weltkugel. Sanft stupste er sie mit seinem gelifteten Hintern nebst gebleichtem Arschloch gen Himmel. Er streichelte die Zahlen mit einer Zärtlichkeit, wie das nur jemand tun konnte, der per Du mit seinen Nullen war.

„Nick?“
„Ja, Internet-Milliardär?“
„Nick, du verkaufst nix im Nicks?“
„Ja, Internet-Milliardär.“
„Und du weißt, dass ich das alles finanziere.“
„Ja, Internet-Milliardär.“
„Weil ich ein guter Mensch bin.“
„Ja, Internet-Milliardär.“
Kannst du auch was anderes sagen, als ‚Ja. Internet-Milliardär’?“
„Ja, Internet-Milliardär.“

Die Verbindung brach ab. Gerade, als der Internet-Milliardär mit einem riesigen Dildo eine Null als Vagina missbrauchen wollte. Aber Nick hatte schon Pornhub Premium und damit alles gesehen. Er musste nur kurz daran denken, dass die dreihundert Milliarden, die der Internet-Milliardär besaß, gerade ein Jahr lang die Sozialausgaben Deutschlands decken würden. So reich war er also trotz all seiner Nullen nicht. Gehobene Mittelschicht. Mehr nicht. Es war Ende Merz. Friedrich Merz.

Im Laufe des Aprils füllten sich die Regale in den Supermärkten und Drogerien wieder. Außer im Nicks, denn dort waren leere Regale das Konzept. Es kamen daher immer wieder Menschen hinein, die nach Hefe fragten, aber Nick verwies sie routiniert an den ortsansässigen Discounter. Oder wies darauf hin, dass ein Sauerteigansatz gar nicht so schwer selbst herzustellen sei. Auch dies war ein Ansatz. Damit hatte er seine Schuldigkeit getan. Während die Menschen in seinem Laden auf Abstand gingen, kam er sich selbst immer näher. Und wenn Corona etwas Gutes hatte, dann die Tatsache, dass die Menschen Zeit hatten, sich selbst besser kennenzulernen. Er machte sich locker und auf den Weg zurück zur Normalität. Aber was ist schon normal? Bald wusste es Nick, als eine Frau seinen Laden betrat:

„Ich bin Norma L."
„Sie sehen gar nicht so aus."

Die Frau ging, als sie erfuhr, dass es keine Trockenhefe gab. Sie war also wirklich Norma L.

Im Internet sah er auf einer einschlägigen Webseite einen Film über Wuhan. Die Stadt, in der alles begann. Sie nannte sich jetzt in einer Unterzeile „Geburtsort von Corona". Touristen wurden zu dem Wildtiermarkt mitten in der Stadt gefahren. Hier konnte man überteuerte Fledermaus-Suppe essen und den Thrill erleben, dass hier einmal eine Pandemie begann. Guides, die sich als Coronavirus verkleidet hatten, führten am Ende noch einen Ausdruckstanz als Übersprungshandlung vor. So übersprang Corona die Grenze zwischen Tier und Mensch. Alles für schlappe zweihundert US-Dollar. Zu irgendwas musste der Kapitalismus am Ende doch noch gut sein. Wie immer.

Alf Frommer

Alf Frommer arbeitet seit zwanzig Jahren in der Kommunikation. Als Executive Creative Director verantwortet er große nationale Kampagnen und Wahlkämpfe auf Bundes- und Landesebene.

Seit 2019 ist er Mitglied des Art Directors Club, in dem die besten Kreativen Deutschlands organisiert sind. Privat führt er einen Twitter-Account mit über 17.000 Followern – regelmäßig wird er in verschiedenen Medien mit seinen Tweets zitiert. Sein Buch „Gestammelte Werke" erscheint ebenfalls im fineBooks Verlag.

DIE KAISERIN DER ATEMMASKEN

von Sebastian Kapp

Emma brauchte einen Moment, um die Nachricht zu verdauen, die sie da gerade am Telefon erhalten hatte. „Wir haben leider nicht genügend Schutzmaterial, deshalb müssen wir die Praxis schließen. Ich kann mir also leider nicht Ihr Kind anschauen“, hatte ihr Gynäkologe gesagt. Emma war schwanger, mittlerweile konnte man den Bauch auch deutlich sehen, und eigentlich waren solche Untersuchungen Usus, gerade bei der ersten Schwangerschaft. Was sollte sie jetzt tun?

„Ey, was is' denn los, Kaiserin?“, fragte ihr Gast neben ihr. „Wann is' jetzt der Termin, eh?“

Emma drehte sich um. Ja, sie war wieder da. Anne Bonny, mit der sie schon einige Zeitreiseabenteuer erlebt hatte. Bei ihrem ersten Kennenlernen hatte sich Emma als „Kaiserin von China“ vorgestellt, seitdem hatte sie ihren Spitznamen weg. „Der große Klabautermann meint, ich soll mich hier mal kümmern“, hatte Anne ihr bei ihrer Rückkehr erklärt. „Irgendwie scheint ihr hier nur Blödsinn zu machen.“ Was auch immer das bedeuten sollte, im Zweifel nichts Gutes, wusste Emma. Anne Bonny war schließlich eine der berüchtigtsten Piratinnen der Weltgeschichte, wenn auch hochschwanger.

Emma hatte eine Weile gebraucht, ehe sie einen guten Frauenarzt gefunden hatte. Und als sie Anne da so gesehen hatte, hatte sie vorgeschlagen: „Komm doch einfach mit.“ Die Litanei, die dann kam, hatte sie natürlich vorausgesehen. „Blutige Hölle! Ich lass' mich doch nicht von so 'nem geilen Sack nee nicht befummeln“, hatte Anne erst gesagt. Doch als Emma ihr dann erklärt hatte, dass Frauen dank solcher Ärzte in ihrer Zeit deutlich seltener im Kindbett starben, hatte das gesessen. Emma war schließlich selbst dabei gewesen, als Annes Piratenkameradin Mary Read genau daran gestorben war, und sie wusste, dass Anne das stark mitgenommen hatte.

„Na ja. Vielleicht einmal. Aber wehe, der steckt da was rein. Dann wird der Kiel geholt, aye?“

„Aye“, hatte Emma vergnügt gekichert. Und selbst die Sache mit der fehlenden Krankenversicherung hatte sie geregelt, mit dem nicht einmal gelogenen Satz „sie kommt aus Amerika und hat sonst keine

Chance, das checken zu lassen“. Da war Dr. Markus Greiner doch sehr entgegenkommend gewesen. Und jetzt kam plötzlich das.

„Die haben abgesagt“, erklärte Emma.

„Wie, abgesagt?“, frage Anne. „Niemals nicht.“

„Doch, Anne. Die haben keine Schutzmasken.“

„Kaiserin, der war gut. Wegen Schutzmasken. Wie kommst du nur auf so was?“

„Na, weil es stimmt. Ich habe dir das doch mit Corona erklärt. Das ist gefährlich und Ärzte werden als erste krank.“

„Ja, aber ... Hast du dem nicht gesagt, dass er die schärfste Rothaarige aller Zeiten befummeln kann?“

„Du meinst, die schärfste Dreihundertjährige aller Zeiten. Nein, habe ich vergessen.“

„Dann ruf nochmal an. Kann doch nee nicht wahr sein. Da komm’ ich extra her, und dann hat das Würstchen Angst vor so ’nem Ding, das man nicht mal sehen kann.“

„Na ja, der ist Experte“, meinte Emma.

„Bei Dingern, die man nicht sehen kann? Das glaub’ ich gerne“, meinte Anne beleidigt.

„Hey, sei nicht sauer. Immerhin wollte der dich behandeln, ohne dass er dafür Geld bekommt.“

„Und ohne, dass ich mit ’nem Entermesser nachhelfen musste“, ergänzte Anne. „Ja, in Ordnung. Vielleicht hat der doch ein paar Eier. Aber was soll dann der Mist mit den Masken?“

Emma erklärte es ihr. Dass die Masken knapp waren. „Die haben gesagt, ihre Lieferung wurde geklaut. Irgendwo am Flughafen in Kenia oder China oder ich-weiß-nicht-wo.“

„Geklaut?“, fragte Anne und ihre Augen bekamen ein Leuchten, das Emma nur zu gut kannte. „Sind die was wert?“

„Oh nein, Anne. Nein!“

„Was?“, fragte die Piratin und klimperte dabei mit den Augen. „Ich mein’, irgendjemand von uns muss doch hier mal Geld verdienen, während du über Bilder redest.“ Emma studierte Kunstgeschichte an der Uni Bochum, lebte aber in einer Studentenwohnung in Essen. „Damit kann man Geld verdienen!“

„Ja, irgendwann“, meinte Anne. „Und so lange kümmer’ ich mich um die Masken. Lass mich mal an den Compudings.“

Emma ließ Anne gewähren.

„Heiliger Klabautermann!“, meinte Anne. „Zwanzig Euro für eine Maske? Sind die wahnsinnig?“

„Ja“, bestätigte Emma mit trauriger Stimme. „Es gibt zu wenige, deshalb ist das alles so teuer. Dabei werden die dringend gebraucht. Da geht es um Leben und Tod.“

„Aye! Vor allem geht's hier um mein Baby. Find' ich nee nicht lustig.“

„Na ja, wir hätten mehr, aber manchmal landen unsere Masken auch in Amerika.“

„Wie? In dem US-Land? Wie kriegen die das hin?“

„Die fahren zum Flughafen, wo das verladen wird, und bieten mehr. War bei den Franzosen so und auch bei uns.“

„Blutige Hölle! Werden die von 'nem Piraten regiert?“, fragte Anne.

„So etwas Ähnliches.“ Emma zeigte Anne ein Bild von Donald Trump.

Die verzog schlagartig das Gesicht. „Ich dachte, da wählen die ihren König selbst. Und dann nehmen die 'ne sprechende Orange? Und der will ein Pirat sein? Von wegen! So sieht ein Pirat nee nicht aus.“

Emma hatte keine Lust auf eine Vorlesung in Einführung in die Piratenwissenschaft. Also beschloss sie, den PC auszuschalten. „Du siehst, Anne, da ist nichts zu machen.“

„Du siehst, Kaiserin“, sagte Anne und streckte blitzschnell einen Arm zwischen den Computer und Emma, „da ist sogar sehr viel zu machen. Wenn das so einfach ist, dass man nur überbieten muss.“

„Anne, du kennst das Konzept vom Bezahlen? Das heißt, du musst auch das Geld haben.“

„Das habe ich ja auch. Dann.“

Emma gab es auf. „Also, Captain, wie lautet der Plan?“

„Hier, schau mal da, hier gibt es sogar 'ne elektronische Piratenbucht. Ne E-Bucht“, meinte Anne und klickte sich durch Ebay. „Da will einer zwanzig Euro für so 'ne Maske. Auktion läuft.“

„Eine reicht aber nicht“, meinte Emma. „Und achte drauf, dass es die richtige ist. FFP2 muss draufstehen.“

„Ach, der hat sicher mehr. Ich schreib den mal an.“

Emma schaute angestrengt weg vom Monitor. Auf dem Bett lagen immer noch ihre Kuscheltiere. Die würden ihr bestimmt Halt geben, während Anne mal wieder auf Jagd ging. Und so viel wusste Emma noch von Annes letztem Besuch: Shopping definierte eine Anne Bonny auf ihre ganz eigene Weise.

Emma wagte dennoch einen Blick über Annes Schulter. Auf Englisch tippte Anne sinngemäß: „Lieber Herr Virusmeistercov19, schön, dass Sie so viele Atemmasken vorrätig haben. Doch warum machen Sie sich die Mühe, das alles einzeln zu verkaufen? Meine Organisation würde den ganzen Bestand nehmen und das Doppelte zahlen, wenn Sie mir einen Ort nennen, der für einen solchen Deal angemessen ist. Beste Wünsche aus Amerika, Anne B."

Emma staunte nicht schlecht. „Deine Organisation?"

„Aye, die Kaiserin-Crew."

„Vielleicht denkt der was anderes", meinte Emma.

Anne drehte sich zu ihr um und hob beide Augenbrauen hoch. „Hab' nee nix anderes nicht gesagt."

Emma fühlte sich nun wie ein Holzstamm, der durch Stromschnellen einen Fluss hinunterschoss. Irgendwie würde es schon gut gehen, wenn man sich einfach treiben ließ. Hoffentlich. Nur nichts falsch machen, am besten gar nicht bewegen. Doch Emma konnte nicht anders: „Verdammt, Anne. Denk doch mal an dein Kind. Das kann gefährlich werden."

„Aye! Wenn dieser Berufs-Gaffer mir da unten nicht reinguckt, wird's gefährlich. Hast du selbst gesagt, Kaiserin. Also tu' ich das ja gerade fürs Baby."

Emma war geschlagen und strafte dies mit eisigem Schweigen.

Doch auch das konnte sie nicht lange durchhalten. „Schau mal, Kaiserin, ich hab' schon Nachricht."

Anne klickte auf die Antwort.

„Liebe Frau B., ich habe noch 2000 Masken vorrätig. Kommen Sie doch direkt in mein Lager, Hafenstraße 270 in Duisburg. Was halten Sie von heute, 17 Uhr? Alles für den doppelten Preis."

Anne überlegte. „Ey, Kaiserin, was halte ich von heute, 17 Uhr?"

Emma erwiderte: „Du brauchst was, um den ganzen Krempel mitzunehmen."

„Aye. So eins von den Autoschiffen."

„Besser wäre ein Lieferwagen", meinte Emma hilfsbereit.

„Aye. Da müssen wir aber schnell sein, wenn wir uns einen klauen wollen."

„Anne!", schimpfte Emma.

„Was?"

„Die kann man auch leihen. Kostet halt ein bisschen Geld."

„Nee, das lass mal. Das regeln wir anders. Wart's ab. Sag mal,

Duisburg, wo ist das?"

„Am Hafen."

Anne stockte für einen Moment. „Wie? Ihr habt hier 'nen Hafen? Und das sagst du mir nicht? Was für 'ne Freundin bist du eigentlich?"

„Na ja, der ist in Duisburg. Da müssen wir mit dem Zug hin."

„Aye!", meinte Anne. „Aber kauf nicht wieder 'ne Karte. Ich hab' 'nen Ruf zu verlieren."

Die Reise war schnell vorbereitet. Alles, was Anne wollte, war das große Küchenmesser, das Emma besaß. Der Rest würde sich ergeben, meinte sie. Ach ja, und Emma solle ihr Smartphone mitnehmen. Die tat wie geheißen. Bei Annes letztem Besuch hatte es die Piratin zu einem gewissen Ruhm auf Youtube gebracht, weil Emma die „Rote Anne" immer wieder in Aktion gefilmt hatte.

Am Essener Hauptbahnhof staunte Anne nicht schlecht. „Hier is' ja fast niemand. Warum denn das, Kaiserin?"

„Die haben alle Angst vor dem Virus. Man muss auch zwei Meter Abstand halten", betonte Emma, die immer wieder durch ihre viel zu langen Haare fuhr.

„Aye, und die, die da sind, haben noch nie 'nen Barbier gesehen. Schau mal, bei der Frau da hinten schaut schon das Weiß durch."

„Die Barbiere mussten schließen", erklärte Emma. „Und man darf auch nicht mit mehr als zwei Leuten unterwegs sein. Nennt sich Kontaktverbot."

„Aber sonst seid ihr noch normal, oder? Hier hat ja nicht mal einer die Pest!"

„Könnte aber passieren", meinte Emma trocken. „Und war da nicht was mit ich-bin-Mama-und-mache-mir-Sorgen?"

„Aye", grummelte Anne. „Und dieses Corona, was hat man dann?"

„Husten vor allem", meinte Emma. „Und Fieber."

„Aye. Krieg' ich hin."

„Wie, kriegst du hin?", meinte Emma. Doch Anne lächelte nur knapp. Im Zug ging das Staunen dann weiter, genauso wie im Bus.

Schließlich standen sie vor dem Lagerhaus, es war Punkt 17 Uhr.

Emma schaute sich um. Sie erkannte einen großen, stämmigen Mann und daneben einen kleineren, der auf seinem Handy herumtippte. Anne nickte Emma zu. Sie hatte die beiden auch gesehen.

„Ich hoffe, du weißt, was du tust“, meinte Emma.

„Hey, Schätzchen, hast schon vergessen, wer die alte Anne is’, oder?“

Emma holte ihr Smartphone heraus und drückte auf Record.

„Ja, hi. Hier is’ Anne“, sagte diese in die Kamera. „Ich bin zurück. Hab’ gehört, ihr zahlt für solche Papiermasken mehr Geld als für Gold. Ich zeig’ euch mal, was ’ne echte Piratin da macht.“

Emma ging hinter einer großen Kiste voller Bananen in Deckung. Der kleine Mann näherte sich derweil, während Anne sich langsam umdrehte.

„Hi“, sagte Anne und machte dem Fremden schöne Augen. „Bin ich hier richtig bei Virusmeistercov19?“

„Ah“, sagte der kleine Mann, „dann sind Sie Frau B.? Freut mich, dass unser Arrangement so schnell durchführbar ist. Haben Sie das Geld dabei?“

„Aye“, meinte Anne. „Will aber erst mal die Waren sehen.“

Der Mann zögerte für einen Moment. „Ich kann gar keinen Koffer mit Bargeld sehen.“

„Blutige Hölle! Ich lauf’ als unschuldiges Mädchen doch nicht alleine mit soviel Geld ’rum, bevor ich nicht die Masken gesehen hab’“, sagte sie zuckersüß, während der Muskulöse dazu kam.

„Na ja, was soll schon passieren“, meinte der Kleinere. „Maik, hol das Zeug!“, befahl er. „Es sind hundert Boxen à zwanzig Masken, also zweitausend Masken wie bestellt. Über den Preis hatten wir ja gesprochen.“

Anne sagte nichts, schaute sich nur um. „Is’ aber ein großes Lager. Bisschen groß für hundert Boxen mit Masken.“

„Na, da habe ich noch einiges mehr drin“, meinte Annes Geschäftspartner. „Alles, was das Herz begehrt, FFP3-Masken, Toilettenpapier, Nudeln, was eben gerade alles so gefragt ist.“

„Aye“, meinte Anne und Emma hatte den leisen Verdacht, dass diese Information gar nicht so neu für Anne war.

„Du, Virusmeister, hör mal“, sagte Anne, als der Muskelprotz mit einem Gabelstapler die hundert Boxen heranfuhr. „Die Sache ist nämlich so“, fuhr sie fort, während sie mit der linken Hand über seine Wange strich. Gleichzeitig kletterte sie mit der rechten seinen Rücken hinauf. „Leider“, meinte nun Anne, „ist das, was da deinen Rücken hinaufzieht“ – mittlerweile war sie am Nacken angekommen – „meine coronainfizierte Hand.“ In dem Moment packte sie zu und drohte, ihn zu erwürgen.

Der Mann blickte nun panisch zu ihr auf. Anne hustete symbolisch in die Armbeuge.

„Ich würde ja in 'ne Maske husten, aber dank dir hab' ich keine." Wieder hustete sie. „Das bleibt aber unser kleines Geheimnis."

Der Mann nickte wieder.

Emma hatte sich längst ihre Schnappatmung in solchen Momenten abgewöhnt. Einfach an den Holzstamm denken, sagte sie sich.

„Schön. Dann sag Maik doch, dass er alles abstellen und Feierabend machen soll, ja?", flüsterte sie und strich wieder mit der Linken über die Wange des Mannes. Der tat, wie ihm geheißen.

„Brav. Und nun", sagte sie, „gibst du mir die Schlüssel zum Lager."

„Was?", fragte der Mann panisch.

Anne hustete in die Armbeuge. „Oder willst du mit mir weiter diskutieren?"

„Nein", sagte der nun. „Klar, nimm dir alles. Nur fass mir nicht mehr ins Gesicht. Oh Gott, ich muss mich waschen."

„Eins noch", meinte Anne und der Mann blieb stehen. „Meine Freundin da hinten hat alles gefilmt. Also das mit dem Husten. Wenn du in den nächsten zwei Wochen irgendwo hingehst und auch nur ein bisschen hustest, dann kriegen wir dich dran."

„Was?", fragte der Mann.

„Na, sagen wir mal, du hustest wen an und der stirbt dann. Dann bist du ein Mörder. Oder: Wir löschen das alles, und du vergisst, dass du jemals dieses Lager besessen hast."

Der Mann nickte erneut.

„Brav. Dann geh dich jetzt waschen. Am schnellsten bist du, wenn du gleich in die Ruhr springst", sagte sie und gab ihm einen Kuss auf die Wange.

Anne hatte gehört, dass die Männer auf Jamaika in diesen Tagen die schnellsten über hundert Meter waren, aber sie ahnte, dass der Virusmeister selbst diesen Usain Bolt schlagen würde.

Emma kam nun hinter ihrer Kiste hervor und stoppte die Aufnahme. „Anne, habe ich das gerade richtig gesehen?"

„Bitte? Ach Kaiserin, ich habe doch gar nichts Schlimmes gemacht. Nur einen Mann geküsst."

Emma kommentierte das nicht weiter, sondern fragte stattdessen: „Und wie bekommen wir jetzt die Masken weg?"

Plötzlich hörte sie ein Rumpeln hinter sich. „Ah, genau richtig", meinte Anne nun. Emma erkannte einen Lkw einer bekannten Supermarkt-Kette.

„Sind Sie Emma Koslowski?", fragte der Lkw-Fahrer, als er ausstieg.

„Ja", sagten Anne und Emma gleichzeitig.

„Wer von Ihnen nun?", fragte der Fahrer.

„Ich", meinte Anne und Emma blieb still. Einfach treiben lassen und am besten gar nicht reagieren. Wie der Holzstamm in den Stromschnellen.

„Gut, Frau Koslowski. Sie haben gesagt, Sie haben eine Lieferung Toilettenpapier für mich über fünfhundertKartons?"

„Ja, aber Sie müssen mir mit dem Einladen helfen", meinte Anne. „Unser Lagerleiter hat Corona und is' in Quarantäne."

Die echte Emma spielte mit, kramte derweil wieder ihr Smartphone hervor und tippte darauf herum.

„Kein Problem", meinte der Mann. „Ist das Ihr Stapler? Das haben wir im Nu verstaut. Früher hätte so etwas deutlich weniger gekostet, die Leute machen da gerade das Geschäft ihres Lebens. Und Ihr Angebot ist noch doppelt so günstig wie das der Konkurrenz, wirklich verrückte Zeiten."

„Aye", meinte Anne, der ein Zettel zum Unterschreiben gegeben wurde. Sie reichte ihn Emma, die wortlos die Felder mit „Kontonummer" und „Unterschrift" ausfüllte.

Das Papier war schnell entladen, mit den Worten „Das Geld überweisen wir Ihnen dann im Laufe der Woche", verabschiedete sich der Fahrer wieder – und wäre fast in den nächsten Lkw gefahren. Der gehörte zu einer großen Drogeriekette.

„Sag mal Anne, wie viele Leute hast du eigentlich heute angeschrieben?", fragte Emma, als sie kurz von ihrem Handy aufschaute.

„Tut dir der Arm schon vom Unterschreiben weh, Kaiserin?", fragte die Piratin.

Am Ende waren es vier Lkw. Tausend Kartons Toilettenpapier und zehntausend weniger qualitätsvolle Schutzmasken wechselten binnen weniger Minuten den Besitzer. Der letzte brachte sogar als zusätzlichen Service noch die hundert FFP2-Masken – also die medizinischen – zum Gynäkologen in Essen und setzte die beiden Frauen bei Emma ab, während Emma in stoischer Ruhe Anne gewähren ließ, die diese ungewohnte Harmonie in der Zusammenarbeit sichtlich genoss.

„Wissen Sie“, sagte der Fahrer, „diese Preise sind ja fast schon ein Segen. Im Moment zahlt man locker das Doppelte. Gott segne Sie.“

Als sie zurück in der kleinen Wohnung waren, verkrümelte sich Emma auf ihr Bett und baute einen Wall aus Kuscheltieren auf. Der Holzstamm hatte fast alle Stromschnellen passiert, blieb nur noch eine übrig. Emma schaute Anne finster an. „Jetzt fühl dich nicht auch noch wie eine Heldin, Anne!“

„Wieso? Ich hab’ nur die Hälfte verlangt. Das macht mich doppelt zur Heldin, oder? Und du bist auch noch reich geworden.“

Emma machte nun ein schuldbewusstes Gesicht. „Nein, bin ich nicht.“

„Eh, was?“, fragte Anne.

„Na, glaubst du, ich habe nicht gemerkt, was du vorhattest? Was glaubst du, warum ich die ganze Zeit am Handy war? Ich habe nicht meine Kontonummer angegeben, sondern die einiger Spendenorganisationen. Es gibt gerade genug Leute, die nichts haben. Und so ein Geld will ich auch nicht.“

„Ja, du meinst so Leute wie dich“, meinte Anne patzig. „Na, dir helf’ ich nochmal. Außerdem, was ist daran auszusetzen?“

„Sieh es mal so: Jetzt bist du wirklich eine Heldin, Anne.“

Die fand das nicht wirklich beruhigend. Nach einem Moment des Schweigens hellte sich Annes Gesichtsausdruck auf. „Ich hab’ ’nen Fehler gemacht, oder?“

„Hast du“, meinte Emma. „So etwas kann man über mein Konto zurückzuverfolgen. Und dann habe ich die Polizei bei mir.“

Anne verstand. „Ah, daran hab’ ich nicht gedacht. Aber dein Name steht doch noch auf den Blättern.“

„Ja, aber eine falsche Adresse. Und Emma Koslowskis gibt es hier genug.“

Anne lächelte nun gnädiger. „Aye. Tut mir leid, Captain, beim nächsten Mal mach’ ich’s besser. Jetzt lass uns zu dem Babygucker gehen.“

Die Figuren Anne Bonny und Emma Koslowski entstammen dem Roman „Die Kaiserin von Essen“ von Sebastian Kapp, der im Sommer 2020 im fineBooks Verlag erscheinen wird.

Sebastian Kapp

Sebastian Kapp ist Journalist und arbeitet als Redakteur bei den Badischen Neuesten Nachrichten. Er wurde 1987 in Nettetal am Niederrhein geboren und studierte in Duisburg-Essen Kulturwirt (Bachelor). Danach wechselte er für das Masterstudium der Europäischen Ethnologie nach Bamberg. Nach dem Volontariat bei der Augsburger Allgemeinen zog es ihn nach Pforzheim, wo er heute lebt.

JOJOE, ICH, JULES VERNE UND ADELE

von Manfred Theisen

Die Welt schrumpft und ich fühle mich klein. Durch die Geschichte mit Jojoe ist es mir noch klarer geworden, wie sehr die Welt täglich schrumpft. Ich müsste Jojoe anschreiben, um zu wissen, wann genau wir uns das erste Mal getroffen haben. Es muss jetzt anderthalb Jahre her sein und es war auf alle Fälle kalt, nachts null Grad, tagsüber etwas wärmer. Daran erinnere ich mich noch. Ich glaube, es war November, im November habe ich die meisten Lesereisen, aber ich kam von keiner Lesereise, sondern zurück aus Graz. Ja, ich glaube, ich kam aus Graz und saß im ICE. November 2018. Für das Grazer Theater schrieb ich zu der Zeit mit einem Berliner Kollegen ein Theaterstück. Wir hatten uns mit der Dramaturgin getroffen. Meine Gedanken waren noch in Graz und steckten fest im Nationalsozialismus. Das Stück handelt von der Flucht einer jüdischen Familie.

Neben mir telefonierte aufgeregt jemand in Englisch mit chinesischem Akzent. Er redete nicht laut, aber nervös wie ein Pferd, das zu lange eingepfercht ist. Ihr kennt das alle. In der Coronakrise sperrten sie uns auch ein. Solidaritätseinsperren. Es gab nur einen Weg, der musste gegangen werden. Okay. Ich bin immer dagegen, wenn von „nur einem Weg“ die Rede ist. Selbst wenn dieser eine Weg der richtige ist, laufe ich gerne mal in die andere Richtung. Ich verbrenne mich lieber auf der Herdplatte als etwas zu tun, was alle tun.

Zumindest saß ich an diesem Novembertag im richtigen Zug und niemand ahnte, dass wir mal mit Masken wie Karneval auf dem Ärzteball über die Straße laufen und vorm Aldi für Klopapier Schlange stehen. Der Chinese neben mir telefonierte jedenfalls. Ich hörte ihm zu. Er hatte irgendwo in Süddeutschland ein Auto des Autoverleihers Europcar in den Graben gesetzt. Deshalb musste er die Strecke nach Frankfurt am Main mit dem Zug fahren, morgen wollte er nach Shanghai fliegen. Nicht mehr und nicht weniger teilte er Europcar am Handy mit. Doch am anderen Ende der Leitung saß wohl eine Frau oder ein Mann, der oder die nichts verstand, kein Englisch, kein Chinesisch, vermutlich war sie oder er völlig überfordert. Und mein Sitznachbar redete und redete. Er tat mir leid. Stell dir vor, du kommst aus China und vergeudest dein ganzes Geld mit einem Telefonat innerhalb Deutschlands. Ich fragte ihn, ob er mein Handy haben wolle, für mich sei es ein Inlandsgespräch und kostenfrei. Also telefonierte er fortan mit meinem Handy. Jetzt verstanden ihn die Leute im Europcar-Callcenter direkt. Es konnte also nur am Handy und nicht an seiner Aussprache gelegen haben.

Wir näherten uns dem Bahnhof Frankfurt Flughafen.

Ich sagte ihm, dass er hier aussteigen müsse. Er habe doch eben im Gespräch erwähnt, dass er in Frankfurt ein Hotel gebucht habe.

„No, this is the wrong station“, sagte er in Chinaenglisch. Und dass ihm der Schaffner erklärt habe, er müsse noch eine Station weiter fahren.

„No“, sagte ich in Deutschenglisch. „The next station is Siegburg. It's more than 100 kilometers from here.“

Er schaute mich erstaunt an, der Zug hielt. Ich suchte panisch den Schaffner und fragte ihn, ob mein chinesischer Mitreisender wirklich noch eine Station weiter fahren müsse? Der Schaffner schüttelte den Kopf. Die nächste Station sei Siegburg. Ich teilte das meinem Mitreisenden mit, und der Zug fuhr an. Ich machte dem Zugschaffner Vorwürfe, er sagte, dass er nichts dazu könne. Er habe den Mann ja kaum verstehen können. Morgen früh werde um 4.38 Uhr der nächste Zug zurück von Siegburg nach Frankfurt Flughafen gehen. Er würde seinen Flug nach Shanghai um 17 Uhr also noch bequem erreichen.

„Wie soll er denn die Nacht in Siegburg am Bahnhof verbringen?“, fragte ich den Schaffner. „Da ist es kalt am Bahngleis und vermutlich findet er jetzt kein Hotel mehr in Siegburg. Haben Sie keine bessere Idee?“

Der Schaffner zuckte mit den Schultern. Er hatte schon ein unfreundliches Gesicht, aber nun schaute er auch noch abweisend, was mich wütend machte. Ich beschimpfte ihn, dann beschimpfte ich die Bahn – und zuletzt betonte ich, dass ein wenig Mitgefühl ihm gut stehen würde.

Er kontrollierte weiter die Fahrscheine.

Ich setzte mich zu meinem Sitznachbarn. Der wollte wissen, was der Schaffner gesagt habe.

Ich sagte: „Wait a moment, please.“ Und rief meine Frau in Köln an. „Stört es dich, wenn ich einen Chinesen mitbringe.“

Sie sagte nur „Ja“ und ob sie uns abholen solle.

Ich erklärte nun meinem Sitznachbar sein Problem mit Siegburg und 4.38 Uhr. Er sagte mir seinen Namen. Der war so kompliziert, da hätte ich mir eher meine IBAN und die BIC gleichzeitig merken können. Also nannte ich ihn Jojoe – und Jojoe und ich waren beide müde und dösten fortan vor uns hin.

Das Theaterstück in Graz handelt von einem pubertierenden Mädchen namens Adele Kurzweil. Sie lebte mit ihren Eltern in Österreich und hatte mit dem Judentum nicht viel am Hut. Sie wollte einfach eine gute Matura machen und später mal Modezeichnerin werden. Aber die Erwachsenen hatten anderes mit ihr vor. Die Österreicher wollten unbedingt zum starken Hitler-Deutschland dazugehören, jedenfalls die meisten. Und wer mit dazugehören wollte, der hasste auch Juden. So einfach geht Mehrheit. Ich fürchte mich vor der Mehrheit, sie ist ein gieriger Fleischberg mit groben Zähnen, der selbst Grundwerte zermalmt. Sobald ihr euch in der Mehrheit wohlfühlt, solltet ihr die Seite wechseln. Den Roman „Der Koffer der Adele Kurzweil" hatte ich 2009 geschrieben, jetzt war 2018. Damals ging es mir eher um das Thema Flucht, 2018 ging es mir neben dem Thema Flucht auch darum, dass wir handeln müssen, ehe die Mehrheit für uns handelt und uns womöglich misshandelt, dass nicht plötzlich ein paar rechte Idioten uns verjagen.

Jojoe wohnte in Shanghai, arbeitete dort für Bosch und war zum ersten Mal auf Dienstreise bei Bosch Deutschland in der Nähe von Stuttgart. Er hatte einen kleinen Jungen und ich erzählte ihm, dass ich viel in der Welt unterwegs gewesen sei, aber nie in Shanghai war. Er wollte wissen, was für ein Auto wir fahren? Warum wir so viele Kinder haben? Und er war glücklich einen Jungen zu haben. Gleich beim ersten Kind habe es schon geklappt – ein Junge?

Meine Frau holte uns ab. Es war mitten in der Nacht, unter Null Grad und Jojoe wollte nichts mehr essen, er schlief auf der Couch im Wohnzimmer. Am nächsten Morgen war er schon wach, als ich aufstand, und ich musste ihn zum Frühstück zwingen. Die Kinder erzählten, dass sie gehört hätten, dass in China merkwürdige Sachen gegessen würden. Dass Chinesen sogar Tiere wie Fledermäuse oder Walfisch essen, Affen und Katzen und Hunde. Jojoe sagte, dass Chinesen gerne frische Ware mögen. Er zeigte ein Video, in dem kleine Mäuse noch halblebendig gedippt und verspeist wurden. Die Kinder hielten die Katze fest. Und Jojoe lachte. Klischee, Klischee. Wie ist der Europäer?

Wie der Asiate? Man müsse den einzelnen Menschen sehen. Klischee, Klischee. Nicht jeder Asiate ist so. Nicht jeder Europäer so. Klischee. Klischee. Weltbürgerbingo.

„Do you like chess?“, fragte eines der Kinder überraschend.

Jojoe nickte, aber er sei nicht gut im Schach.

Ich brachte ihn zum Bahnhof, er fuhr nach Frankfurt und flog nach Shanghai.

Zwei Wochen später meldete er sich wieder telefonisch. Ob ich morgen daheim sei. Er habe ein Geschenk für uns. Er sei nun zum zweiten Mal bei Bosch in Deutschland und jetzt wolle er uns etwas Gutes tun. Ich log, dass wir nicht daheim seien. Am nächsten Tag klingelte es. Jojoe war trotzdem gekommen – von Stuttgart nach Köln. Er hatte wohl geahnt, dass ich lüge. Was er schenkte: einen Fächer für die Mädchen und meine Frau und für uns alle ein chinesischen Schachspiel. Warum? „Weil wir so etwas haben, was wir gemeinsam lernen können“, sagte er. „Und gemeinsam über E-mail spielen können.“

Jojoe fuhr wieder.

Ich lernte chinesisches Schach. Es ist nicht schwieriger als unseres, es ist einfach anders. Beim Schach musst du darauf achten, dass du nur ein Teil des Spieles bist. Gäbe es keinen Gegner und wäre der Gegner nicht nahezu genau so gut wie du, dann wäre Schach langweilig. Du brauchst deinen Mitspieler. Es ist schön, wenn der Gegner lange lebt und nicht gleich Schachmatt geht.

Jedenfalls hatten mein Mitautor und ich fast ein halbes Jahr später das Theaterstück fertig. Es gefiel mir, besaß den Fluchtaspekt, den Aspekt der Unbehaustheit und das Thema der drohenden Gefahr, der wir uns früh genug stellen müssen, der wir mit Radikalität entgegentreten müssen. Zudem hatte die Regisseurin eine grandiose Idee. Sie ließ einen gigantischen Kubus für die Bühne bauen. Der drehte sich dort auf der Bühne unaufhörlich. Die Kurzweils leben zu Beginn in diesem Kubus mit Tür und Fenstern, dann müssen sie raus, raus aus Graz, raus aus ihrer Umgebung und dann dreht sich der Kubus und auf der Flucht gelingt es ihnen nicht mehr ins Haus zu kommen, sie sind unbehaust und am Ende schaut der Nazi aus dem Haus heraus. Sie haben ihn nicht vertrieben, sie sind vor ihm geflohen, bis er sie stellte und ihr Haus in Beschlag nahm.

Es kam zur Premiere. Das war am 24. Januar 2020. Der Virus hatte sich schon in Wuhan eingenistet und Jojoe trug schon Maske. Und wir hatten Uraufführung. Das Theater war bis auf den letzten Platz voll, die Vorstellungen bis Ende Mai nahezu ausverkauft. Die Presse begeistert. Wir begeistert. Schulterklopfen und es gab für jeden Ruhm und eine Rose und ich und meine Frau luden zu einem Selbstkochen mit dem Koch Herrn Anton ein. In Wuhan wütete der Virus. Er war wohl von einem Tier auf den Menschen übergesprungen. Wir wussten, dass Chinesen gerne auch mal ein wildes Tier essen, und wir wussten, dass die Welt ganz klein geworden war, dass wir schnell mal nach China fliegen, in die USA oder auch Armenien. Das wussten wir. Wir wussten auch, dass es nicht gut ist, ständig rumzufliegen, ständig die Welt zu verpesten, egal wie gut die Gründe dafür auch sein mögen. Wir wussten, dass wir schuldig sind und vergasten trotzdem die Welt.

Jojoe und seine Familie trugen bald schon Schutzmasken. Sie taten es ohnehin schon, wenn sie krank waren, um ihre Mitmenschen zu schützen. Ich hatte dann noch eine Lesereise in Graz und Umgebung mit dem Roman. Ich erzählte Schülern und Erwachsenen, dass es nicht reicht, in die Schule zu gehen, nicht reicht, gut zu sein, nicht reicht, brav seinen Job zu machen. Dass wir Konsequenzen ziehen müssen, nicht mehr so viel Reisen sollen, dass wir stillhalten, innehalten und denken dürfen. Dabei reise ich doch so gerne, bin ich doch so neugierig. Ich hätte Jojoe nie kennengelernt, wäre die Welt nicht so klein geworden.

„Die Erde ist geschrumpft", heißt es bei Jules Verne, ich glaube, es ist in dem Roman „In achtzig Tagen um die Welt". Ja, die Erde schrumpft. „Man kommt heute schon in achtzig Tagen um die Welt." Die Erde ist nicht mehr unendlich, jeder Punkt ist schnell erreichbar, ausgelotet, sie ist ein Gefängnis und der Wärter ist die Schwerkraft. Die Seuche ist dann von China nach Europa gekommen, hat zuerst in Italien ihr Haupt erhoben und sich dann in New York niedergelassen und lebt heute unter uns. Sie wird nicht die letzte sein und ich frage mich, warum die Leute ihre Restaurants überhaupt wieder öffnen? Die nächste Seuche kommt bestimmt. Die Welt ist geschrumpft. Über sieben Milliarden Menschen sind definitiv zu viele. Das kann nicht funktionieren, wir werden uns so oder so reduzieren.

Ich sitze hier in Köln, die Kneipen sind zu, die Schulen sind zu, die Leute tragen Schutzmasken und zählen spießig Tote. Sie glauben an Statistik, an Virologen, an Strohhalme. Jojoe hat geschrieben. Er schreibt jetzt öfter. Ich übe chinesisches Schach. Das Spielfeld ist begrenzt wie die Erde, wie diese Wohnung, in der wir leben und die wir nicht verlassen sollen, schreibe ich ihm. Ja, es geht mir gut, die Kinder sind daheim, sind gesund, wir sind Familie. Kein Wort darüber, dass „Der Koffer der Adele Kurzweil“ in Graz wegen Corona schon im März nicht mehr aufgeführt wurde, dass mein erster Polit-Thriller durch Corona in den Buchläden liegt und keiner von ihm weiß. Ich schreibe ihm nicht, dass gerade Dresden schon eine Lesereise im September abgesagt hat; ich schreibe ihm, dass das medizinische Personal in Deutschland zu wenig Masken hat.

Er fragt, ob er uns Masken senden soll? Wörtlich: „I can send you 20 pieces this kind via DHL.“ Daneben gibt es ein Foto von den Masken.

Ich schreibe ihm, dass er sie doch bitte schicken möge und „Thx a lot.“

Die Erde ist geschrumpft.

Die Viren verbreiten sich in Windeseile. Ich weiß, wir müssen etwas unternehmen gegen all diesen Austausch von Waren und Menschen, denn Austausch ist immer mit Energieaufwand verbunden, mit Fliegen und Schiffen und Menschen, die sich bewegen, mit Krankheiten und Elend. Aber ich weiß auch, diese zwanzig Schutzmasken werden bei uns ankommen und dann bringe ich sie meiner Ärztin – und sie kann sie gebrauchen. Eben habe ich – während ich diesen Text schrieb – eine Mail erhalten, dass im Herbst die Adele wieder auf den Spielplan soll, es geht also weiter. Die Welt schrumpft, aber ich komme mir jetzt zumindest ein bisschen größer vor.

Manfred Theisen

Manfred Theisen wurde 1962 in Köln geboren. Er studierte Germanistik, Anglistik und Politik, forschte zwei Jahre für das deutsche Innenministerium in der Sowjetunion und arbeitete als leitender Redakteur einer Kölner Tageszeitung. Er hat im Nahen Osten und in Afrika recherchiert und dort für das Auswärtige Amt und für das Goethe-Institut gearbeitet. Seit 2000 ist er freier Autor und lebt mit seiner Familie in Köln. Seine Bücher sind in zahlreiche Sprachen übersetzt und ausgezeichnet.

DAUERNDER SONNTAG

von Sibylle Berg

Vor Corona galt: Wir planten, also waren wir. Jetzt herrschen Unklarheit und Langeweile. Ein Gedanke aber hilft: In dieser liebenswerten Hilflosigkeit sind wir alle vereint.

Guten Morgen Frau Doktor, mir ist langweilig.

Und ich schäme mich dafür, denn ich reflektiere mich immerhin so weit, dass ich weiß, dass ich mich weder im Krieg befinde noch krank bin noch auf der Flucht, sondern dass ich in einem sehr reichen Land lebe, mit relativ besonnenen Leuten um mich herum, dass es mir verdammt nochmal so gut geht, dass es peinlich ist, über irgendwelche Befindlichkeiten zu sprechen, in einer Zeit, in der so viele stark sind oder so tun.

Es ist einfach ungewohnt, wenn das Belohnungssystem, ohne das der Kapitalismus nicht funktioniert, pausiert. Das heißt, wir arbeiten weiter – aber ohne im Anschluss konsumieren zu können. Und das bedeutet ein wenig: Wir Privilegierten, die jetzt gerade nicht für das Allgemeinwohl tätig sind, bekommen keine Bestätigung unseres Seins. Zurückgeworfen auf uns tun sich erstaunliche Lücken in unserem Selbstwertgefühl auf.

So sehr auch viele zu laut betonen, dass sie dankbar für dieses Innehalten sind, für das gute Buch (Verwandter des „scheiß Buchs“) für die Einkehr nach innen, die Meditation, das gemeinsame Singen auf dem Balkon, das Betrachten von arbeitenden Menschen in Krankenhäusern am Fernseher, das Resümee des Lebens. Alles in Ordnung. Aber. Es ist langweilig.

Und seltsam ist es, der Zeit beim Vergehen zuzusehen, zu realisieren, wie schnell das Leben vorbei ist, ein Gefühl wie im Osten, falls Sie da jemals waren, oder wie in Dörfern, als Jugendliche. Ein dauernder Sonntag, keine Farben, keine Ablenkung, kein Glitzer, und vor allem keine Optionen zum Träumen.

Das macht die Begierde nur stärker. Nach Italien im Sommer, dem Meer, nach Restaurants, nach dem, was die meisten im Westen unter Normalität verstehen. Dürfen.

Eine Zäsur der Planlosigkeit in der Zeit des Planungswahns in der bereits Schüler ihren Karriereplan erstellen, den Businessplan ihres Lebens. In der Menschen Diätpläne ausarbeiten, die Selbstoptimierung das Motto des Jahrzehnts war für alle, die nicht auf der Verliererseite stehen wollten. Oder liegen. Der planende Mensch war schon vor der Seuche mit dem schwindenden Wohlstand konfrontiert, mit der Ungültigkeit der Regel, dass die kommende Generation es besser haben sollte, aber.

Wo will ich in zehn Jahren stehen? Eine der meist gestellten Fragen, und die Antworten immer so überraschend. Fast alle Endzwanziger sahen sich in zehn Jahren in Kleinfamilien mit Kleinhunden und Kleinkrediten. Andere sahen sich als glückliche Rentner an der Costa del Sol. Planung gibt dem Menschen das Gefühl, sein Leben in der Hand zu haben, es zu beherrschen und damit dem Tod zu trotzen. Vorsprung durch geschickte Kalkulation. Wir planten, also waren wir. Und jetzt sitzen wir da.

Das erstaunlichste aller möglichen Horrorszenarien ist eingetreten. Wir sind machtlos, planlos. Hilflos (was der Einzelne fast immer war, aber so genau wollte man es doch nicht wissen).

Genug leere Vorsätze. Ausgeliefert einem Virus oder der angenommenen Möglichkeiten, die das Virus mit sich bringt oder der angenommenen Strategien, die das Virus bekämpfen.

Und wir müssen uns eingestehen, keine Ahnung zu haben. Noch nicht einmal interessante Verschwörungstheorien fallen einem ein, die Chemtraildeppen schweigen, die Impfgegner sind verstummt, und die Geschichten von CIA und chinesischen Geheimdiensten, die sich Fledermäuse angeeignet haben, sind so verworren und unerheblich, dass selbst der härteste Klugscheißer sich in ihnen verheddert.

Ich will nicht tun, als wüsste ich irgendetwas. Außer, dass ich schon immer an die Wissenschaft glaubte. Und dass ich hoffe, dass sich die Popularität, die sie gerade erfährt, nicht verflüchtigt.

Auf mehr hoffe ich nicht. Nicht darauf, dass diese weltweite Krise alles zum Besseren ändern wird, die Faschisten wieder in ihre Keller verschwinden, Staaten ihr Gesundheitswesen aufmöbeln und

Dienstleistende besser bezahlen, ich glaube nicht, dass die Menschen solidarisch bleiben, ihr Leben genießen im Anschluss und solidarisch mit jenen bleiben werden, denen es nicht gut geht.

Ich bin nicht optimistisch, sondern warte. Voller Anteilnahme und mit dünnen Nerven. Und mit Tränen beim Anblick von Krankenhäusern überall auf der Welt. Beim Anblick der Einsamen, der Kranken, der Obdachlosen, der Verzweifelten, der Überdrehten, der Helfenden und Leidenden, und eines ist so klar: Wir sind eine Gemeinschaft von liebenswerten Hilflosen, Teil von Milliarden, und das zu spüren ist das wirklich Schöne inmitten der Unklarheit.

Und vielleicht erinnern wir uns später, wenn wir wieder Pläne machen, ab und zu an diese Zeit, in der wir realisiert haben, was wir wirklich sind.

Sibylle Berg

Sibylle Berg wurde in Weimar geboren und lebt in Zürich. Sie studierte unter anderem Ozeanographie und Politikwissenschaften an der Universität in Hamburg. Ihr Werk umfasst fünfundzwanzig Theaterstücke, vierzehn Romane und wurde in rund vierunddreißig Sprachen übersetzt. Berg fungierte als Herausgeberin von drei Büchern und verfasste Hörspiele und Essays. Sie erhielt diverse Preise und Auszeichnungen, u.a. den Wolfgang Koeppen-Preis (2008), den Else-Lasker-Schüler- Dramatikerpreis (2016), den Kassler Literaturpreis für grotesken Humor (2019), den Thüringer Literarturpreis (2019), den Nestroy-Theaterpreis (2019), den Schweizer Buchpreis (2019) für „GRM - Brainfuck“, den Bertolt-Brecht-Preis (2020) sowie den Schweizer Grand Prix Literatur (2020).

DER UNBESCHREIBLICHE TOD

von Jan Brandt

Nie sind so viele junge Menschen in so kurzer Zeit gestorben wie 1918 an der Spanischen Grippe. Trotzdem hat die Krankheit in der Weltliteratur kaum Spuren hinterlassen. Ein Erklärungsversuch

Mit dem Herbst kommen die Vögel, und mit den Vögeln kommt der Tod. Hunderttausende sammeln sich an den Küsten. Erst schlagen sie noch mit den Flügeln, flattern, zucken. Dann sind sie ruhig, hören auf zu strampeln, zu atmen, schwappen ans Ufer wie Treibholz. Von dort geht das Fieber von Ort zu Ort. Von Tier zu Mensch. Von Mensch zu Mensch. Blut rinnt aus Nasen und Mündern, Ohren und Augen. Rote Tränen laufen über ihre Wangen, sie keuchen, schnappen nach Luft, sterben innerhalb von Stunden.

Ein Horrorszenario, das zwar nicht Wirklichkeit werden muss, aber möglich ist; etwas, das unsere Phobien und Phantasien nährt, Raum schafft für Imagination – und ein Fenster in die Vergangenheit aufstößt.

Wann die Spanische Grippe wo zum ersten Mal ausbrach, weiß niemand, weil die meisten Länder während des Ersten Weltkrieges Nachrichten zensierten. Spanien verhielt sich neutral und veröffentlichte im Frühling 1918 Berichte über ein besonders ansteckendes „Drei-Tage-Fieber“, das zuerst in San Sebastian wütete, jedoch nicht mehr Bewohner tötete, als andere Epidemien zuvor. Im März jenes Jahres meldeten sich aber auch fast eintausend Arbeiter der Ford-Motorwerke in Detroit krank. Im April und Mai waren alliierte und deutsche Truppen vorübergehend außer Gefecht gesetzt. Und im Juni traten die ersten Fälle in Asien auf. Dann verschwand die Grippe wieder.

Am 28. August 1918, als acht Matrosen im Bostoner Hafen erkrankten, kam sie zurück. Nur Tage später waren Millionen Menschen im besten Alter betroffen. Die Gesichter zeigten mahagonifarbene Flecken, die Füße waren schwarz, die Patienten erstickten an ihrem Blut.

Innerhalb von achtzehn Monaten forderte die Spanische Grippe etwa einundzwanzig Millionen Opfer – vor allem junge Erwachsene im Alter zwischen zwanzig und vierzig Jahren. Neuere Studien gehen sogar davon aus, dass bis zu hundert Millionen Menschen an ihren Folgen starben, mehr als an der Pest im Mittelalter, mehr als während des Ersten und Zweiten Weltkrieges zusammen. Allein fünfundzwanzig Millionen in den ersten fünfundzwanzig Wochen, soviel wie an Aids in fünfundzwanzig Jahren.

Jeder, der das mit- und überlebte, musste anschließend Geschichten zu erzählen haben vom Zusammenbruch des privaten und öffentlichen Lebens.

Die erste und eindrucksvollste literarische Schilderung der Spanischen Grippe ist „Schau heimwärts, Engel" aus dem Jahr 1929. In diesem Sehnsuchtsepos entfaltet der damals neunundzwanzigjährige Thomas Wolfe auf mehr als siebenhundert Seiten die Saga einer durchgeknallten Südstaatenfamilie. Hunderte Figuren tauchen in diesem grandiosen Pschyrembel-Roman auf und verschwinden wieder, degenerierte, schwindsüchtige, skrofulöse und skeletöse Typen, allesamt dem Tode geweiht.

Im Mittelpunkt steht der jüngste Spross der Sippe, der vielseitig begabte, hypersensible Eugene. Schon als Kind befällt ihn die „große Furcht vor Tod und Vergessenwerden, davor, dass alles Lebendige, alle Erinnerung, alles Verlangen auf dem weiten Friedhof der Erde zerfallen und verwesen muss".

Viele ereilt auf unterschiedliche Weise dieses Schicksal, bei keinem aber wiegt der Verlust so schwer wie bei dem älteren Bruder Ben. Noch einmal, am 18. Oktober 1918, versammelt sich die ganze Familie um das Bett des Grippekranken, noch einmal brechen alle Wunden, die sie sich gegenseitig zugefügt haben, auf. „Und dann, über dem Radau ihrer Streitsucht, über die gehässigen Gefauch ihrer Nervosität, hörten sie Bens heiser pfeifenden Atem. ... Sie wurden still und ruhig, sie vergaßen ihre zersplitterten und zertrümmerten Leben, sie versanken. Und sie schlossen sich aneinander in einem erhabenen Verständnis, mit einer Liebe und Tapferkeit, die stärker war als das Entsetzen, die Wirrnis, der Tod."

William Maxwell veröffentlichte 1937 den Roman „Sie kamen wie die Schwalben", ein Titel, der einem angesichts der Vogelgrippe einen Schauer über den Rücken jagt. Darin beschreibt er das Ende einer Kindheit, die Vertreibung aus dem Paradies: das „Unglück, das im Jahr 1918 über unsere Familie kam" und ihn zum Schriftsteller machte.

Es ist der 10. November. Seit Tagen will Bunny seiner Mutter, die das dritte Kind erwartet, vom ersten Grippefall in der Schule erzählen. Und als er es ihr endlich sagt, ist es zu spät. Alle erkranken, aber nur die Mutter stirbt, drei Tage, nachdem sie das Baby zur Welt gebracht hat. Im Nachhinein erscheint den Überlebenden ein ins Krankenzimmer geflogener Vogel als böses Omen der späteren Familienvernichtung: Die Erreger kommen wie die Schwalben ins Haus, plötzlich, unaufhaltsam nisten sie sich unterm Dach ein, flatternde Schatten, nicht zu fassen.

Die Pulitzer-Preisträgerin Katherine Anne Porter erkrankte Anfang Oktober 1918. Damals arbeitete sie in Denver, Colorado, für die „Rocky Mountain News“, und ihr Zustand war so kritisch, dass ihre Kollegen bereits einen Nachruf in Druck gegeben hatten. In der 1939 erschienenen Novelle „Fahles Pferd und fahler Reiter“ erzählt Porter in einem zwischen Wahn und Wirklichkeit wabernden Bewusstseinsstrom eine kurze Geschichte von Liebe und Tod, ihre eigene Geschichte. Eine junge Reporterin macht „Barackendienst“, besucht verwundete Soldaten im Lazarett, und lernt dabei einen Leutnant kennen. Als sie sich ansteckt, pflegt er sie. Und als er sie pflegt, steckt er sich an. Sie überlebt, er nicht: „Der Schmerz kam wieder, ein schrecklicher, vergewaltigender Schmerz, der ihr wie schweres Feuer durch die Adern rann, der üble Geruch der Fäulnis stieg ihr in die Nase, der süßlich eklige Geruch von verwesendem Fleisch und Eiter.“

Wolfe, Maxwell und Porter – allen hatte die Grippe einen wichtigen Menschen genommen. Dieser Verlust, nicht die eigene Erkrankung, veranlasste sie, über die größten Themen der Literatur, Liebe und Tod, den Rausch und die Vergänglichkeit des Lebens, zu schreiben. Anders ist es nicht zu erklären, dass Autoren wie John Dos Passos, Ernest Hemingway, William Faulkner oder F. Scott Fitzgerald zwar infiziert, aber nicht inspiriert waren.

Trotzdem hinterließ die Grippe im angloamerikanischen Sprachraum in nachfolgenden Schriftstellergenerationen deutliche Spuren. In dem Jugendbuch „Charlotte Sometimes“ (1969) – Vorlage für den gleichnamigen Song von The Cure – der 1939 geborenen Britin Penelope Farmer erwacht ein junges Mädchen, Charlotte, eines Morgens im Jahr 1918; über Nacht ist sie vierzig Jahre in der Zeit zurückgereist, und in der Gegenwart lebt an ihrer Stelle an anderes junges Mädchen: Clare. Jeden Tag tauschen sie fortan im Internat ihre Rollen, ohne dass jemandem die Veränderung auffällt. Die allseits grassierende Grippe taucht zunächst nur am Rande auf, zu dominant ist die Time-Travel-Fantastik, zu gewaltig die Kriegsnachrichten, aber irgendwann, als Charlotte in der Vergangenheit ist, wird das Internat für die Kranken geräumt und das Bett, das den Mädchen als Zeitmaschine dient, neu belegt.

Der ständige Identitätswechsel schwächt die körperliche und geistige Konstitution der Protagonistinnen, aber noch mehr setzt ihnen die Angst zu, dauerhaft in der falschen Zeit festzustecken. Deshalb versucht Charlotte, in ihren alten Schlafsaal einzusteigen. In der Dunkelheit hört sie das Husten und Keuchen der anderen, das ständige „No, no", das Gebrabbel des Fieberwahns, und flieht, ohne ihre Mission zu vollenden. Immer mehr Mädchen erkranken und gesunden, und dann, Ende November 1918, als alles überstanden zu sein scheint, kehrt Charlotte endlich zurück in ihre Zeit, nur um dort zu erfahren, dass Clare vor vierzig Jahren an der Grippe gestorben ist.

Der Roman „Charlotte Sometimes" ist ein Requiem für die Toten und, wie alle großen Romane, eine Zeitmaschine. Farmer lässt in den Riten (spiritistische Sitzungen) und in den Requisiten (die antiseptische Seife Coal Tar) die Vergangenheit wieder aufleben, zeigt aber auch, wie vergessen die Spanische Grippe im Bewusstsein der Menschen Ende der Sechziger Jahre war, wenn sie eine ihrer Figuren die Worte in den Mund legt: „It seems odd, someone dying of flu."

Warum hat die verheerendste Pandemie des 20. Jahrhunderts kaum Spuren in der Literatur hinterlassen? Warum hat sich in Deutschland – wo mindestens eine halbe Million Menschen starben – niemand des Themas angenommen? War die Wirklichkeit zu unfassbar für eine populärwissenschaftliche Darstellung, zu übermächtig für die Fiktion? Oder kam sie angesichts der gewaltigen Umwälzungen des Jahres 1918 bloß zum falschen Zeitpunkt?

Am 16. September 1918 notierte Thomas Mann, Spezialist krankheitsbedingter Abgänge, in sein Tagebuch: „Unwohl; Gürtelschmerzen von Dickdarm und Magen, schwach, verstimmt." Am 21. September: „Katja Übelkeit." Und einen Tag darauf: „In Spanien herrscht, wie die Zeitungen melden, eine neue Epidemie: anfangs die Symptome der Grippe, die aber rasch in Typhus übergehen. Es gibt viele Todesfälle." Aber beide sind gesund.

Ende Oktober stand die Katastrophe dennoch unmittelbar bevor: Die Kinder fieberten, hatten „Grippe-Ferien" und störten – beim

Schreiben, beim Schlafen und überhaupt. Bekannte starben, Geschäfte wurden geplündert, Kasernen evakuiert, die Wittelsbacher abgesetzt. Arbeiter- und Soldatenräte lieferten sich vorm Bayrischen Hof letzte Gefechte mit Freikorpskämpfern – „während des Tee's Maschinengewehrfeuer" –, kurzum, Thomas Mann litt gewaltig: „Dumpfer Schnupfenkopf, Rückenschmerzen, Bronchialkatarrh. ... nervös und etwas verfolgungsirr." Um sich von der Unbill des Lebens und der Revolution in München abzulenken, unternahm er Spaziergänge zum Maximilianeum, beantwortete Briefe und las vor dem Einschlafen einige Seiten in Josef Pontens „Der babylonische Turm – Geschichte der Sprachverwirrung einer Familie". Danach wandte er sich wieder dem Tuberkuloseroman „Zauberberg" zu.

Franz Kafka erkrankte 1917 an Tbc, ein Jahr später an der Spanischen Grippe. Als das Fieber Mitte Oktober innerhalb weniger Tage auf 41 Grad stieg, geriet die Familie in Sorge, Franz werde – aufgrund seines ohnehin angeschlagenen Gesundheitszustandes – den Infekt nicht überstehen. Eine Sorge, die durch die Tatsache, dass Kafkas Cousine Irma am 29. Mai 1918 der ersten Welle der Spanischen Grippe erlegen war, noch vergrößert wurde.

Doch Kafka überlebte und ging ins nordböhmische Schelesen zur Kur – begleitet von seiner Mutter. Anders als sonst gelang es ihm diesmal aber nicht, die Auszeit zu nutzen und wie besessen zu schreiben.

Der Nervenarzt Alfred Döblin war seit dem 6. Juni 1918 in einem Seuchenlazarett im elsässischen Hagenau tätig und für Gesundheitskontrollen bei Kriegsgefangenen zuständig. Wohl kaum ein anderer deutscher Autor war so unmittelbar mit den Auswirkungen der Grippe konfrontiert wie Döblin. Es dauerte aber noch fast zwanzig Jahre, ehe seine Erfahrungen in der Romantetralogie „November 1918 – Eine deutsche Revolution" einflossen. Auf fast zweitausend Seiten muss der Offizier Friedrich Becker „durch das Tor des Grauens und der Verzweiflung" gehen. „Er verkommt äußerlich, innerlich wird er zerfressen." Aber nicht von Viren, sondern von Schuldgefühlen, in sinnlosen Schlachten hunderte Menschen ermordet zu haben.

Die Grippe spielt nur eine untergeordnete Rolle. Erst am 12. November 1918 erreicht sie das Lazarett in der Nähe von Straßburg: „Der Mensch mit seinem großen Wissen schläft, er wird morgen matt sein und nichts verstehen und nicht aufstehen wollen, er wird sich an die Stirn fassen und sich heiß fühlen. Inzwischen hat sein Fleisch, der tapfere Leib, den Gegner erkannt und den Kampf gegen die Dämonen aufgenommen."

Als dieser gigantische, satirische Revolutionsroman ab 1948 in Deutschland erschien, interessierte sich kaum jemand dafür. Das Kriegsende 1918 wurde im kollektiven Bewusstsein von einem gewaltigeren Kriegsende überlagert, die große Grippe war vergessen.

Sie war es schon vorher.

Und zwar aus guten Gründen.

Die Krankheit ließ sich propagandistisch nicht ausschlachten, weil sie alle gleichermaßen befiel, der wahre Ursprung unbekannt war und die Symptome schnell wieder verschwanden. Der Krieg dagegen war in den beteiligten Ländern, vor allem in Deutschland ein Politikum ersten Ranges. Sein Diskurs beherrschte alle anderen Diskurse der Weimarer Republik. Die Kriegsfolgen waren im Gegensatz zu den Grippefolgen sichtbar. Und die Verdichtung existenzieller Krisen – Revolution, Bürgerkrieg, Inflation – zu Beginn der Zwanzigerjahre ließ die Erinnerungsreste an das tödliche Fieber bald verblassen.

Anders als die Pest konnte die Spanische Grippe nicht als Folge mangelnden Hygienebewusstseins gedeutet werden; als physische Reaktion auf Industrialisierung und Bürokratisierung wie die Tuberkulose. Sie taugte damals noch nicht als soziales Zeichen.

Dennoch war sie ein Kind ihrer Zeit: Ihre rasante Ausbreitung resultierte aus der extremen Mobilisierung im Ersten Weltkrieg. Heute erscheint sie darum aktueller denn je, als böser Vorbote der Globalisierung. Es ist sicherlich kein Zufall, dass das Vogelvirus H5N1 nach dem Mauerfall auftaucht. Die große Grippe funktioniert nur in einer Welt ohne Grenzen. Und in dieser Welt bekommt die Vogelgrippe einen gesellschaftlichen Sinn, der über das rein Medizinische hinausgeht: Sie ist Ausdruck der Apokalypse, das Symbol für eine unkontrollierbar gewordene internationale Verflechtung von Politik, Wirtschaft, Kultur, Kommunikation und Massentourismus, die gerechte Strafe für menschliche Allmachtsansprüche.

Daher ist es auch wenig verwunderlich, wenn seit der Jahrtausendwende das Versäumte nachgeholt wird, weil Verleger und Autoren ein Geschäft mit der Angst wittern – zumal vor Kurzem nachgewiesen wurde, dass ein mutiertes Vogelgrippevirus Auslöser der Spanischen Grippe war. In den Vereinigten Staaten gibt es jedenfalls einen Boom von Sachbüchern zum Thema, historische und zukunftsweisende

Titel wie „Influenza“, „Amerikas vergessene Pandemie“ oder „Die kommenden Plagen“.

Nur die Belletristik, ein Segment, das sich nicht unbedingt auf Fakten stützen muss und in unbekannte Galaxien vordringen kann, ist von der Grippe verschont geblieben. Bis auf eine Ausnahme. „Der kurze Traum des Jakob Voss“, heißt der Debütroman des 1969 in Hamburg geborenen Matthias Göritz. Es ist die Geschichte eines Unternehmers, der in der norddeutschen Provinz eine Geflügelfarm aufbauen und damit sich und das Dorf sanieren will. Die Anlage, die er errichtet, ist eine vollautomatische schockbeleuchtete Brutstätte des Schreckens, ein „'Scheiß-Vogel-Treblinka'“, wie es einer nennt, der dagegen ist und sich freut, als das Betriebsfest mit dem Betriebsende zusammenfällt, weil an jenem Tag alle Vögel tot am Boden liegen.

Es ist eine Geschichte eines großen, gescheiterten Plans – und doch ein im Vergleich zu den Werken von Wolfe, Maxwell und Porter mutloser Roman, dem es an Erfahrung und Tiefe fehlt und dessen Inhalt ebenso vorsichtig tastend ist wie seine Sprache: „Der Junge öffnete das Gatter zum nächsten Karree. Das Rotlicht, das die Küken nach dem Schlüpfen einige Tage lang wärmte, strahlte seine Hitze in den Raum. Es stank süßlich nach Kotze und Kot.“ Trotzdem ist es ein erstaunliches Buch, das, wegen seines Finales, wie ein Fanal wirkt und die Folgen unseres auf Geiz getrimmten Konsumverhaltens aufzeigt.

Das Buch erschien im Herbst 2005. Und jedes Jahr gibt es neue Herbste, mit neuen schockierenden Romanen: mit entvölkerten Welten, Sturmfluten, falschen, überhitzten Himmeln. Katastrophen, aber keine Krankheiten. Vielleicht geht es nicht anders. Vielleicht verhält es sich mit guten Gripperomanen wie mit Gesetzen: Sie werden erst geschrieben, wenn etwas passiert ist.

Jan Brandt

Jan Brandt, geboren 1974 in Leer (Ostfriesland)m studierte Geschichte und Literaturwissenschaft. Sein Roman „Gegen die Welt“ (DuMont) stand auf der Shortlist des Deutschen Buchpreises und wurde mit dem Nicolas-Born-Debütpreis ausgezeichnet. Brandt, Absolvent der Deutschen Journalistenschule München, ist Autor und Journalist, unter anderem für die taz, Süddeutsche Zeitung, das Magazin Neon und die FAZ.

Er ist Mitglied des PEN-Zentrums Deutschland. Er war Stipendiat des Deutschen Literaturfonds, sowie in der Villa Aurora, Los Angeles. Bei DuMont erschienen von ihm außerdem „Tod in Turin“, „Stadt ohne Engel“, „Der magische Adventskalender“ und „Ein Haus auf dem Land/ Eine Wohnung in der Stadt“.

ÜBER FREIHEIT UND WAHRHEIT

von Udo Tietz

„Wenn Freiheit überhaupt etwas bedeutet, dann vor allem das Recht, anderen Leuten das zu sagen, was sie nicht hören wollen."
Georg Orwell

„Freiheit bedeutet die Freiheit zu sagen, dass zwei und zwei vier ist. Gilt dies, ergibt sich alles übrige von selbst." Mit diesem zwei Sätzen faßt Georg Orwell in 1984 die Quintessenz der Überlegungen seines Protagonisten Winston über die Theorie und Praxis der „Partei" zusammen, die einem nicht nur befahl, „das Zeugnis der eigenen Augen und Ohren zu verwerfen", also der „Gültigkeit aller Erfahrung, sondern stillschweigend die Existenz einer äußeren Realität überhaupt." Dies hat dem Schriftsteller den Ruf eines erkenntnistheoretischen Realisten eingebracht, der den gesunden Menschenverstand gegen seine Verächter mit Rekurs auf die Unterscheidung zwischen einer Realität zu erklären versucht, die ideologisch verstellt ist und einer Realität, die dies nicht ist. Die Aufgabe des kritischen Denkens sollte dann darin bestehen, von der verstellten Realität den Schein wegzuziehen, indem die ideologische Schmutzschicht von jenen Fensterscheiben entfernt wird, die einen unverstellten Blick auf die Wirklichkeit nicht möglich machten. Und wenn die ideologisch verdreckten Scheiben erst einmal sauber geputzt sind, dann, so die Hoffnung, werde jeder, der bei Sinnen ist, auch begreifen, dass Ressentiment und Sadismus von einst genauso verwerflich sind, wie der Nationalismus und die Ausländerfeindlichkeit von heute.

Dies ist naiv und falsch zugleich. Zum einen, weil es die moralischen Tatsachen gar nicht gibt, die hinter der klar geputzten Scheibe zu Vorschein kommen sollen – und auch keine Wahrheiten. Und zum anderen, weil Orwell kein realistischer Philosoph war, sondern ein Liberaler, der mit Blick auf den Stalinismus die Idee des Sozialismus fallen ließ und für die Überzeugung warb, dass ein sozialstaatlicher Kapitalismus das Beste sei, was wir uns erhoffen können. Darüber hinaus hatte er keine philosophischen Intuitionen – und wahrheitstheoretische gleich gar nicht. Die Wahrheit war ihm egal. Nicht egal war ihm die Freiheit, die er für bedroht ansah, bedroht durch „die Partei“ und Menschen wie O’Brien, die in Ozeanien ein System des Denkens errichteten, das eine vollständige „Realitätskontrolle“ ermöglichte und jeden kritischen Gedanken ausschloß und das doch sicherstellen musste, dass der Stoffwechsel mit der Natur in instrumentell-technischer Hinsicht nicht zusammenbricht.

Folgen wir dieser Intuition, dann verdanken wir Orwell nicht nur die Leistung, den Mechanismus einer totalitären Propaganda entlarvt zu haben, die sich durch ein System des „Doppeldenk“ die Wahrheit verfügbar macht und gleichzeitig versuchte er uns davon zu überzeugen, dass Menschen wie O’Brien auch nach dem Ende des Totalitarismus nicht einfach verschwinden werden. Orwell hat begriffen, dass der Totalitarismus sich in der uneingeschränkten politischen Kontrolle über den Bereich des Wissens vollendet – eingeschlossen über den Bereich der Identität der Träger. Um diese politische Kontrolle kreist der Roman. Mit der eindeutigen Botschaft: Niemand kann mehr sagen, was er denkt und was er mit eigenen Augen gesehen hat.

Dies hat vor einiger Zeit auch die Handballlegende Stefan Kretzschmar behauptet – und provozierte damit eine Reihe von Entgegnungen, die weit über das übliche Maß an medialer Aufmerksamkeit hinausgingen, das einem Sportler zuteil wird, so dieser sich über Belange der Zeit und der Gesellschaft äußert. Darf man nicht mehr sagen, was man denkt? fragte die Bild-Zeitung am 14. Januar 2019 – und die Antwort folgte der Frage auf dem Fuße: Der Tagesspiegel nannte die Aussagen des Handballers nicht nur „falsch“, sondern auch „gefährlich“. Die Süddeutsche Zeitung und die Frankfurter Allgemeine Zeitung sahen dies analog. Und auch Wolfgang Kubicki sah dies so. Der FDP-Politiker replizierte: „Kretzschmar beschreibt keine Einschränkung der Meinungsfreiheit, sondern Feigheit.“ „Zur Meinungsfreiheit gehört auch der Mut zur Meinungsäußerung“ – wobei der Politiker dann auch gleich noch das beim Sportler ausmacht, was in der Frankfurter Pragmatik ein performativer Selbstwiderspruch genannt wurde – er behauptet, dass man nicht sagen könne, was man sagen will und gerade damit, dass er dies sagt, widerspricht er seiner Behauptung.

Sieht man von der philosophischen Spitzfindigkeit ab, ist dies richtig und falsch zugleich. Richtig ist, dass es mitunter Mut bedarf, eine Meinung zu vertreten. Und richtig ist auch, dass das Recht der freien Meinungsäußerung in der Bundesrepublik grundgesetzlich geschützt ist. Diese Freiheit hat der Sportler aber nicht in Frage gestellt. Er sagt: „Wir haben in Deutschland eine Meinungsfreiheit, für die man nicht in den Knast kommt." Dies ist, salopp zusammengefasst, der Gehalt des Artikels 5 des Grundgesetzes. Zwischen dem Politiker und dem Sportler gibt es folglich keinen Dissens hinsichtlich dem grundgesetzlich verbrieften Recht auf freie Meinungsäußerung. Der Punkt, der strittig ist, ist der, ob es darüber hinaus Beschränkungen dieser Freiheit gibt, was der Politiker verneint und der Sportler bejaht. Er spricht von „Repressalien" und von dem Phänomen des „Shitstroms", mit dem man konfrontiert sei, sobald man eine von der Öffentlichkeit abweichende Position vertritt – den der Sportler dann auch über sich ergehen lassen musste. Von daher geben die medialen Reaktionen Kretzschmar völlig recht. Der Sportler will anscheinend darüber sprechen, worüber der Politiker zu schweigen vorzieht – über etwas, was sich jenseits des Artikels 5 befindet und über einen normativen Opportunismus bezüglich einer bewusstenn und absichtlichen Nicht-Thematisierung von politischen und kulturellen Frage- und Problemstellungen zu erklären wäre, die den Konsens einer liberalen und demokratischen Gesellschaft in seiner bisherigen Form in Frage stellen könnten.

Nicht um die grundgesetzlich garantierte Meinungsfreiheit geht es also, sondern um die Reaktionen einer Gesellschaft auf eine Meinungsäußerung, die signifikant von dieser abweicht und die von einem Teil dieser Gesellschaft nicht nur als empirisch falsch bezeichnet wird, sondern als politisch gefährlich, als antidemokratisch, antiliberal oder wahlweise auch als rassisch, reaktionär, faschistisch und im schlimmsten Fall dann als nationalsozialistisch. Dekadent, frauenfeindlich und sexistisch sind dann die eher harmloseren Vorwürfe, die über sich ergehen lassen muss, wer das Gendersternchen nicht zu setzen bereit ist.

Und dies erledigt sich eben nicht mit Verweis auf den Mut, den man haben müsse, wenn man eine Äußerung tut, die als nicht mehrheitsfähig gilt. Im Gegenteil. Dieser Verweis bagatellisiert das Problem. Er lenkt von ihm ab. Man tut so, als wäre das Problem nicht ein strukturelles Problem unserer Gesellschaft, sondern ein Problem der Nervenstärke von Personen. Und der Rest ist dann ein Sprachproblem im Sinne einer korrekten Verwendung sprachlicher Äußerungen von Verwendungsregeln. Neudeutsch spricht man hier von „political correctness“, womit Korrektheitsbedingungen angesprochen sind, die es gestatten sollen, sprachlichen Handlungen in genau zwei Klassen zu teilen, in die der erlaubten und die der verbotenen Handlungen.

Obwohl bei diesen Korrektheitsbedingungen alles unklar ist, was auch nur unklar sein kann, strukturieren diese unseren sozialen Alltag in einer Weise, die bedenklich erscheinen muss. Denn unklar ist nicht nur, um welche Arten von Regeln es sich hierbei handeln soll, die „man“ einzuhalten habe und die durch diesen oder jene dann verletzt werden. Unklar ist auch, ob schon die Verwendung eines einzelnen Wortes gegen solche Regeln verstößt. Und unklar ist schließlich, ob die Normativität dieser Korrektheitsbedingungen eine pragmatische, eine semantische, eine grammatische oder eher eine politische ist. Wenn Letzteres der Fall sein sollte, und davon können wir im Fall der „political correctness“ ausgehen, dann wäre klar, dass es nicht einfach Vernunft ist, auf die sich der Vertreter der politischen Korrektheit berufen kann, wenn er die Bedingungen dieser Korrektheit gesellschaftlich durchzusetzen beginnt, weil sie allenfalls von einem Teil dieser Gesellschaft als vernünftig angesehen werden, von dem anderen dagegen als unvernünftig.

Dabei wird unterstellt, dass man in intellektueller Hinsicht nur redlich sein müsse, um politische Irrtümer zu vermeiden. Abweichende politische Meinungen sind dann dieser Auffassung zufolge ein Symptom eines moralischen Versagens, das mit gutem Willen und bei genauerem Nachdenken hätte verhindert werden können. Dies setzt eine Moralpsychologie voraus, die auf die theologische Vorstellung zurückgeht, Sünde sei eine freie Entscheidung für das Böse, ein vorsätzliches Sichabwenden vom Licht Gottes, das in der Aufklärung dann als das Licht der Vernunft verstanden wurde. Unser Begriff des „radikal Bösen“ wurde aus dieser theologischen Tradition übernommen und mit der Idee verbunden, Moralität sei davon abhängig, dass man Prinzipien folgt, deren Wahrheit allen Vernunftwesen mit unschlagbarer Evidenz einleuchtet. Und wenn man diese Idee ernst nimmt, wenn man also meint, zu moralischen Entscheidungen gelangt man durch Nachdenken über praktische Syllogismen mit sonnenklaren Prinzipien in der ersten Prämisse und offenkundigen empirischen Fakten in der zweiten, dann ist es auch nicht unplausibel so zu verfahren, wie einige Moralphilosophen und Politiker dann auch verfahren: Sie bezeichnen Personen, deren Ansichten sie verwerfen, wie etwa Rassisten, Nationalisten oder Homophobe, als „irrational" – oder beschimpfen sie wahlweise auch als „Pöbel" und „Mob".

Denn die so verstandene Irrationalität wird hier zu einem weltlichen Äquivalent der Sünde. Ich denke, diese Idee lässt sich nicht verteidigen. Diese Moralauffassung amalgamiert die schlimmsten Seiten des Platonismus und des Christentums. Wir sollten damit aufhören, die abweichende politische Überzeugung als „irrational" zu disqualifizieren, weil wir ansonsten auch noch die letzten Reste des Fundaments zerstören, auf denen unser politisches Gemeinwesen ruht. Wenn jedenfalls „vernünftig zu sein" soviel bedeutet, wie im „logischen Raum der Gründe" zu stehen, dann verliert der Irrationalismusvorwurf sofort seine Kraft und wird als das erkennbar, was er immer schon war: ein politischer Kampfausdruck. Denn wenn nicht mehr das Haben oder das Nicht-Haben dieser oder jener Überzeugung ein Indikator für Vernunft ist, wenn „vernünftig sein" bedeutet, Gründe zu geben und auf Gründe reagieren, dann lassen sich politische Dissense nicht entlang der Linie rational-irrational verstehen.

Ich möchte diesen Gesichtspunkt nicht weiter verfolgen. Mir geht es um die Frage nach strukturell antiliberalen Bedingungen innerhalb liberaler Gesellschaften, die das Negationspotential in Diskursen sistieren und die erklären, warum es in einem bestimmten Sinn von „geboten" geboten erscheinen kann, sich bezüglich bestimmter Fragen und Probleme nicht so zu äußern, wie man denkt. Anders gesagt: Dass man bezüglich bestimmter Frage- und Problemstellungen mit dem operiert, was Orwell „Doppeldenk" nannte, wobei ich meine, dass diese Bedingungen struktureller Natur sind, weshalb Verweise auf die Nervenschwäche oder Charakterstärke von Sprechern hier ohne Erklärungswert sind.

Und diese lässt sich nicht mit Verweis auf die Entgegnung des Politikers aus der Welt bringen, dass man nur den „Mut zur Meinungsäußerung" haben müsse – zumal Kretzschmar Behauptung inzwischen durch eine Allensbach-Umfrage gestützt wird, in der fast zwei Drittel der Befragten äußerten, dass der Raum für die Meinungsäußerung in den letzten Jahren sichtlich kleiner geworden sei. Dabei attestiert die Mehrheit der Befragten Deutschland, dass das Recht auf eine freie Meinungsäußerung im Großen und Ganzen zwar gesichert wäre, dass es jedoch themenabhängige Einschränkungen gäbe. Fast zwei Drittel der Bürger meinen, dass man „sehr aufpassen" müsse, „zu welchen Themen man sich wie äußert." Denn es gebe viele „ungeschrieben Gesetze", welche Meinungen akzeptabel und zulässig sind und welche nicht – allen voran das Flüchtlingsthema, gefolgt von Äußerungen zu Muslimen und dem Islam, aber auch über den Rechtsextremismus und die AfD. Kurz: Im Unterschied zu Themen wie Klimaschutz, Gleichberechtigung und Arbeitslosigkeit gebe es eine Reihe von Tabu-Themen, über die man nicht frei sprechen könne. Die Studie sagt nicht, welche Form oder welche Struktur diese „ungeschriebenen Gesetze" haben. Sie sagt lediglich, dass es diese gibt. Sie macht eine Tatsachenbehauptung. Und Tatsachenbehauptungen sind dann entweder wahr oder falsch.

Die Zeit widersprach umgehend und warf dem Forschungsinstitut vor, es würde mit dieser Studie „rechte Ressentiments" bedienen und die Propagandaformeln des „rechten Kulturkampfes" übernehmen. Nun kann man natürlich so reden – ich fühle mich beim Lesen dieser Zeilen zwar an die Reden von Parteisekretären erinnert, aber dies ist vielleicht nur ein privates Problem. Nicht privat ist das Problem, wie es nach einer solchen Entgegnung noch möglich sein soll, eine sachliche Diskussion zu führen. Und nicht privat ist das Problem, was mit all jenen ist, die in einer analogen Weise in Bezug auf den Islam, das Problem von Parallelgesellschaften, der Clankriminalität, dem zeitweisen Kontrollverlust des Staates im Jahr 2015 reden, der in einigen Bereichen bis an den Rand des Staatsversagens reicht. Bedienen auch sie wieder rechtsextreme Ressentiments? Und: Bin am Ende auch ich von einem Liberalen zu einem „rechten Kulturkämpfer" geworden? Muss ich mir vielleicht auch fehlenden politischen Mut vorwerfen lassen, den ich einst vielleicht besessen haben mag, heute aber verloren habe? Ich werde mir diese Frage nicht stellen! Und ich habe nicht einmal im Ansatz das Bedürfnis mit irgendjemanden über meinen fehlenden oder vorhandenen Mut zu diskutieren – ich denke, selbst Herr Kubicki war in seinem ganzen Leben nie in einer Situation, in der dieser Mut tatsächlich auf die Probe gestellt wurde, jedenfalls nicht unter den Bedingungen, die 1984 beschreiben.

Doch dies ist vielleicht nicht der interessante Punkt. Interessant ist, dass auch hier wieder in der Kritik nicht gefragt wird, ob es empirisch wahr oder falsch ist, was die Studie behauptet. Sie fragt, was sie politisch bewirkt. Die Kritik fragt, ob die Studie „rechte Ressentiments“ bedient. An der Wahrheitsfrage ist die Kritik nicht einmal im Ansatz interessiert! Sie spielt keinerlei Rolle. Dies ist kein Einzelfall. Die Wahrheitsfrage scheint in der Simulation von Diskurs zunehmend zu verschwinden. Hierfür gibt es einen Grund in der Sache. Zum einen ist eine große Menge der „Parteiarbeiter“ offensichtlich gar nicht mehr in der Lage, auf der Ebene des Diskurses mit Argumenten zu hantieren – was hier vorherrschend ist, ist schlichtes „Parteisprech“ und die stereotypen Wiederholungen dessen, was man alles erreicht hat und was in der Zukunft dann noch besser werden wird. Und zum anderen wird die Wahrheitsfrage immer wieder der Frage nach dem politischen Nutzen untergeordnet.

Aber selbst angenommen, wenn auch nicht zugegeben, dass das, was zwei Drittel der Befragten hier äußern, falsch wäre, und selbst angenommen, wenn auch nicht zugegeben, dass die Studie „rechte Ressentiments“ bedienen täte, was sagen uns solche Befunde wie die Spiegel-Affäre oder die Auftragsgutachten des ZDF, denen die Neue Züricher Zeitung attestierte, sie besäßen eine systemische Dimension, die an 1984 erinnern würde und: was ist am Ende mit den Äußerungen von Mitgliedern der politischen Klasse, die sich ähnlich verstehen lassen? Denn selbst Minister und Staatssekretäre scheinen zu bestätigen, dass die Politik mit unliebsamen Tatsachen in der von Orwell beschriebenen Weise von „Doppeldenk“ umgehen. Äußerungen wie: „Das habe die Politik nicht wahrhaben wollen“, „Wir haben zu lange weggeschaut“, „Für die Politik war das ein Tabuthema“, „Jetzt müssen wir endlich Klartext reden“ sind gar nicht anders zu verstehen, als so, dass sich die Politik sprachlich in einer Form von „Doppeldenk“ eingerichtet hat, mit der bestimmte Frage- und Problemstellungen zum Verschwinden gebracht werden.

Nicht weil man „etwas als etwas“ aus epistemischen Gründen nicht sehen konnte, weil es hinter einem Schleier des Nichtwissens verborgen war, wurde dieses „etwas“ nicht thematisiert, sondern weil dieses „etwas“ hinter einem Schleier des Nicht-Wissen-Wollens politisch zum verschwinden gebracht wird, verschwindet es hinter einer Thematisierungsschwelle, von der ich behaupte, dass sie normativer Natur ist und aus Prozessen der Öffentlichkeit zu erklären ist. Die besagten Probleme sind dann natürlich nicht politisch verschwunden. Aber sie sind sprachlich verschwunden. Sie kommen in den korrektheitsbedingt bereinigten Diskursen des „Parteiensprech“ nicht mehr vor. Wie immer man diese Frage beantworten wird, aus den Äußerungen (es sind Äußerungen von Politikern der SPD und der CDU) geht eines klar hervor: Auch Politiker wissen, wovon der Sportler spricht, auch sie kennen die Wahrheit, die sie als „ungezügelte“ nicht aussprechen, weil das Volk oder der „politische Gegner“ daraus falsche Schlüsse ziehen könnte, die sie aber auch nicht einfach nicht ansprechen können, weil irgendetwas von ihr doch ans Licht kommen würde, die daher „gezügelt“ werden muss, durch „politische Weisheit“ – oder wie Stefan Haym im König David Bericht sagt: „durch Weisheit gezügelte Wahrheit“.

Nicht nur in den totalitären Gesellschaften des Ostens ging „die Partei“ mit unliebsamen Tatsachen so um, wie dies Orwells 1984 beschreibt, auch in den liberalen und demokratischen Gesellschaften des Westens macht sich die Politik die Wahrheit verfügbar. Auch hier wird die Wahrheit gezügelt durch Weisheit und als halbe Wahrheit unter die Leute gebracht. Es mag umstritten sein, wie tief und wie weit diese Einschränkung geht, nicht bestreitbar scheint mir der Tatbestand selbst. Die interessante Frage nun lautet, wie dies zu erklären ist, wenn denn dieses Phänomen nicht mehr durch eine totalitäre Praxis erklärbar ist, wie sie für die stalinistischen Gesellschaften des Ostens charakteristisch war. Dabei ist klar, dass dieses Phänomen nicht mit Rekurs auf diesen oder jenen Politiker, auf diesen oder jenen Professor oder auf diesen oder jenen Journalisten zu erklären sein wird. Es muss unabhängig von Personen sein, es muss eine strukturelle Dimension besitzen, ansonsten würde es sich auf die angesprochene Dimension des „Mutes“ reduzieren. Die Antwort auf die Frage kann also nicht die sein, dass es zu jeder Auffassung auch eine Gegenauffassung gebe, die man auszuhalten habe. Denn dies ist zwar wahr, aber insofern trivial, als dadurch noch kein normativer Druck, wie er von Kretzschmar beschrieben und von den Befragten der Studie vermerkt wurde.

Wie also lässt sich der normative Druck auf Auffassungen und Positionen erklären, die von der Mehrheitsmeinung abweichen und wie erklären wir in liberalen und demokratischen Kontexten die freiheitseinschränkenden Leistungen, von denen Orwell in 1984 spricht? Eine erste Auskunft erhalten wir, wenn wir uns die Formengesetze der Mode anschauen. Es ist eine Binsenweisheit, dass die alljährlich veränderten Formenansprüche der Mode die Züge der Frauen mit einer Art höherer Zwanghaftigkeit gestaltet und uniformiert, die selbst vor der

Physiognomie von Gesicht und Körper nicht haltmacht. Zwei Mal im Jahr erleben wir, wie ein Mechanismus aus individuellen Menschen mit individuellem Habitus, individuellen Gesichtszügen und individuellen Körperverfassungen ein Kollektiv von Durchschnittsmenschen formt, die, bei aller individueller Unterschiedlichkeit, in einer Masse aufgehen, die durch die internationalen Marken von Gucci, Armani oder Boss geprägt sind – oder von H&M, Zara und Mango.

So gesehen sind die Klischees des modischen Schönheitsideals der exemplarische Ausdruck der Nivellierung durch die Tilgung individueller Eigenschaften und der Reduktion auf den Durchschnitt, auf das, was allen gefällt. Die Schönheitsnorm entsteht auf die Weise, dass die Züge eines individuellen Gesichts von den Erwartungen der anderen geformt werden. Für jedermann wird der neue Look bereitgestellt. Infolge der Anpassung an Jedermann werden die Züge einer individuellen Persönlichkeit durchschnittlich. Jedoch nur deshalb, weil die Erwartungen von Jedermann von vornherein von einer Durchschnittsnorm geprägt waren. Auf diese Weise wird aus der Einmaligkeit eines Gesichts eine durchschnittlich uniformierte Durchschnittsschönheit, die aber als Durchschnittsschönheit nur für Durchschnittserwartungen wirken kann – dabei entspricht dem Unterworfensein unter dem Diktat der Marken eine Statuszugehörigkeit, für die man das aufgibt, was einst Individualität genannt wurde. In der Mode stellt der Mechanismus also nicht nur einfach Schnittmuster des Menschseins zur Verfügung, sondern auch Statuszugehörigkeiten, die unseren sozialen Alltag genauso prägen, wie der Prägestempel die Münze.

Man kann sicher darüber diskutieren, wie die Erwartungen der anderen mit der je eigenen Sicht auf die Welt vermittelt ist. Klar aber erscheint mir zweierlei: Erstens, dass man einen bestimmten Status besitzen muss, der mit bestimmten Kompetenzen und Rollen innerhalb einer Wir-Gemeinschaft verbunden ist, um als Mitglied dieser Gemeinschaften anerkannt zu sein. Durch diese Anerkennung konstituiert sich die Personen als Individuum; und zweitens, dass die Person nicht so oder so urteilen kann, sondern so oder so urteilen muss, wenn sie denn als vernünftig im Sinne der Urteilspraxis dieser Wir-Gemeinschaft gelten will. Unsere Art und Weise zu reden hat einen nicht-kontingenten Einfluß darauf, inwieweit andere Gemeinschaftsmitglieder uns für vernünftig halten, uns schätzen, uns trauen, uns lieben, inwieweit sie auf uns zählen und uns am Ende auch Ämter und Würden übertragen – oder eben nicht. Aus dem Tatbestand, wie ein Individuum redet, folgt unmittelbar seine Stellung und sein Status in der Wir-Gemeinschaft – womit ich nicht behaupte, dass Stellung und Status allein aus diesen Faktoren sich erklären.

Dieses Phänomen lässt sich mit Heidegger aus der „Seinsart des Man" verstehen, die die Fundamentalontologie aus Prozessen einer öffentlichkeitsvermittelten Nivellierung und Verdurchschnittlichung von Denk- und Handlungsweisen ableitet. Folgen wir Heidegger, dann erklärt sich die normative Struktur und die normative Signifikanz dieses Prozesses aus dem „Gerede", worunter er eine wahrheitsindifferente Redeform versteht, die den Sach-Bezug preisgibt und dadurch eine normative Signifikanz bekommt, dass die wahr/falsch Distinktion durch die richtig/falsch-Unterscheidung ersetzt wird. Der Ort, an dem sich diese Ersetzung abspielt, ist die „‚die Öffentlichkeit'". Ihr attestiert Heidegger nicht nur einen nivellierenden und verdurchschnittlichenden, sondern auch einen „diktatorischen" und „autoritären" Charakter, der im „Weiter- und Nachreden" dessen gründet, was „Man" sagt. Wenn Heidegger recht hat, dann strukturiert die Öffentlichkeit nicht nur unser Welt- und Selbstverhältnis. Sie strukturiert es zudem in einer Weise, dass es dem Dasein das eigenständige Urteilen und Entscheiden durch die Vorgabe von standardisierten Antworten und sprachlicher Klischees abnimmt. Die Öffentlichkeit ist darin Dirigent und Orchester in einem. In ihr ist die Sache so, „weil man es sagt."

Nun lässt sich sicher bestreiten, dass die Öffentlichkeit nur und ausschließlich durch diese nivellierenden und diktatorischen Momente charakterisiert ist. Die These jedoch, dass durch das Gerede der Sach- und der Selbstbezug der menschlichen Rede und damit Wahrheit und Authentizität verloren gehen, ist gut begründet – Harry Frankfurts sprachanalytische Rekonstruktion des Bullshit ist strunkturanlaog zu Heideggers Analyse. Es ist eine gemeinsam geteilte Einsicht der hermeneutischen Anthropologie, der strukturalen Archäologie und der modernen Sozialwissenschaften, dass menschliche Kompetenzen primär durch eine alltägliche, durchschnittliche und übliche Mit-Verhaltensweisen über die Schemata des Mediokren, den „man" geprägt werden – Wittgenstein spricht in diesem Zusammenhang von „Abrichten", Foucault von „Prägungen" und Bourdieu von „Habitus“. Personen sind Rollenträger in einer immer schon vorgeformten, typisierten und vorschematisierten Wir-Gemeinschaft, die normativ strukturiert ist und die dann nicht nur die Schönheitsnormen der Moden bereitstellt, sondern auch die Normen von alltäglichen Redeformen.

Heidegger hat dies vermutlich als erster gesehen. Er sah, dass dem „Gerede“ ein normatives Gerüst von Korrektheitsbedingungen eingeschrieben ist, die für die Mitglieder dieser Wir-Gemeinschaft eine normative Signifikanz hat und die dann bestimmte Frage- und Problemstellungen einschließen und andere eben ausschließen. Was Orwell, der Liberale, nicht in Betracht zog, dass die Öffentlichkeit selbst zu einer Instanz werden könnte, die Denk- und Redeverbote generiert, weil er, in dem liberalen Vorurteil befangen bliebt, dass, weil die Vernunft öffentlich ist, die Öffentlichkeit auch vernünftig sein müsse, hat Heidegger gesehen. Der Gegner des Liberalismus und der Demokratie hat die liberale Illusion über die vernünftige Verfaßtheit der Öffentlichkeit immer als eine Illusion angesehen, eine Illusion, die bis in unsere Gegenwart reicht und in nahezu allen Großtheorien der Moderne wieder zu finden ist – John Stuart Mill und Alexis de Tocqueville bilden hier eine rühmliche Ausnahme.

Die normative Kraft, die aus dieser Struktur erwächst, erklärt sich aus dieser normativen Signifikanz. Und auch die Einschränkung der Meinungsfreiheit, die von Kretschmar behauptet und von Kubicki bestritten wurde. Natürlich ist die Freiheit nicht eingeschränkt, „zu sagen, dass zwei und zwei vier ist.“ Es ist schlicht eine analytische Wahrheit, der kein politisches Interesse zukommt. Die Freiheit jedoch, zu sagen, was empirisch der Fall ist, kann es durchaus sein. Denn unterhalb dessen, was durch den Artikel 5 des Grundgesetzes abgedeckt ist, also auf der Ebene der politischen Kultur, ist diese Freiheit beständig herausgefordert – auch unter den Bedingungen der Moderne.

Mit und durch diese Substitution der wahr/falsch Distinktion durch die normative richtig/falsch Unterscheidung gerät dann auch „das Zeugnis der eigenen Augen und Ohren“ unter Druck und muss unter dem Druck der öffentlichen Meinung verworfen werden – mit Toquiville gesagt: durch die „Tyrannei der Mehrheit“. Klarerweise ist dann diese Form der Tyrannei im Unterschied zu der von Orwell beschriebenen keine Tyrannei mehr, die von oben kommt, durch „die Partei“, sondern von unten, durch eine Öffentlichkeit, die sich nicht mehr an

Wahrheitsfragen orientiert, sondern an Richtigkeitsfragen.

Ohne dass die Bevölkerung durch Panzergebrauch zur Ordnung gerufen werden müsste, lebt man in einer doppelten Welt: der öffentlichen hier und der privaten dort. Dies führt zur Ausprägung einer Habitusform der Selbstkontrolle, die die Herrschaft des „Man“ auch noch von innen, durch anpassende Verinnerlichung befestigt. Mit Schillers Worten können wir sagen; man ist dabei, sich „in sich selbst einen Herren zu geben.“ Ohne dass es der planenden Tätigkeit der „Partei“ bedarf, machen die Akteure von selbst geschehen, was man von ihnen erwartet.

Wenn dies annähernd richtig ist, dann scheint dies zu bedeuten, dass wir nicht hoffen können, die Dramaturgie dieses Stückes in einer globalen Beziehung von Herrschenden und Beherrschten, von Parteien und Bevölkerung, Politik und Lebenswelt zu fassen. Nicht weil es dieses nicht gibt, sondern weil wir diese Spaltungen bereits als Resultat einer normativen Struktur begreifen müssen, die sich aus Prozessen einer öffentlichkeitsvermittelten Kommunikation erklären. Der strukturell freiheitseinschränkende Aspekt dieser Form kommunikativer Praxis beruht auf dem korrektheitsbedingten Ein- oder Ausschluss von Denk- und Redeformen, deren Gehalt keiner sachgerechten Beurteilung unterzogen wird, sondern, entsprechend der kulturellen Hegemonie, einer politischen. Mit Michel Foucault gesagt: „Die Macht kommt von unten, d. h. sie beruht nicht auf der allgemeinen Matrix einer globalen Zweiteilung, die Beherrscher und Beherrschte einander entgegensetzt und von oben nach unten auf immer beschränktere Gruppen und bis in die letzten Tiefen des Gesellschaftskörpers ausstrahlt. Man muss eher davon ausgehen, dass die vielfältigen Kräfteverhältnisse, die sich in den Familien, in den einzelnen Gruppen und Institutionen ausbilden und auswirken, als Basis für weitreichende und den gesamten Gesellschaftskörper durchlaufende Spaltungen dienen.“

Wir können also zugestehen, dass nach Artikel 5 des Grundgesetzes die Freiheit der Meinung geschützt ist und gleichzeitig die These vertreten, dass diese Freiheit durch die „Diktatur einer Öffentlichkeit“ genau dann eingeschränkt wird, wenn in einem ersten Schritt die wahr/falsch-Distinktion durch die richtig/falsch-Unterscheidung ersetzt wird und wenn dann in einem zweiten Schritt gefragt wird, wem die Wahrheit nützt. Denn damit werden Wahrheitsfragen zu Richtigkeitsfragen, wobei die Standards der Richtigkeit klarerweise keine sind, die irgendetwas mit einer universalistischen Prinzipienmoral und dem Geist der offenen Gesellschaft zu tun haben – die Moral der Korrektheit ist der Moralismus, nie die Moral im Sinne Kants, wenngleich diese genauso oft beansprucht wird, wie die Vernunft selbst.

Dabei ist die Frage: Wem nützt die Wahrheit? nicht zu verstehen – jedenfalls in einer freien Gesellschaft. Sie ist aus der Perspektive der Ideologie gestellt. Es sind Ideologen, die so fragen. Denn wem soll denn die Wahrheit nützen, wenn nicht der Wahrheit selbst. Wie bereits bemerkt: Wahrheit gezügelt durch Weisheit bedeutet die halbe Wahrheit. Und eine halbe Wahrheit ist keine Wahrheit. Eine halbe Wahrheit ist die Unwahrheit. Die jetzige Krise der Demokratie hängt hiermit zusammen. Die fortschreitende Deligitimation des politischen Systems erklärt sich zu großen Teilen aus dem fortschreitenden Glaubwürdigkeitsverlust der Parteien und der politischen Eliten, eben weil sich inzwischen bei einem Teil der Bevölkerung der Eindruck verfestigt hat, die Politik mache sich die Wahrheit verfügbar – ich selbst gehöre auch zu diesem Teil.

Dies könnte die Idee nahelegen, eine Politik der Wahrheit sei die Lösung für dieses Problem. Indes: Eine Politik der Wahrheit gibt es ebenso wenig, wie es eine Wissenschaft der Wahrheit gibt. Kein Wissenschaftler hat jemals eine derartige Wissenschaft betrieben. Und kein Politiker jemals solch eine Politik. Politiker haben kein besonders intimes Verhältnis zur Wahrheit. Sie sind diesbezüglich kaum als Experten anzusehen. Die Aufgabe des Politikers ist es nicht darüber zu entscheiden, was wahr oder falsch ist. Und ihre Aufgabe ist es auch nicht, dem Volk Mores zu lehren. Politiker sind keine besseren Menschen. Sie sind, wenn es gut geht, Problemlöser – und wenn es weniger gut geht, ein Problem für das Land. Dies ist aber auch kein Problem. Denn wenn die Politik dafür Sorge trägt, dass die Freiheit der Rede gesichert ist, gesichert nicht nur nach Artikel 5 des Grundgesetzes, sondern auch im Hinblick auf die politische Kultur, dann muss uns um die Wahrheit nicht bange werden. Denn dann haben wir alles, was wir brauchen, alles, was in Ozeanien abgeschafft war – allem voran die Freiheit das zu sagen, was andere Leute nicht hören wollen Oder wie Richard Rorty im Anschluss an Orwell sagte: „Wenn wir für die Freiheit sorgen, kann die Wahrheit für sich selbst sorgen.“

Udo Tietz

Udo Tietz, Publizist und Autor. Studium Maschinenbau (Dipl. Ing.) Studium der Philosophie, Promotion, Habilitation. Professuren in Marburg, Leipzig und Berlin.

Publikationen u. a.: „Sprache und Verstehen in analytischer und hermeneutischer Sicht", „Vernunft und Verstehen", „Die Grenzen des Wir", „Kunst und Katastrophe" (2021), „Katastrophen. Zeitfenster der Geschichte" (2021).

WASH YOUR DIRTY HANDS
VON DER SYSTEMRELEVANZ DER KUNST

von Sarah Waterfeld

Der Corona-Shutdown betrifft in nicht unerheblichem Maße das kulturelle Leben unserer Gesellschaft, denn Theater, Kinos, Clubs und andere Kulturstätten bleiben bis auf weiteres geschlossen. Seit dem ersten Tag dieser vorläufig richtigen und weitreichenden Entscheidung im Zuge der Infektionsschutzverordnung ließen sich unterschiedliche Reaktionen von Kulturschaffenden in den sozialen Medien beobachten. Manche von ihnen befürchteten offenbar das sofortige Einsetzen von Entzugserscheinungen in der Bevölkerung und boten Heimkonzerte, Lesungen, Performances oder Tanz aus dem Wohnzimmer an. Teilweise wurden aus der Not heraus Spendenkontendaten angegeben, andere hatten das nicht nötig oder versuchten sich als generös zu profilieren.

Das Bündnis Reclaim Club Culture begann eine nie dagewesene Reihe von Solo-DJ-Inszenierungen in Kooperation mit dem Fernsehsender ARTE zur Rettung der Clubszene. Andere setzten sich für das Streaming von Mitschnitten früherer Darbietungen ein oder organisierten und posteten Diskussionsrunden in Videoportalen mit Staraufgebot. Ziemlich schnell wurden von organisierten Strukturen innerhalb der Kulturszene Forderungen nach finanzieller Soforthilfe laut, denn existenzielle Angst machte sich breit. Der Verlust von Räumlichkeiten aufgrund fehlender Eintrittsgelder und das Abrutschen in die Klasse der Arbeitslosengeldbeziehenden, für manche bislang scheinbar der Bodensatz der Gesellschaft, wurden binnen Tagen zu sehr realen Bedrohungen. Gelder wurden gewährt und reichten nicht aus, weitere Gelder wurden gefordert, ein temporäres Mietenmoratorium zu Recht als unrealistisch kritisiert. Aus Privatinsolvenzen und Krediten sahen die Zwangspausierenden Schuldenberge wachsen, die sie auf ewig in die Knechtschaft zwingen würden. Die bürgerliche Presse befasste sich plötzlich mit der Komplexität von Antragsformularen für Transferleistungen. Die Formulare seien eine Zumutung, die Einbeziehung der Gehälter von Mitbewohnenden eine Frechheit.

Ein kollektiver Aufschrei erfolgte auch, als klar wurde: Kunstschaffende werden in unserer Gesellschaft nicht als „systemrelevant" betrachtet, Supermarktangestellte, Pflegekräfte und medizinisches Personal hingegen schon. Eine mediale Kampagne folgte und zahlreiche Tageszeitungen titelten sinngemäß oder wortwörtlich mit: Ist Kultur systemrelevant? (Zeit, Welt, Deutschlandfunk und viele mehr.)

Die arrivierte Kulturelite war außer sich.

Eine Gesellschaft ohne darstellende Kunst sei unvorstellbar, Kunst ein Lebenselixier, ihre vielschichtige Systemrelevanz offenbar. Zusammenkunft, kritische Reflexion, Ausdrucksbedürfnis. Der Präsident des Deutschen Bühnenvereins und Intendant des Deutschen Theaters verlautbarte gewagt: „Kunst ist ein Lebensmittel." Eine Phrase, die vom Bundespräsidenten weniger später, am 1. Mai, im menschenleeren Konzertsaal der Berliner Philharmoniker wiederholt wurde.

Gemeint war die Kunst als Broterwerb, nicht etwa das private Knüpfen von Wandteppichen, Kammblasen oder das Malen nach Zahlen. Besonders laut in dieser Debatte – Theaterschaffende. Doch sehen wir uns diese Relevanz innerhalb unserer neoliberalen Marktrealität etwas genauer an.

Die Stadt- und Staatstheater sind verpflichtet, ihre Finanzkooperationen und Sponsor*innen auf ihren jeweiligen Webseiten aufzuführen. Nach kurzer Recherche lässt sich erfahren, dass das Berliner Ensemble etwa mit der Deutsche-Bank- oder der Robert-Bosch-Stiftung zusammenarbeitet. Die Berliner Volksbühne pflegt ein partnerschaftliches Verhältnis zur Nemetschek- und zur Allianz-Kulturstiftung. Das auf Postkolonialismus spezialisierte Maxim-Gorki-Theater führt neben der Allianz-Kulturstiftung, deren Geschäftsführerin auch jahrelang Geschäftsführerin des Gorki-Theaters war und Trainee der Mercator-Stiftung, eben Stiftungen wie Mercator auf oder die Aventis Foundation.

Kulturschaffende der Freien Szene beantragen ihre Gelder neben staatlichen Kulturfonds mit fragwürdiger Jury-Zusammensetzung übrigens häufig bei denselben Stiftungen. Es soll hier also nicht darum gehen, Freie Szene und Staatsbetriebe gegeneinander aufzuwiegeln.

Würden die aktuell führenden Persönlichkeiten unserer Theaterhäuser nach der Systemrelevanz ihrer Institutionen befragt, erklärten vermutliche alle einhellig, ihre Aufgabe liege vorrangig in der Kritik der bestehenden Verhältnisse. Insbesondere diese drei Theater stehen für ihr löbliches Engagement gegen Rassismus, Sexismus und andere Diskriminierungsformen oder gar kapitalistische Ausbeutungsverhältnisse. Es sind dezidiert keine reinen Unterhaltungstempel, sondern Diskursstätten, in denen aufgeklärt, angeprangert, analysiert, debattiert, historisiert wird. Alle drei hier lediglich exemplarisch betrachteten Theaterhäuser beteiligen sich zudem an der Kampagne „Die Vielen" – ein Bündnis gegen Rechtsextremismus, Rechtsnationalismus und zur Verteidigung der von neurechten Strömungen und Parteien infrage gestellten Kunstfreiheit. In der „Erklärung der Vielen" beschreiben sie ihr Selbstbild.

Leider wird häufig übersehen, dass diese kritischen und engagierten Kulturinstitutionen ganz nebenbei auch zu Artwashing-Pionieren avancierten. Niemals zuvor hatten Großkonzerne über Drittmittelförderungen einen derart massiven Einfluss auf die angeblich freie Kulturlandschaft. So lassen sich auch im Programm der Theaterhäuser im Grunde keine Verweise darauf finden, dass die Allianz während des NS-Faschismus Gebäude und Personal der Vernichtungslager in Auschwitz und Dachau sowie Unterorganisationen der NSDAP versicherte. Das Versicherungsunternehmen vermehrte seinen Reichtum also maßgeblich durch die Shoah. Noch immer gehört die Allianz zu den ganz Großen im Investmentbankgeschäft und spielt somit keine unwesentliche Rolle im Klimawandel oder über Nahrungsmittelspekulationen bei Hungersnöten. Hier ist nicht etwa die Rede von geheimen Informationen. Es handelt sich um leicht zugängliches und journalistisch wie wissenschaftlich umfänglich aufbereitetes Allgemeinwissen. Wir könnten uns zu der Aussage hinreißen lassen, die Allianz verfolge per se ein rassistisches, menschen- und umweltfeindliches Geschäftsmodell. Oder, weniger dramatisch, Profit geht ihnen über alles. Es könnte zudem behauptet werden, es liege in der Aufgabe dieser kritischen Theaterhäuser, jene globalen Zusammenhänge aufzudecken beziehungsweise künstlerisch aufzubereiten und die fortdauernde Macht dieser Konzerne historisch einzuordnen. Lobbyismus, der Einfluss jener Konzerne bis in die kleinste Nische der Realpolitik, könnte beleuchtet werden.

Die Berliner Volksbühne, einst ein Arbeiter*innen-Theater, kooperiert heutzutage lieber zum Teddy Award mit L'Oréal, einem Kosmetik-Unternehmen und Tochterkonzern von Nestlé, dem selbst die WirtschaftsWoche eine „düstere Vergangenheit" attestiert. Nicht nur unterstützte L'Oréal in den 40er Jahren des 20. Jahrhunderts aktiv den Rechtsterrorismus (OSAR) in Frankreich. Der Konzern steht bis heute für sexistische Werbung, ein fragwürdiges Frauenbild, gesundheitsschädliche Produkte, umweltvernichtende Rohstoffgewinnung und Tierversuche.

Das Berliner Ensemble geht sogar so weit, sich seine „Exzellenz-Reihe" zum Zweck der Wiederbelebung des „Brechtschen Autorentheaters" quasi von der Deutschen Bank finanzieren zu lassen. Bertolt Brecht dürfte im Grab rotieren.

Das Stück „Auf der Straße" im Rahmen dieser „Exzellenz-Reihe" handelte von Wohnungslosigkeit. „Echte Wohnungslose" wurden aufgefahren, ihre individuellen Lebenswege nachgezeichnet, während unerwähnt blieb, dass die Deutsche Bank zum Beispiel in Los Angeles aufgrund ihrer brutalsten Entmietungsstrategien mittlerweile als „Slumlord" gilt.

Agrarspekulationen, die Rolle der Bank während der „NS-Diktatur" oder vielleicht die Tatsache, dass der Vizepräsident der AG auch im Vorstand der Villa Romana sitzt und der Akademie des Deutschen Buchpreises angehört, interessieren kritische Theaterschaffende offenbar weniger.

Auch am Gorki-Theater wird ein klassischer Brecht-Stoff (Baal) von einem Wirtschaftsriesen finanziert, der Aventis Foundation. Aventis aka Hoechst stand bereits während des Ersten und des Zweiten Weltkriegs für Rüstung, chemische Kampfstoffe, Zwangsarbeit und Menschenversuche in Auschwitz, Buchenwald und anderen Vernichtungslagern. Aventis heißt heute Sanofi und ist Weltmarktführer im Impfstoffgewerbe, macht aber auch eine gute Figur in Sachen Pestizide, Düngemittel und Rüstungsindustrie. Im Jahr 2001 verklagte Hoechst die südafrikanische Regierung, weil diese Aids-Patient*innen per Gesetz mit billigeren Generika-Medikamenten versorgen wollte. Die Liste der vergangenen und aktuellen Verbrechen von Chemie- und Pharmariesen an der Menschheit ist endlos. Allein in der Europäischen Union sterben jährlich rund zweihunderttausend Menschen an den Folgen von Medikamenteneinnahmen, wohingegen die Menschenversuche heute in „Entwicklungsländer" ausgelagert werden (nachzulesen zum Beispiel im Routledge Handbook of Technology, Crime and Justice).

Und damit soll hier sicher kein grundsätzlicher Appell gegen Impfstoffe formuliert, sondern vielmehr die Profitorientierung von Pharmaunternehmen angeprangert werden, die Forschung in vielen Bereichen aufgrund fehlender Lukrativitätsversprechen eher verhindert als vorantreibt.

Indem Theaterhäuser also Gelder nehmen von Stiftungen des Großkapitals, von Pharma- oder Rüstungsbranche, und somit zwangsläufig bestimmte globale Zusammenhänge in ihren Inszenierungen und Debatten unerwähnt lassen, sind sie unbedingt als „systemrelevant“ zu betrachten.

Diese Systemrelevanz ist jedoch anders zu verstehen, als sich so manche Theaterschaffenden vermutlich zugestehen möchten.

Das bürgerliche Theater mit seinen antiken Wurzeln hatte von jeher eine ganz maßgebliche „systemstabilisierende“ Rolle. Das Wesen des dionysischen Opferkults, oder genau genommen aller Opferkulte, sowie des daraus hervorgegangenen griechischen Theaters der Antike lag in der gewaltpräventiven Funktion für die jeweilige Gesellschaft. Das Theater sollte Stabilität und Fortdauer der Verhältnisse garantieren. Das Konservieren des Status Quo war seine primäre Aufgabe.

Mitnichten hatte das Theater jemals subversiven, also einen die Gesellschaft von Grund auf erneuernden, umstürzlerischen Charakter. Das Gegenteil war und ist der Fall. Explizit ausgenommen sind dialektische Theaterformen. Theaterformen, über die, innerhalb eines verhältnismäßig kurzen Zeitraums in der europäischen Geschichte, versucht wurde, eine Art revolutionäres Anti-Theater zu etablieren, das die Emanzipation der Arbeiter*innen-Klasse zum Leitmotiv hatte.

Die aktuelle bürgerliche Exklusivität unserer Theaterlandschaft mit ihren sleeken, ehrfurchteinflößenden, schicksterilen Palästen, mit ihren thematischen Leerstellen und ihrem Geniekult ist in einem Maße „systemrelevant“, dass einem schlecht werden könnte.

Gern wird das Bild eines Theaters als Spiegel der Gesellschaft bemüht, ein Bild, das auf die aufklärerischen oder enthüllenden Eigenschaften dieser Institution zu verweisen scheint. Doch welches Bild bieten unsere streng hierarchisch bis monarchisch organisierten Theater mit ihren outgesourcten Reinigungskräften und ihrem geringen Anteil an FLINT*-Personen in Entscheidungspositionen? Welches Bild geben Theater ab mit ihrem technischen Personal, das laut Vertrag zu 51% künstlerisch arbeitet, nur um mit einem jederzeit auflösbaren Künstler*innen-Vertrag prekär beschäftigt werden zu können? Wie steht es um das künstlerische Prekariat, das in totaler Abhängigkeit von der Willkür einiger weniger lebt? Was sagen uns die aktuellen Zahlen zu sexuellem Missbrauch an Theatern und einem Klima der Angst und Unterdrückung? Wie verhält es sich mit der

Familienfreundlichkeit der Probenzeiten, wie mit demokratischer Teilhabe?

Dieselbe Kritik ließe sich selbstverständlich auf die Bildende Kunst mit ihren durch Stiftungen finanzierten Museen und Galerien übertragen sowie auf den Literatur- oder Filmbetrieb. Sehen wir uns zum Beispiel die Zusammenhänge an zwischen dem Neubau der Londoner Tate Modern, dem Sackler-Trust und den hunderttausenden Drogentoten in den USA, die es seit der verbrecherischen Verbreitung des hochgradig addiktiven Schmerzmittels Oxycontin gibt. Alle großen Zeitungen berichteten über den Oxycontin-Skandal und vergaßen dabei zu erwähnen, welcher Ex-Theaterintendant mit herausragender Rolle im globalen Kunstbetrieb ganz besonders enge Verbindungen zur Sackler-Familie pflegt. Ausgespart wurde die Überlegung, dass dieser Kunstmogul allein schon deshalb nicht als würdiger Kopf eines traditionsreichen widerständigen Ortes fungieren konnte. Von Buch- oder Literaturpreisen, Lesereihen und Bestseller-Listen, Filmfestivals, Filmförderung mit ihren jeweiligen Art-Washing-Tendenzen zu berichten oder gar die Rolle des Feuilletons in diesen Wirtschaftsverflechtungen zu erörtern, würde hier den Rahmen sprengen.

Es passiert einfach sehr schnell, dass wir uns intellektuell mit dem „Glauben an die Möglichkeit der völligen Erneuerung der Welt“ befassen wollen und gar nicht merken, dass wir auf dem Weg zu unserem Sitzplatz an einem Fahrzeug entlang flanieren, das uns in gleißendem Scheinwerferlicht von einem in die Waffenindustrie verstrickten Autohersteller angepriesen wird. Umweltfreundlich soll das Auto immerhin sein. Aus anderer Perspektive gehört es schlicht zur Greenwashing-Kampagne eines Rüstungskonzerns.

Indem sich die Kulturszene in der Coronakrise also mit der Frage nach ihrer Systemerelevanz konfrontiert sieht, liegt auch die Chance einer Begriffsauseinandersetzung. Überhaupt wollen viele gerade in der Krise Chancen erkennen. Um diese jedoch ergreifen zu können, sind Selbstreflexion und Klassenbewusstsein unabdingbar – auch und insbesondere für die bürgerliche Klasse. Ist Systemrelevanz in Bezug auf die Kunstszene also wirklich ein positiv besetzter Begriff?

Es ist doch nachgerade zynisch, dermaßen auf die eigene Systemrelevanz zu beharren. Wir sollten uns vielmehr fragen, wie viel inneren Widerspruch so ein kritisches Kunstwerk aushält, bis es als billigste Heuchelei enttarnt werden muss. Wir sollten Prämissen entwickeln zu der Frage, ab wann künstlerisches Schaffen doch mehr Opportunismus als kritische Distanz zur Gegenwart ist.

Diese Gelder zu nehmen, mögen manche einwenden, sei eine strategische Spitzfindigkeit. Bertolt Brecht habe einst auch für die Werbeindustrie gearbeitet.

Dann lasst euch sagen: Diese Strategie muss mit Blick auf die gesamtgesellschaftliche Entwicklung und in Anbetracht des allgemeinen Rechtsrucks als gescheitert betrachtet werden.

Besonders schmerzhaft waren jene Corona-Beiträge von Interessensverbänden der Kulturszene, die nicht aufhören konnten, sich über die staatliche Aufforderung zu echauffieren, sie sollten Grundsicherung (HartzIV) beantragen. Dabei wurde doch sogar die Vermögensprüfung ausgesetzt.

Völlig unverschuldet, wegen einer Pandemie, würde diese rechtschaffene Vorhut der kulturellen Intelligenz so in die Kategorie der arbeitsscheuen Schmarotzenden katapultiert. Als gäbe es nicht tausende von Transferleistungsbeziehenden, die permanent diese komplizierten und enervierenden Anträge ausfüllen müssen, trotz ihres Anstellungsverhältnisses, trotz ihres Hochschultitels, trotz ihres Talents oder Fleißes. Als wäre ihnen nicht bekannt, dass abertausende von Literatur-, Kunst- und Theater- oder Filmschaffenden nicht von ihrer Arbeit leben können, trotz hervorragender Referenzen und Ausbildungen. Als hätten sich Erntehelfer*innen, Minenarbeiter*innen, Näher*innen und andere ihren Knochenjob aus purer Leidenschaft für die Sache ausgesucht, als seien sie absichtsvoll und selbstverschuldet in ihrer systemrelevanten Lage. Und als sei es nicht völlig unbestritten, dass wir immer die Mahlzeit, das dringend benötigte Antibiotikum oder sauberes Trinkwasser dem Buch oder der Netflixserie vorziehen würden, ja müssten sogar im existenziellen Notfall.

Völlig unkommentiert von der sogenannten kritischen Kunstelite blieb unterdes in den vergangenen vier Wochen der Aufmarsch von Neonazis, Neurechten und rechten Verschwörungsideolog*innen unter dem Label „Hygiene-Demo“ auf den Rosa-Luxemburg-Platz im Schatten von Volksbühne und Karl-Liebknecht-Haus.

Vier lange Wochen, ein ganzer Monat!

Während sich dort die rechtsextreme Szene zusammenrottete, von allen Zeitungen, Abendschau und Tagesschau als rechtes Querfrontevent dokumentiert, wurden Haus-Musicals zur angeblichen

„Nicht-Systemrelevanz" gedreht. Sänger*innen rannten darin über ihre 30qm-Luxusterrasse und ließen sich von einer Drohne auf ihrem Sonnendach filmen, weil sie so empört waren über ihren Zwangsurlaub. Sie sind wirklich gerannt. Auf ihrer Terrasse. Gerannt.

Es wurde auch weiter vor der Kamera in die Klaviertasten gehauen oder im Akkord gelesen, als habe es einen Aufschrei einer ausgehungerten Bevölkerung wegen kultureller Unterversorgung gegeben. Die Wahrheit ist: Den gab es nicht.

Denn außerhalb der bürgerlichen Kunstblase waren die Leute mit dem eigenen wirtschaftlichen Überlebenskampf befasst oder standen wegen der Überstunden im Supermarkt oder im Krankenhaus und anderen systemrelevanten Berufen kurz vor dem Zusammenbruch. Ein Zusammenhang zwischen ihrer prekären Lebenssituation und der Oper oder Theaterkunst drängte sich ihnen offenbar nicht auf.

Die arrivierte Kulturszene ist so was von krank und kaputt, und nicht erst seit Corona, dass wir ihr wirklich nur gute Besserung wünschen können.

Wenn wir diesen Planeten und alle Lebewesen auf ihm vor der Klimakatastrophe bewahren wollen, wenn wir Rassismus, Sexismus, Sklaverei und Ausbeutung beenden, Grenzen abschaffen und gleichwertige Lebensverhältnisse für alle Mitmenschen durchsetzen wollen, bedeutet das für uns in erster Linie Verzicht: weniger Billigmode, weniger Mobilität, weniger Lebensmittelüberfluss, weniger Nippes, weniger individuelle Zeit im verdammten Scheinwerferlicht.

Hier wird eine Kulturlandschaft gefeiert, die auf Konkurrenz und Wettkampf basiert, in der es angeblich jede und jeder nach ganz oben schaffen kann, aber eben nicht alle. Eine Szene, in der auf die Abgehängten hämisch herabgeblickt wird, aus der weite Teile der Gesellschaft ausgeschlossen sind und die strukturell völlig analog und kongruent zum Rest der Gesellschaft funktioniert, den sie angeblich kritisieren will.

Das muss sich ändern und das kann es auch.

Ein erster Schritt wäre es, wenn Theaterbetriebe die Corona-Krise nutzten, um sich basisdemokratisch zu organisieren. Wenn Delegierte aller Abteilungen im Rotationsprinzip in Online-Konferenzen darüber diskutierten, wie sich egalitäre Entlohnungsmodelle einführen ließen von der Reinigungskraft bis hin zur kollektiv gewählten Abteilungsleiter*in. Wenn zudem strenge Frauen*quoten durchgesetzt würden zwecks Geschlechtergerechtigkeit in diesem institutionellen Weltspiegel, im Mikrostaat Theater. Als nächster Schritt, gleich nach der Abschaffung der Supergehälter vermeintlicher Stars, müsste die Abkehr von jeglicher Drittmittelförderung folgen. Insbesondere braucht es die Abkehr von Stiftungen, die den globalen Multikonzernen bei Steuervermeidung und Geldwäsche behilflich sind. So könnte der vorauseilende Gehorsam bei der Themenwahl ein Ende finden.

Dann müsste es nie wieder so bizarre Cringe-Momente geben wie der Auftritt von Ton-Steine-Scherben bei der diesjährigen B.Z.-Kulturpreisverleihung in der Berliner Volksbühne.

Begriffe müssten nicht länger vermieden werden aus Angst vor dem Verlust von Fördergeldern oder der Nichtbewilligung eines Antrags. Es lässt sich nur schwer sagen, ob es schlimmer ist, sich nicht mehr linksradikal zu nennen oder aber sich linksradikal zu nennen und sich dafür von der Deutschen Bank bezahlen und auf die Schulter klopfen zu lassen. Denn was glaubt ihr denn, bedeutet es, gegen Sexismus, Rassismus und Ausbeutung zu arbeiten, wenn nicht Linksradikalität? Das sollten wir diskutieren. Diese obsessive Beschäftigung mit rechten Denkmustern, rechten Strukturen und rechten Argumenten muss, in Anbetracht mimetischer Welterzeugung, endlich aufhören.

Schließlich könnte auch wieder tatsächlich kritisches Autor*innentheater möglich werden, das nicht nur so tut, als würde es aufklären und wachrütteln, während es eigentlich konserviert und reproduziert. Vielleicht gäbe es dann auch wieder eine Vernetzung von Theaterarbeit und aktuellen Arbeitskämpfen.

Wir könnten mit unserer Kunst wieder jene Konzerne und ihre Machenschaften bloßstellen, die ihre Logos momentan in Prospekte, auf Plakate, Homepages, auf Sessellehnen und Sponsor*innenwände scheißen. Und vielleicht würde dann, nach all diesen Neuerungen, die doch eigentlich selbstverständlich sein sollten, bei der nächsten Pandemie als erstes an andere gedacht. Vielleicht würden Kulturschaffende nicht als erstes nach einem bedingungslosen Grundeinkommen für ihre eigene Kaste krähen, sondern die Vergesellschaftung von Pharmaunternehmen und Krankenhäusern verlangen und sich mit anderen Prekarisierten verbünden.

Vielleicht würde eine absolute Mehrheit der Bevölkerung in der nächsten Pandemie dann tatsächlich als allererstes die Öffnung ihrer

Theaterhäuser, ihrer Diskursstätten verlangen und sich vielmehr weigern, weiterhin Großraumbüros aufzusuchen.

Vielleicht gäbe es in der nächsten Pandemie schon viel mehr Theater. Theater in jedem Kiez und jedem Dorf, in denen Gesellschaft von allen gemeinsam verhandelt wird. In Lehrstücken würde dort die Rolle der Kunst, ihre Verstrickung in globalisierte Wirtschaftszusammenhänge und die Emanzipation des Prekariats tagesaktuell verhandelt. Die staatlichen Mittel an diesen Theatern wären unbegrenzt, weil Menschen aller gesellschaftlichen Schichten dies so verlangten, weil eine Demokratie gar nicht mehr anders denkbar wäre. Das Theaterpublikum wäre divers, queer und auf Zack, was die Verschränkung von Wirtschaft, Politik und Medien sowie ihre eigene Rolle als Produktivkräfte in dieser Welt betrifft.

Vielleicht begibt sich dann nie wieder jemand reflexartig und impulskontrollgestört lesend, tanzend, singend oder sonst wie produktiv-kreativ vor die Webcam in der ersten Woche einer Pandemie, um sich über Klickzahlen die eigene Systemrelevanz versichern zu lassen, die es doch eigentlich abzulehnen gilt, solange alles ist wie es eben ist.

Nicht nur Viren werden von Mensch zu Mensch übertragen, sondern eben auch Hoffnung, Mut und Standhaftigkeit.

Alerta!

Sarah Waterfeld

*Sarah Waterfeld ist Autorin und Mitglied des freien Künstler*innen Kollektivs „Staub zu Glitzer", das im September 2017 an der Volksbühne Berlin mit der transmedialen „Inszenierung B6112" intervenierte. Waterfeld war Lehrbeauftragte für „Transmediale Strategien politischer Intervention."*

DIE PHILOSOPHIE DES REISENS

von Carsten Regel

Ja, es ist praktisch, wenn man zwischen Berlin und London nur gut anderthalb Stunden unterwegs ist. Die 1.051 Kilometer Luftlinie zu fliegen spart Zeit, aber sonst nichts. Es ist wie ein Quickie auf einer Club-Toilette: eilig rein und schnell wieder raus. Aufregende Ferienreisen hingegen sind wie eine ausgiebige Verführung. Und für die braucht man Geduld. Aber das Spannendste daran ist, dass man selbst das Objekt dieser Verführung ist.

Der Kerngedanke des neuen Reisens ist, dass man nur in den Urlaub fährt, wenn man es sich auch wirklich leisten kann. Nicht nur finanziell, sondern vor allem zeitlich. Das Zauberwort lautet: Müßiggang. Man weckt den nonkonformistischen Gammler in sich, der null Bock auf die Hektik der digitalen Dauerbeschallung mehr hat und stattdessen sein eigenes Ding macht. Im Flieger vollzieht man den identischen Ablauf wie die zweihundert anderen Passagiere an Bord: man steigt kollektiv in Tegel ein und in Heathrow wieder aus. Fast wie in alten Science-Fiction-Filmen, in denen der Mensch als ferngesteuerter Roboter gezeichnet wird. Ein individueller Trip hingegen sieht anders aus.

Er fängt an einem Dienstagvormittag am Bahnhof Zoo in Berlin an und endet am nächsten Tag an der Victoria Station in London.

Der Vorteil an einem Zugabteil ist, dass man sich gegenübersitzt. Man muss nicht, aber man kann sich kennenlernen. Im Flugzeug hat man eine Rückenlehne vor sich. Mit der ins Gespräch zu kommen, ist eine eher sperrige Angelegenheit. Und über den Wolken gibt es kein Bordbistro wie im Intercity, das trotz seines kargen Interieurs eine gesellige Angelegenheit sein kann. Am coolsten jedoch ist das meditative Aus-dem-Fenster starren. Ist keine Esoterik, sondern ein Sich-Erfreuen an der vorbeiziehenden Landschaft. So fängt der Urlaub direkt hinter Berlin schon an.

Reisen bildet, heißt es. Bei dieser als altmodisch geltenden Art der Fortbewegung und des Unterwegs-Haltmachens lernt man zum Beispiel, wie hässlich die Kölner Domplatte ist. Dort hat man die prächtigste und berühmteste deutsche Kirche in den Siebziger Jahren mit einer trostlosen Fußgängerzone zubetoniert. Ein Ort, der wie ein

Mahnmal für die triste Erkenntnis steht, dass gegen bundesrepublikanische Stadtplaner und Behörden selbst die Götter machtlos sind.

Dieser Zwischenstopp am Rhein bietet eine Dreiviertelstunde Musse für frische Croissants, nicht direkt am Bahnhof, aber in walking distance befinden sich passable Cafés und Bäckereien. Noch ein wenig Sonne tanken, dann geht es zurück zum Bahnsteig für die Weiterfahrt nach Brüssel. Der Zug verlässt die Heimat, überquert die Grenze nach Belgien, ein Frankreich en miniature. Da ich die Sprache spreche, habe ich mich hier immer wohler gefühlt als in Italien oder Spanien. Ich mag diese überschaubaren Nationen ganz gerne. Zudem sind die belgischen Autobahnen nachts in orange beleuchtet, aber davon habe ich jetzt am frühen Nachmittag nichts.

Die architektonisch fatalste Gegend der Hauptstadt ist das Viertel, in dem sich die EU ihre seelenlosen Amtsgebäude errichtet hat. Eiskalte Fassaden, an denen jeder Blick abprallt. Als hätten sich neureiche Beamte einen rein funktionalen Baustil gegönnt. Ohne diese Ecke wäre Brüssel noch viel charmanter und einladender. Meinen vierstündigen Aufenthalt nutze ich zum Spazierengehen, bis ich im Zentrum eine schmale Gasse mit Restaurants entdecke, in der es nach frisch Gebratenem riecht. Ein wunderbar milder Juniabend. Ich setze mich beim Portugiesen draußen an einen der Tische, beobachte Touristen und die anderen Lokale. Alles duftet nach mediterraner Küche. Ich würde am liebsten hier bleiben.

Um 22 Uhr bringt mich ein Intercity an die Küste nach Oostende, wo Marvin Gaye mal gelebt hat. Nach Soul sieht es auf dem Weg zur Fähre nicht aus, eher nach britischem Working-Class-Drama. Reihenhäuschen aus rotem Backstein, finstere Straßen, Wind – der Geruch der offenen See vermischt sich mit dem von Öltanks. Der eiserne Rumpf des Schiffs, an dem die Farbe überall abblättert. Ein schmuckloser Kahn, der mich die nächsten vier Stunden durch die Dunkelheit nach Großbritannien schippern wird. Aus dem Fenster braucht man dabei nicht zu gucken, man sieht eh nichts.

Aber dafür läuft „Trainspotting“ im Kino! Sofort kaufe ich mir ein Ticket. In Deutschland wird er erst in einigen Monaten zu sehen sein. Ich verstaue die Eintrittskarte sehr vorsichtig, dann gehe ich hoch ins Restaurant und stelle mir am Büfett einen Nachtisch mit Waffeln, Kirschen und Schlagsahne zusammen. Es ist wohl eher ein belgischer Küchenchef. Mein Magen wird jedoch schnell auf eine harte Probe gestellt, denn direkt nach dem Auslaufen aus der Hafenmole beginnt die Fähre bei starkem Seegang ordentlich Achterbahn zu fahren. Ich bin doppelt froh über die anderthalb Stunden Ablenkung durch „Trainspotting“.

Am Einlass nimmt ein zwergenhafter Bediensteter in Uniform des Bordpersonals mitgebrachte Gepäckstücke entgegen und stapelt sie im Vorraum. Ich will mich nicht von meiner Tasche trennen, weil es dafür nicht einmal Garderobenmarken gibt. Ich nehme meine längliche Sporttasche mit in den kleinen Saal und freue mich auf die Nachtvorstellung und englische Originalfassung.

Das endlose Schaukeln der Fähre ist auch hier spürbar, aber ich konzentriere mich auf den Ton, denn es ist schottischer Akzent, den Ewan McGregor, Robert Carlyle und Kelly MacDonald sprechen. Erschwerend kommen die Kotzgeräusche aus dem Zuschauerraum hinzu, denn mehrere Besucher übergeben sich in Papiertüten. Zudem fängt es dadurch unangenehm an zu riechen. Auch eine Clique amerikanischer Surfer-Typen in Bermudashorts ist nicht so wellenerprobt, wie sie sein müsste. Zwei von ihnen eilen hinaus. Ich höre sie im Gang laut kotzen. Aber da ist der Film schon über eine Stunde alt. Die restlichen dreißig Minuten stehe ich durch, sehe aber zu, möglichst schnell rauszukommen, bevor mir vom Gestank auch noch übel wird. Als der Abspann beginnt, schiebe ich bereits den roten Vorhang am Ausgang beiseite. Dort ist der kleinwüchsige Belgier damit beschäftigt, mit einem Eimer und einer Schaufel möglichst viel Sand über die Gepäckstücke zu schütten. Denn die US-Surfer-Boys haben es nicht mehr bis zu den Toiletten geschafft. Sie haben ihren Mageninhalt quer über die abgegeben Koffer und Rucksäcke verteilt. Ich schmiege mich an meine Reisetasche, die den gesamten Film über auf meinem Schoß verbrachte, und mache mich vom Acker.

Auf der Etage mit den Großraumsitzen ist es erstaunlich leer, dafür stehen viele Gäste vor den WCs Schlange. Obwohl es schaukelt, schlafe ich ein und wache rechtzeitig zur Einfahrt in Ramsgate auf. Hier ist die See ruhig. Es ist geschafft. Erleichtert trotte ich von den Gangways zum Bus-Shuttle, der vom Hafen zum Bahnhof der Ortschaft fährt. Unterwegs wird mir klar, dass mich die kauzige Zeitumstellung auf der Insel eine Stunde zurückwirft in die tiefe Nacht. Ich werde nach Greenwich Time erst gegen 5.30 Uhr in London an der Victoria Station ankommen. Was bedeutet, dass noch kein Café oder Supermarkt geöffnet hat, bei dem es irgendein Frühstück gibt. Plötzlich hoffe ich, dass der Zug Verspätung haben wird. Oder an jeder Gießkanne hält, um wenigstens eine halbe Stunde zu gewinnen. So richtig kriege ich es nicht mit, ich nicke alle paar Minuten ein. In Intervallen, denn es steigen an mehreren Bahnhöfen zahlreiche Berufspendler ein. Aus halboffenen Augen bemerke ich, dass die ganz schön schnieke angezogen sind. Nahezu ausschließlich mit Anzug und Krawatte. Es ist eher das untere Management der Investmentbanken, denn die High-End-Broker könnten sich Downtown leisten und müssten nicht mitten in der Nacht durch die sozialen Brennpunkte einiger Vororte in die große Stadt gurken.

5.32 Uhr fahren wir in die rüstige Victoria ein. Fucking pünktlich. Es ist exakt der Zeitpunkt nach über achtzehn Stunden Reise am Stück, an dem man es für einen Moment verdammt, nicht den Flieger genommen zu haben. Eigentlich will man sich wie ein Penner auf die nächste Parkbank legen und nur noch schlafen. Obwohl es eine Sommernacht ist, friert man. Die englische Hauptstadt ist um diese Uhrzeit die „Ghost Town“ aus dem berühmten Hit der „Specials“ aus den frühen Achtziger Jahren. Wenigstens ist es vom Bahnhof nicht weit bis rüber nach Chelsea in die Kings Road der Swinging Sixties. Es ist diese Allgegenwart popkultureller Historie, die mich veranlasst, mit meinem Gepäck weiter zu marschieren. Gegen die Müdigkeit und das felsenfeste Vorhaben, nächstes Mal nicht diese Strapazen auf sich zu nehmen.

Übernächtigt verfranze ich mich einen Kilometer zu weit östlich und lande in Kensington, das unterhalb von Notting Hill liegt. Hier finde ich eine Pension in einem schönen Altbau, deren Rezeption bereits besetzt ist. Ich kriege ein bezahlbares Zimmer für die ganze Woche und darf mein Gepäck netterweise schon hierlassen. Die einarmige Brasilianerin erkundigt sich, wo ich um diese frühe Tageszeit herkomme, also fasse ich ihr stichpunktartig meinen Trip zusammen. Es öffnet ihr Herz, mir mein Zimmer sofort zu geben, da es eh frei ist. Ein Angebot, das ich nicht ablehnen kann. Im Bett entschließe ich mich, ihr dafür ein Geschenk zu besorgen, bevor mir für die nächsten Stunden die Augen zufallen.

All das ist vierundzwanzig Jahre her. Und ich erinnere mich immer noch an sämtliche Stationen und zahlreiche Details und Eindrücke dieser Reise. Von meinen beiden achtstündigen Flügen nach New York via London drei Jahre zuvor sind mir zwar auch ein oder zwei Dinge im Gedächtnis geblieben, aber außer dem langen Rumsitzen nichts Spektakuläres. Keine scharfe Stewardess, kein Mile-High-Club, dafür viel Wasser, auf das wir aus ein paar Kilometern Höhe herabsahen wie auf einen endlosen graublauen Teppich. In der erzwungenen Ruhe der letzten Woche ist mir unter anderem klar geworden, dass ich unbedingt mal wieder nach England muss.

Und zwar mit dem Zug und der Fähre. Denn es ist so herrlich altmodisch und plötzlich so zeitgemäß gleichzeitig.

Carsten Regel

Carsten Regel, 1966 in West-Berlin, arbeitet seit den 80er Jahren als Redakteur, Autor, Regisseur. 2007 erfand er den Berliner Nightclub „Muschi Obermaier“, 2016 erschien sein Spielfim „Wie Männer über Frauen reden“ erfolgreich im Kino. Zuletzt erschienen seine Romane „Slumlords“ (2017) und „SED, LSD und ein Hippiemädchen“ (2019).

EINATMEN, AUSATMEN, HERZ SPÜREN – EIN DRINGENDER AUFRUF ZUR (R-) EVOLUTION

von Judith Döker

Wie jeden Morgen hievten Suraj und ein junger Mann, den alle nur „Boy“ nannten, einen großen Bottich mit Reis und einen Bottich mit Dal in einen alten, ausrangierten Krankenwagen. Für mich war es der erste von insgesamt achtundzwanzig Tagen, an denen ich die beiden Männer fotografisch begleitete, die den Ärmsten der Armen, die auf den Straßen Kalkuttas leben, eine warme Mahlzeit bringen.

Morgendlicher Nebel lag noch über der Stadt und die sonst so verstopften Straßen waren leer. Bestimmt zwanzig Menschen warteten schon an der ersten Station auf uns. Jeder von ihnen bekam eine Kelle Reis, eine halbe Kelle Dal und ein Glas Wasser. Dann ging es zügig weiter. Nächster Stopp war die Howrah Bridge. Ein paar Kühe bedienten sich gemächlich an einer Müllkippe. Unmittelbar daneben war eine Plane provisorisch an einer Mauer befestigt, die als Behausung diente. Dahinter lugte eine junge Frau hervor. Freudestrahlend kam sie auf uns zu und wechselte ein paar Worte auf Bengali mit den Männern. Mir gab sie durch eine Handbewegung zu verstehen, dass ich kurz warten solle. Sie verschwand hinter der Plane, griff ihr Baby und präsentierte mir den kleinen Jungen voller Stolz. Suraj und der Boy saßen schon im Auto und warteten auf mich.

„Warum hat denn die Frau nichts zu Essen bekommen?“, fragte ich.

„Sie sagte, dass sie heute kein Essen braucht“, antwortete Suraj und fügte mit einem milden Lächeln hinzu: „Du wirst staunen. Es gibt ein paar Leute hier auf unserer Route, die das Essen nur dann annehmen, wenn sie es auch wirklich brauchen. Ansonsten überlassen sie es denjenigen, für die der Teller Reis die einzige Mahlzeit am Tag ist.“

Seit dieser Fotoreise nach Kalkutta war ich in vielen Krisen- und auch Kriegsgebieten unterwegs und habe Menschen porträtiert. Ich habe diejenigen gesehen, die ein Leuchten in den Augen haben, obwohl sie bitterarm sind. Ich habe die gesehen, die Vertrauen haben, obwohl es ihnen an fast allem fehlt. Und ich habe die gesehen, die kein Vertrauen haben und sich arm fühlen, obwohl sie so viel besitzen.

Denn was unterscheidet die junge Mutter aus Kalkutta von einem Menschen in Mitteleuropa, der zu Zeiten von Corona Toilettenpapier hamstert? Die junge Frau aus Kalkutta handelt nicht aus der Angst heraus. Sie spürt ihr Herz und vertraut darauf, dass sie zur rechten Zeit wieder eine Mahlzeit bekommen wird. Ein Mensch aber, der von der Sorge getrieben ist, dass ihm während der Zeit des Shutdowns das Toilettenpapier ausgeht, handelt aus einem Mangelbewusstsein heraus und damit aus der Angst. Und genau das ist das Problem. Unsere Welt krankt an der Angst. Denn da wo Angst ist, kann keine Liebe sein. Dieser Mangel an Liebe ist für die meisten von uns aber so selbstverständlich, dass er gar nicht weiter auffällt, es sei denn, er zeigt sich in einer extremen Form. Ansonsten bestimmt er unerkannt große Teile unseres Alltags und drückt sich durch Frust, Zweifel, Sorge, Unachtsamkeit, Unfreundlichkeit, Niedergeschlagenheit, Dumpfheit, Konkurrenzdenken, Leistungsdenken, Neid, Missgunst, Misstrauen, Verurteilung, Schuldzuweisung, Bewertung, Verteidigung, Egoismus, Gier, Apathie und eben Angst aus. Jeder von uns kennt diese Zustände. Aber genau dieser Mangel an Liebe ist dafür verantwortlich, dass wir weltweit ein System erschaffen haben, das ebenfalls nicht auf Liebe aufgebaut ist und mit dem wir unseren wunderschönen Planeten an den Rande des Kollaps getrieben haben. Dieser Mangel an Liebe lässt auch zu, dass wir jedes Jahr Millionen von Menschen verhungern lassen, obwohl unser vor Reichtum überbordender Planet fast doppelt so viele Menschen ernähren könnte, wie er Erdenbürger hat. Doch anstatt in Ohnmacht, Hoffnungslosigkeit oder Wut zu ertrinken, wäre es viel hilfreicher, uns in unserer Herzkraft zu stärken, damit eine völlig neue Weltordnung überhaupt möglich wird. Eine Weltordnung, in der nicht die Angst, sondern die Liebe die bestimmende Kraft ist.

Werfe ich aber einen Blick in die Nachrichten, lässt mich der Eindruck nicht los, dass sich neben den aktuellen Corona-Entwicklungen alles darum dreht, wie wir nach dem Shutdown möglichst zügig wieder zu unserer „alten Normalität“ zurückfinden können. Das kann doch nicht unser Ernst sein?! Reicht solch eine immense Erschütterung immer noch nicht aus, um einen Blick über den Tellerrand zu werfen und nach neuen Ansätzen Ausschau zu halten, wie Gesellschaft auch friedlich gelebt werden kann? Unsere ausbeuterische Art zu leben ist doch nicht alternativlos. Wenn wir auf diesem Planeten überleben wollen, dann können wir nicht weiter so dumpf und unbewusst vor uns hinleben und Ressourcen verschleudern. Wir müssen uns bewegen. Wir brauchen eine ganz neue Wertepyramide – und zwar in allen Bereichen unseres Lebens. Werte, die dem Allgemeinwohl dienen und nicht nur ein paar wenigen, dürfen keinen Luxus mehr darstellen. Ein ambitioniertes Projekt, das sich eine Regierung, ein Konzern oder eine Privatperson wie eine Blume ans Revers steckt, ansonsten aber auf Kosten der Allgemeinheit und des Planeten munter weitermacht – damit muss jetzt Schluss sein! Es bedarf einer viel höheren Verantwortung. Natürlich kann niemand im Alleingang ein globales System stürzen. Aber jeder einzelne kann bei sich selbst beginnen. Etwas wirklich Neues wird aber nicht dadurch entstehen, indem wir unser Augenmerk lediglich auf unser Handeln im Außen richten und dann bestenfalls weniger shoppen, weniger fliegen, im Bio-Markt einkaufen, auf Fleisch verzichten etc. pp. Nein, damit ein neues Bewusstsein und damit ein ganz neues Gesellschaftssystem überhaupt entstehen kann, müssen wir unseren Blick erst einmal nach Innen richten. Und das bedeutet: Einatmen. Ausatmen. Herz spüren.

Ich stelle mir oft vor, jeder Mensch würde mindestens einmal am Tag seine Gedanken beruhigen, um innerlich in den Frieden zu kommen – und zwar völlig unabhängig davon, welcher Sturm gerade durch sein äußeres Leben fegt. Ich stelle mir vor, jeder Mensch würde dafür sorgen, dass er mindestens einmal am Tag dieses warme Gefühl von Vertrauen in sich spürt. Nach und nach würden dann immer mehr Menschen aus ihrem inneren Frieden, aus ihrer Ruhe und ihrer Liebe heraus handeln – die Welt wäre im Handumdrehen eine völlig andere. Solch ein Wandel ist möglich! Er kann aber nicht von oben aufoktroyiert werden. Im Umkehrschluss bedeutet das, dass sich niemand aus der Verantwortung ziehen kann. Und wer jetzt den Einwand erhebt, dass es ja völlig unrealistisch sei, dass ein Großteil der Menschheit damit beginnen wird, den Blick nach Innen zu richten, für den habe ich eine gute Nachricht. Es braucht gar nicht so viele, um den sogenannten Kipppunkt zu erreichen. Ungefähr fünf Prozent der Bevölkerung reichen aus, um eine Lawine ins Rollen zu bringen. Diese Bewusstseinssprünge sind wissenschaftlich nachweisbar.

Hilfreich wäre auch, einen Blick über die Grenzen Europas zu werfen und von Menschen zu lernen, die nicht so sehr am Tropf des Kapitalismus hängen. Von Naturvölkern. Von Bewohnern utopischer Gemeinschaften wie Auroville oder Findhorn. Von den innerlich Reichen, wie der Frau aus Kalkutta. Aber auch von Menschen, die am Rande der Gesellschaft leben und überhaupt nie die Möglichkeit hatten, an diesem verrückten Rennen von schneller, höher, weiter teilzunehmen – und damit gar nicht der Illusion erlagen, ihre Freude, ihre Sicherheit oder gar ihren eigenen Wert an materiellen Dingen oder einer gesellschaftlichen Stellung festzumachen. Auf meinen Reisen bin ich immer wieder Menschen begegnet, denen es gelungen ist, selbst schwierigsten äußeren Lebensumständen innerlich etwas sehr Lichtvolles entgegenzusetzen. Was es dazu braucht ist ein Herz, das stärker ist als alle Probleme.

Durch das weltweite Drücken der Pause-Taste haben einige von uns ja schon einen kleinen Vorgeschmack darauf bekommen. Die gewaltigen Umbrüche, die damit verbundenen Ängste und die Isolation führen dazu, dass wir innerlich wieder enger zusammenrücken und mehr Solidarität empfinden. Das ist ein wunderbarer erster Schritt in eine gute Richtung. Aber er ist der Not geschuldet. Er ist ein Tropfen auf den heißen Stein im Vergleich zu dem, was möglich ist. Denn was hält uns davon ab, eine Welt aus der Fülle unserer Herzen zu erschaffen? Lasst uns doch eine Revolution in Gang setzen! Alles, was wir dazu tun müssen, ist unser Herz zu öffnen. Jeden Tag ein Stückchen mehr. Und dann kann das geschehen, wonach wir uns doch alle im tiefsten Inneren sehnen: Frieden, Glück und Liebe zu spüren – und damit endlich wieder uns selbst.

Judith Döker

Judith Döker startete als Schauspielerin ins Berufsleben. 2012 machte sie einen Cut und zog für zwei Jahre in die indische Metropole Mumbai. Über diese Zeit schrieb sie unter anderem das autobiografische Buch „Judith goes to Bollywood“ (btb Verlag). Ihre Fotografien aus Syrien, Pakistan, Iran, Libanon, Kolumbien und Indien wurden international ausgestellt und mit einer Honorable Mention der „International Photography Awards“ in den USA ausgezeichnet. Die fotoPRO betitelte sie in einem Feature als „Die Friedensreporterin“. Ihr fortlaufendes Projekt „Drei Fragen: Glück – Politische Statements aus aller Welt“ feierte Premiere im Palau de la Música Catalana in Barcelona. Parallel zu diesem Projekt hält sie den Vortrag „Glück – Eine höchstpolitische Angelegenheit“. www.judith-doeker.de

HÖHLENMENSCHEN

von Jens Peter Koell

Die meisten von uns neigen verlässlich dazu, unsinnige Risiken einzugehen. Wir trinken Alkohol, rauchen Zigaretten, klettern ohne Absicherung auf hohe Leitern, völlig Verrückte sogar auf Berge. Weil wir uns trotz aller Anstrengungen in diesem Verhalten nicht besonders von vergangenen Generationen unterscheiden, liegt der Verdacht nahe, dass uns die Natur möglicherweise mit voller Absicht eine gewisse Achtlosigkeit in die Wiege gelegt hat.

Ein Grund dafür könnte sein, dass es unseren frühen Vorfahren wahrscheinlich unmöglich gewesen wäre, ihre Behausungen zu verlassen, um Entdeckungen und Erfindungen zu machen oder sich auf die persönliche Fortpflanzung zu konzentrieren, wenn sie sich von der permanenten Angst vor den sehr realen Gefahren, die sie draußen erwarteten, allzu sehr hätten leiten lassen. Wer hat schon den Kopf frei für die Liebe, wenn die Gedanken ständig um den Säbelzahntiger kreisen, der um das Haus schleicht?

Die Höhlenmenschen haben also bestimmte Alltagsrisiken vermutlich eher ignorant als tapfer in Kauf genommen. Erst im Gefühl größter Gefahr setzte der Panikmodus ein. Das letzte Mittel, um die eigene Haut zu retten. Unsere Spezies, im Normalfall recht waghalsig, bisweilen sogar absolut unvernünftig als Teil ihrer Experimentierfreudigkeit, im Angesicht der Katastrophe ein Fluchttier.

Wir haben aber nicht nur die Tendenz zu mitunter rapiden Stimmungsumschwüngen, was man durchaus als Teil unserer Anpassungsfähigkeit betrachten kann, sondern sind auch bemerkenswert wettbewerbsorientiert und vergleichen uns laufend miteinander. Wir messen uns im Sport, halten anderen Vorträge, pflanzen beeindruckende Vorgärten an, üben jahrelang Klavier und streben in allen möglichen anderen Bereichen nach Anerkennung.

Das war immer so und ist die eigentliche Basis unserer Zivilisation, unseres Wohlstandes, aber auch der Krisen dazwischen. Das eine gibt es nur mit dem anderen. Genauso wenig, wie man die Globalisierung, die in der Pandemie ihre Schattenseiten zeigt, zurückdrehen kann, wird es je möglich sein, die Menschen und ihr Streben nach Erfolg im Kern zu verändern. Die Geschichte zeigt, dass sich der Fortschritt nur begrenzt in die gewünschten Bahnen lenken lässt. Er ist mehr wie das Wasser, das sich seinen Weg sucht und dabei nur selten das macht, was man will.

Trotzdem ist es mehr als ungewiss, ob die Menschheit über den Faustkeil hinausgekommen wäre, wenn sie von Anbeginn bestimmte Dinge ähnlich behandelt hätte wie heute.

Auch in „normalen" Zeiten ist die übermäßige Beschäftigung mit Problemen aller Art durch sämtliche verfügbaren Informationsquellen bekanntlich etwas, das die seelische Hygiene ernsthaft gefährden kann. In der Krise jedoch steigt das Sendungsbedürfnis geübter Bedenkenträger noch einmal deutlich an. Eine echte Konstante dabei ist, auf dem Höhepunkt der Katastrophe dem eigenen Publikum unbedingt vermitteln zu wollen, dass alles in Wirklichkeit noch viel schlimmer ist, als es den Leuten ohnehin schon bewußt ist. Wer einer solchen Dauerbeschallung über längere Zeit ausgesetzt ist, erfährt möglicherweise viele mehr oder minder relevante Details, aber kaum etwas, was ihm wirklich nützt. Stattdessen verliert der Empfänger damit in erster Linie seinen restlichen Optimismus, den er aber gerade in schwierigen Situationen ganz besonders gut gebrauchen könnte.

Noch destruktiver sind ausgemachte Crash-Propheten. Sie schreiben Bücher und verdingen sich neuerdings vor allem auf Social-Media-Kanälen, seltener schaffen es einige bis ins Fernsehen. Sie zeichnen sich über Jahrzehnte konstant dadurch aus, dass sie mit ihren eigenen Anlagetipps recht erfolglos sind und doch immer dieselbe Platte auflegen – morgen geht die Welt unter, wir stehen unmittelbar vor dem Zusammenbruch des Systems.

Wie die sprichwörtliche stehengebliebene Uhr, die zweimal am Tag die richtige Zeit anzeigt, erstrahlt der Stern dieser Propagandisten kurzfristig in der Krise, um dann im nächsten Aufschwung wieder zu verglühen.

Ganz egal wie tief es geht, der moderne Nostradamus schreibt seine düstere Vorhersage mit viel Lärm stets Richtung Null fort, das gebietet ihm nicht nur die eigene prognostische Talentlosigkeit, sondern auch seine Geltungssucht.

Dabei bedienen professionelle Untergangs-Prediger vor allem den Bedarf derer, die eigentlich immer skeptisch sind, selbst nie etwas riskieren, aber dennoch stets Angst haben, den Anschluss zu verpassen und sich deshalb im Grunde negative Ereignisse wünschen. Sozusagen die spießige Variante des Hardcore-Preppers, der in seinem Dosenkeller harrend die Apokalypse herbeisehnt. Der Gedankengang des notorischen Nörglers ist dabei so regelmäßig wie logisch – wenn er schon auf dem Weg nach oben nicht mit dabei ist, kann er vielleicht zumindest den Abwärtsvergleich gewinnen. Der angeborene oder erlernte Wettbewerbsdruck macht auch vor dem eingefleischten Pessimisten nicht halt.

Es gibt aber auch Visions-Verkäufer, die deutlich positivere Ansätze verfolgen. Zukunftsforscher zum Beispiel haben aktuell Hochkonjunktur. Sie sind eigentlich immer auf der Jagd nach dem „next big thing" und können uns darum schon jetzt sehr detailliert die Welt nach Corona erklären.

Nebenbei nutzen sie nun die Gelegenheit, ihr etwas ramponiertes Image aufzupolieren, wird ihrem Berufsstand doch seit jeher nachgesagt, bei seinen Weissagungen ziemlich oft daneben zu liegen. So sind fliegende Autos nach wie vor kein verbreitetes Verkehrsmittel – wir benutzen sogar immer noch Straßenbahnen, und auch das Öl ist uns nicht zur Jahrtausendwende ausgegangen, wie es in unseren Erdkundebüchern aus den 1970ern felsenfest behauptet wurde. Trotzdem verzeichnet auch die Futurologie laufend Fortschritte.

Im Allgemeinen wirft man ihr dennoch vor, dass sie einen großen Teil der Technologie von morgen nicht kennen kann und deshalb dazu verdammt ist, bestehende Trends einfach fortzuschreiben, wesentliche Bausteine der tatsächlichen zukünftigen Entwicklung aber zwangsläufig immer fehlen werden.

Die meisten haben das verstanden und sich mehr darauf verlegt, relevantes Neues im Hier und Jetzt zu identifizieren und auszuführen, was daraus zukünftig erwachsen könnte. Momentaner Stand der Wissenschaft: nach Corona wird es weniger Businessflüge und mehr Videokonferenzen geben. Wow.

Damit nicht zu verwechseln ist die Transformationsforschung. Auch sie blickt in die Zukunft, versieht ihre Prognosen jedoch regelmäßig mit der Konnotation gefälligst. Zumindest einige Vertreter dieser Fachrichtung sind im Moment gefangen zwischen der Aussicht, gerade jetzt etwas verändern zu können, wie immer zum Besseren natürlich, und der Befürchtung, viele Menschen könnten sich in der Krise mehr für alltägliche oder herkömmliche Probleme interessieren. Umso plausibler erscheint es, im aktuellen Kontext das gesamte Ausmaß der unumgänglichen Umbrüche besonders eindringlich zu vermitteln.

Dem nicht ganz unähnlich in seiner Herangehensweise ist der überzeugte Kapitalismuskritiker, der sich gern bestätigt sieht und das auch lebhaft kundtut. Er hat nicht nur frühzeitig alle gewarnt, dass es so oder so ähnlich kommen würde, sondern sogar noch die eigentliche Ursache benannt. Leute wie er wussten längst, dass wir am Ende einen hohen Preis für ein System zahlen würden, das als höchstes Gut nur den Profit kennt. Trotzdem kommt auch er gelegentlich ins Grübeln, etwa, wenn er beim täglichen Einkauf während des Shutdowns vor den stoisch aufgefüllten Regalen seines Supermarktes steht.

Eindeutig mit Vorsicht zu genießen sind dagegen die Voraussagen von Börsenhändlern und Finanzexperten, die sich naturgemäß besonders für Krisen interessieren, weil sie meistens selbst von fallenden Kursen betroffen sind und prinzipiell versuchen, vermeintlich falsch bewertete Risiken aufzuspüren. Außer in Spezialbereichen haben sie allerdings keinen echten Wissensvorteil. Zudem sind sie häufig eher eingeschränkt und vorurteilsbeladen in ihren Sichtweisen, nicht nur wegen unzähliger negativer Erfahrungen, die sie teilweise über Jahrzehnte als Ballast mit sich herumschleppen, sondern paradoxerweise auch, weil sie den ganzen Tag Meldungen lesen und Informationen aufsaugen.

Am Tiefpunkt des Marktes sind sie das Gegenteil des unvoreingenommenen Laien, der es geschafft hat, sich natürliches Preisgefühl und Risikoneigung zu erhalten, jedenfalls so lange dieser den Großteil der krisenimmanenten Informationsflut nicht an sich herangelassen hat. Man kann ihn insbesondere im Crash mit dem Säugling vergleichen, der instinktiv schwimmen kann, diese Fähigkeit als Kleinkind aber wieder verliert, sobald er nicht nur ein eigenes Bewusstsein entwickelt, sondern gleichzeitig Misstrauen erlernt. Dementsprechend ist es kein Wunder, dass in manchen Situationen Privatanleger professionelle Investoren in der Perfomance prozentual um Längen schlagen.

Ein gewisser Vorteil der sogenannten Börsenprofis, der ihnen dabei hilft, auch bei drastischen Ereignissen und Einbußen nicht in

Fatalismus zu verfallen und ihre unvermeidbare Betriebsblindheit teilweise zu kompensieren, besteht aber darin, dass sie eine völlig profane Sache nicht nur prinzipiell verstanden, sondern wirklich verinnerlicht haben: sie wissen, dass Börsen und andere Märkte immer nur die Aktionen der Summe ihrer Teilnehmer abbilden, also in diesem Fall die Käufe und Verkäufe der Anleger. Dies sind die einzigen unmittelbaren Katalysatoren an allen Märkten, weil nur sie Bewegungen erzeugen können. Dabei lassen sich die Handelnden auch von ökonomischen Daten und Ereignissen leiten, daher korrelieren Börsenkurse und Wirtschaft in begrenztem Maße, außerdem gibt es Wechselwirkungen zwischen Gesamtwirtschaft und Börsen als globalem Eigenkapital- und Risikomarkt. Kursverläufe werden jedoch genauso stark von Sachzwängen und Ängsten getrieben. Das schließt die Angst ein, etwas zu verpassen – umgangssprachlich „Gier" genannt.

In der Summe taugen Finanzmärkte daher nur sehr eingeschränkt als Spiegel der Wirtschaft. Bliebe man hingegen bei der Vorstellung, dass sie einigermaßen zuverlässig das zukünftige Wirtschaftsgeschehen in die Gegenwart projizieren, hätten sie in der Ex-Post-Betrachtung schon unzählige Male ein Trugbild abgegeben, der Spiegel würde also bisweilen „lügen" – in beide Richtungen.

In Wirklichkeit zeigt er nur zuverlässig, was die Marktteilnehmer zu diesem Zeitpunkt tun, sich erhoffen oder befürchten und welchen Zwängen sie unterliegen. Außerdem lassen sich alle Akteure in ihrem Empfinden auch immer vom so entstehenden Kursverlauf beeinflussen, objektiv ist deshalb ohnehin niemand in seinen Erwartungen. Je tiefer es geht, desto pessimistischer werden aber nicht nur die meisten Anleger, sondern auch die Beobachter des Geschehens. Klar ist auf jeden Fall, dass die Masse am Stimmungs-Extrem nie richtig liegen kann im Durchschnitt ihrer Prognosen.

Insgesamt kann das Agieren von Anlegern besonders in bestimmten Situationen – Crash und Blase unterscheiden sich dabei nur im Vorzeichen, beides wird durch Panik hervorgerufen – zumindest auf den ersten Blick irrational erscheinen, es ist aber nie unlogisch. Die zugrunde liegenden und wiederkehrenden Verhaltensmuster finden sich gleichwohl nicht nur an der Börse, sondern auch in der Krisen-Debatte.

Gehandelt und bewertet werden auf diesem Marktplatz Informationen und Meinungen, unter anderem gegen die Währung

Aufmerksamkeit, wobei Stimmungsschwankungen und Sachzwänge dort ebenfalls eine große Rolle spielen. Selbst wer nicht agiert, sondern nur partizipiert, nimmt in der Regel über kurz oder lang die durchschnittliche Markterwartung an. Ist die vorherrschende Stimmung beispielsweise extremer Pessimismus, wirkt das auf alle Teilnehmer und sie fangen an, individuell unterschiedlich aber trotzdem danach zu handeln, der Trend wird also nicht nur durch die realen Ereignisse direkt beeinflusst, sondern induziert sich darüber hinaus auch selbst – Gruppendynamik. Verstärkend kommt hinzu, dass man an der „Diskussions-Börse" nicht wirklich dafür bestraft wird, auch in der nahen Zukunft völlig falsch gelegen zu haben; entsprechend fahrlässig verhalten sich viele Akteure.

Kann es also in absehbarer Zeit überhaupt wieder richtig aufwärts gehen, wenn so fast alle immer negativer und darüber auch passiver werden?

Unweigerlich. Und zwar wie immer mit denjenigen, die jetzt am meisten leiden und dabei voll im Regen stehen. Selbstständige in allen Formen und Größen zusammen mit ihren Angestellten. Groß- und Kleinunternehmer, Mittelständler und Soloselbstständige, die auch in ruhigeren Zeiten das größte Risiko haben und traditionell eher machen als reden. Denn genau das ist deren gemeinsamer Nenner. Wie moderne Höhlenmenschen haben sie eine Eigenschaft, die durch nichts zu ersetzen ist – einen unverwüstlichen Reflex, es immer wieder zu versuchen. Sie können schlicht und ergreifend nicht anders, selbst wenn viele von ihnen sich das häufig und vermutlich gerade jetzt für sich selbst wünschen.

Wäre das nicht so, könnten wir wirklich alle einpacken. Nicht nur große Städte, sondern alle Ansiedlungen von Menschen sind insbesondere ohne ihre vermeintlich nicht lebenswichtigen Wirtschaftsbereiche letzten Endes völlig sinnlos. Glücklicherweise wird der Bedarf für diese Angebote genauso wenig verschwinden wie die unkaputtbare Bereitschaft der Macher hinter diesen Waren und Dienstleistungen, persönliche Risiken in Kauf zu nehmen, waghalsig und unvernünftig, wie sie nun einmal sind.

Jens Peter Koell

Der Autor handelt als Vollzeit-Trader ausschließlich auf eigene Rechnung an verschiedenen Finanzmärkten, seitdem er dafür vor mehr als zwanzig Jahren sein Studium abbrach. Jede Krise, die er dabei miterlebt hat, war zwar anders, unterlag im Prinzip aber den gleichen Verhaltensmustern.

WOHIN DIE ZEIT UNS TRÄGT

von Dan Shambicco

Was bleibt uns am Ende des Tages eigentlich übrig? Und mit welchem Inhalt wollen wir unsere Lebenszeit füllen? Es sind jene Gedanken und essentielle Fragen, welche uns besonders in der Corona-Krise zum Nachdenken auffordern und uns mit einer bisweilen ungewissen Situation konfrontieren: wenn die Zeit stillsteht.

Die erste Aprilwoche ging zu Ende. Das Wetter hatte sich zum Guten gewendet und so begab ich mich mit offenen Ohren und freier Nase allein in den Garten. Und je mehr Stunden ich dort verbrachte, desto erstaunlicher und müheloser wurde das Leben. Welche Genugtuung, den einzelnen Augenblick bewusst zu erleben!

Was ich dabei als besonders wahrhaft empfand, war die konstant bleibende Wirkung der Natur. Oft sehnen wir uns nach diesem „Unveränderten". Nach etwas Bleibendem, wo doch sonst vieles dem Wandel der Zeit unterlegen ist.

So dachte ich während des „Lockdowns", im Grünen bei etlichen Sonnenstunden, intensiv über Zeit, ihren unersetzlichen Wert und ihr Verfallsdatum nach. Aber auch über jene Zeit, welche sich durch kein Verfallsdatum auszeichnet. Dabei realisierte ich aufs Neue, wie schnelllebig unser Dasein doch ist, wie häufig ich abgelenkt bin und mit einem Auge oft bereits ins „Dort und Dann" blicke. Wie oft wir in unserer Eile das eigentliche Geschenk der Zeit übersehen.

Die allein materielle Deutung der Zeit zerstört uns das Geheimnis, dass Zeit uns vielmehr auch gegeben ist, um aus ihr Lebenskraft zu beziehen. Doch um ehrlich zu sein: Wir Menschen scheinen etwas zu jagen, zu suchen und meist nur eine kurzfristige Befriedigung zu verspüren. Viele Aktivitäten entpuppen sich in Wahrheit nur als Zeitvertreiber – somit bleibt die Erfüllung oft leer und unbefriedigend. Unsere Lebenszeit wird nicht länger, aber die Unterhaltungsmöglichkeiten, die uns von uns selbst ablenken, werden dafür immer zahlreicher.

Eine Mischung von Arbeit, Urlaub, Feierabendbier, Netflix und einer flüchtigen Bekanntschaft kann unser Leben aber wohl nicht ausmachen und nicht alles sein. Haben wir vergessen, dass es auch noch ein anderes Verständnis von Zeit geben könnte und ein anderes Verständnis von Erfüllung?

Glücklicherweise existiert sie noch, jene andere Zeit, welche wir zurückerobern können. Nur lässt sich jene erfüllte Zeit nicht per Knopfdruck bestellen. Doch wir Menschen sind im Aufbruch, auf der großen Suche nach Sinn, Geborgenheit und einer wahrhaften Lebenszeit. Darin lag und liegt die eigentliche Qualität von Zeit.

So kann uns auf eine persönliche Art und Weise selbst die jüngste Krisenzeit, wenn man sie richtig nutzt, als Schlüssel dienen, um auf die Erkenntnis zu stoßen, was uns wirklich von Bedeutung ist und uns überhaupt erfüllen kann. Die schwierigen und bisweilen ausweglos erscheinenden Lebenslagen können unsere Maßstäbe für den Grund echter Zufriedenheit und Dankbarkeit grundlegend verändern.

Krisensituationen stellen uns schonungslos vor große Herausforderungen, können uns aber gleichzeitig dabei helfen, den Blick zu klären, indem sie unabweisbar jene immateriellen Werte in den Fokus rücken, die bedeutsam sind. Wie etwa den unersetzbaren Wert einer Freundschaft, unserer persönlichen Freiheit und Gesundheit. Aber auch das Glück zu arbeiten, einer würdevollen Beschäftigung nachgehen zu können.

Wie wichtig uns beispielsweise Beziehungen erscheinen, erkennen wir meist erst dann, wenn wir sie verloren haben oder diese uns als letztes wertvolles Gut übrig bleiben. Beziehungen und die damit verbundene persönliche Begegnung, sich füreinander Zeit nehmen, gehören zu den wichtigsten Dingen in unserem Leben.

Mit dem neulich verordneten „Kontaktverbot" entpuppte sich insbesondere jener Wert einer persönlichen Beziehung als bedeutungsvoller denn je. Auch keine neue „WhatsApp-Nachricht" oder Facebook-Freundschaftsanfrage kann an den unersetzlichen Wert und die exklusive Wirkung heranreichen, über die echte Begegnungen mit Menschen, das persönliche Erleben von Freundschaften und ein authentisches Miteinander verfügen.

Und wenn wir zurück auf unser Leben schauen, werden wir nicht denken: „Hätte ich doch mehr Zeit in meine Karriere investiert oder ein schnelleres Fortbewegungsmittel erworben. Hätte ich doch mehr Zeit im Internet verbracht oder bei der Arbeit."

Es wird keines dieser Dinge sein, sondern: „Ich wünschte, ich hätte mehr Zeit mit den Menschen verbracht, die ich liebe!"

Deshalb bin ich überzeugt, dass wir Menschen auf der Suche nach einem lebhaften und realen „Smiley“ sind und nicht einem, welcher per Knopfdruck innerhalb von Sekunden gesendet wird und uns immer gleich anlächelt. Denn der wahre Wert eines Lächelns ist echt und unersetzbar.

Wenn wir uns insbesondere nach dem „Social Distancing“ auf den Weg machen wollen, unsere persönlichen Beziehungen zu Menschen wieder zu erobern, beginnen wir wieder damit, mehr Zeit und Aufmerksamkeit den persönlichen Begegnungen zu widmen. Denn die Redewendung „Ich habe Zeit für dich“ wird immer aktueller. Und immer dort, wo wir mit Leidenschaft und Herz dabei sind, hinterlassen wir Spuren. Spuren, welche Menschen in Erinnerung bleiben und nicht vergehen.

Das Kostbare an den bisweilen hoffnungslos erscheinenden Situationen ist immer die gegebene Chance, dass gerade jene Zeiten uns dazu dienen können, unsere Wurzeln für die wesentlichen Dinge des Lebens zu vertiefen. Dazu gehört auch ein viel bewussterer Umgang mit der Zeit.

Und wenn wir uns damit zu befassen beginnen, werden wir feststellen, dass wir die wunderbare Fähigkeit besitzen, jeden Tag, jede Stunde und jede Minute neu zu entscheiden. Nutzen wir diese einzigartige Gabe!

Denn so gelingt es uns auch nach der Coronakrise, anstelle von Verbitterung und Angst, Optimismus und Freude zu leben. In der gegenwärtigen Situation Hoffnung und Zuversicht zu vermitteln. Die Zeit wirklich nutzen, um ganz tief in uns hineinzugehen und dadurch zu verstehen, wer wir eigentlich sind, und was wir eigentlich wollen, um unser Inneres zu bearbeiten.

Uns letzten Endes im Hinblick auf die gegenwärtige Situation mit folgenden wertvollen Gedanken auseinanderzusetzen: Was wollen wir überhaupt nach der Krise mit unserer persönlichen Freiheit anstellen? Was für ein Leben wollen wir eigentlich danach führen, noch dasselbe? Und wohin wird uns die Zeit tragen, wenn wir wieder damit beginnen, uns ihr zu widmen?

Wir werden zum Nachdenken aufgefordert. Aber unser Dasein auf eine Art und Weise zu leben, dass wir jeden neuen Tag voller Vorfreude und Spannung erwarten: Dafür ist es genau jetzt an der Zeit!

Dan Shambicco

Dan Shambicco, geboren 1991 in Basel, ist im Bildungs- und Erziehungswesen tätig und aktives Leitungsmitglied der Gedenkstätte Riehen. Der schweizerisch-israelische Autor hat bereits die Bücher „Unter dem blauen Baum – Prosagedichte“ (2017), „Draussen spielt ein Leben“ (2019), „Das Geheimnis erfüllter Zeit“ (2020) und als Herausgeber „Nie geht es nur um Vergangenheit“ (2018) veröffentlicht.

CORONA TAGEBUCH

von Krank Künster

Tag null. Samstag, der 14. März 2020
In dieser Nacht musste ich noch arbeiten, weil die Odessa Bar geöffnet war. Erst um 20 Uhr kam die Benachrichtigung vom Berliner Senat, dass Bars nicht wie ursprünglich angekündigt am Dienstag, den 17. schliessen müssten, sondern sofort, unverzüglich. Wir haben in diesem Moment schon Polizisten gesehen, die umliegende Bars geschlossen haben. Auch haben wir an diesem Abend bereits die Gästezahl auf fünfzig beschränkt und die Personalausweise abfotografiert.

Ich habe die ganze Zeit gehustet und mich schon ein bisschen schwach gefühlt. Aber wegen der Anspannung habe ich es nicht zugelassen, das ist mir nun rückblickend bewusst geworden. Um 03:30 Uhr kam dann die Polizei und hat die Veranstaltung friedlich beendet. Danach bin ich direkt nach Hause gegangen.

Tag eins. Sonntag, der 15. März

Ich hatte für diesen Tag eigentlich eine Verabredung mit zwei Frauen. Aber als ich aufgewacht bin, habe mich bereits schlecht gefühlt und die Verabredung abgesagt. Ich habe mir keine weiteren Gedanken gemacht, außer dass, mein Körper mir sagt, es sei an der Zeit, sich Ruhe zu gönnen. Obwohl die Corona-Diskussion schon seit vier Wochen präsent war, habe ich nicht weiter daran gedacht. Ich habe den Tag über einfach nur geruht, mich sehr schwach gefühlt und gehustet. Ich konnte das sich anbahnende Drama noch nicht erahnen, denn ich hatte allen Grund, wegen der sehr anstrengenden letzten Monate erschöpft zu sein.

Tag zwei. Montag, der 16. März 2020

Ich hatte am Morgen einen Termin in der Autowerkstatt, den ich auch wahrgenommen habe. Nach dem Aufwachen bemerkte ich zwar, dass ich mich ein bisschen schlechter als am Vortag fühlte, dennoch wollte ich den Termin unbedingt wahrnehmen. Also bin ich hingefahren, habe das Auto abgegeben und bin mit der BVG zurück nach Hause gefahren. Als ich zu Hause war, habe mich zwei Stunden ausgeruht und mich dann derart schlecht gefühlt, dass ich beschloss, in das Virchow Klinikum der Charité zu fahren, um einen Corona-Test zu machen. Ich fuhr mit der BVG, da ich mich bereits zu schwach fühlte, um das Fahrrad zu nehmen. Um 16 Uhr kam ich in dem Corona-Testzelt des Campus an und man sagte mir, dass heute keine Tests mehr gemacht werden. Ich bin wieder zurück nach Hause gefahren und habe mich hingelegt.

Tag drei. Dienstag, der 17. März 2020

Morgens früh habe ich mich wieder in das Virchow Krankenhaus gequält. Ich wartete eine Stunde, bevor ich an die Reihe kam. Ich legte dem Arzt meine Gründe für meinen Testwunsch dar. Ich erklärte ihm, dass ich Risikopatient sei, da ich eine COPD sowie Diabetes habe, leicht adipös bin und fünfundzwanzig Jahre lang Kette geraucht habe. Er stimmte dem Test zu. Ich sah aber auch, wie er die Hälfte der Leute, die sich für einen Test anstellten, wieder wegschickte. Er entschied, wer einen Test bräuchte und wer nicht. Nach weiteren drei Stunden Warten und zwei fünfminütigen Interviews wurde der Test bei mir durchgeführt. Es wurde ein Rachen- und Nasenabstrich gemacht, wobei ein sehr langes Wattestäbchen sehr tief in den Rachen eingeführt wird, sodass man Würgereiz bekommt, gefolgt von einem weiteren langen Stäbchen, welches ganz tief in die Nase gesteckt wird, um dort einen weiteren Abstrich zu nehmen. Im Anschluss bekam ich einen Zettel, auf dem stand, dass ich unabhängig vom Ausgang des Testergebnisses angerufen werde. Dies würde aber auf jeden Fall nicht vor Samstag geschehen. Dass ich Corona haben könnte, glaubten sie nicht. Ich fuhr erschöpft nach Hause und habe den restlichen Tag auf dem Sofa verbracht.

Ich hatte seit Sonntag kaum etwas gegessen. Ich hatte keinen Hunger, leichte Bauchschmerzen und mir war ein bisschen schlecht.

Tag vier. Mittwoch, der 18. März

An diesem Tag habe ich mich sehr schlecht gefühlt. Ich lag nur auf dem Sofa, konnte nicht einmal lesen, wollte nicht fernsehen und habe fast deliriumartig nur Löcher in die Luft gestarrt. Ich war bereits kurzatmig, litt an sehr schlimmen Glieder- sowie starken Bauchschmerzen. Ich nahm jede Ibuprofen-Tablette, die ich finden konnte. Trotzdem blieben meine Schmerzen sehr stark und ich musste mich zusätzlich übergeben. Später am Abend, gegen 22:00 Uhr, war es so schlimm, dass ich das erste Mal dachte, ich muss vielleicht doch in ein Krankenhaus. Ich rief den Notruf an und man sagte mir, dass wenn ich nicht glaubte zu sterben, dann solle ich es doch lieber aushalten. Vor Erschöpfung schlief ich irgendwann wieder ein. Wieder aß ich nichts.

Tag fünf. Donnerstag, der 19. März

Ich habe mich den halben Tag lang mit schlimmen Glieder- und Bauchschmerzen sowie starker Kurzatmigkeit gequält. Dann rief ich die Notaufnahmen sowohl des jüdischen als des Bundeswehr-Krankenhauses an, da sie in meiner Nähe liegen. Anschließend sogar einen Internisten aus Wedding, da ich dachte, dass es vielleicht noch eine Alternative gäbe. Doch alle haben abgelehnt, mich zu behandeln. Daraufhin rief ich die 112 an und bestand darauf, mich in ein Krankenhaus bringen zu lassen. Was dann am frühen Nachmittag auch passiert ist. Im Krankenhaus habe ich meinen Krankheitsverlauf geschildert und erklärt, dass ich schon drei Tage krank sei und bereits einen Corona-Test gemacht habe. Man gab mir weitere Schmerzmittel und Buscopan zur Entspannung des Bauches. Tatsächlich ging es mir danach ein klein wenig besser. Außerdem wurde eine Sonographie meine Bauches gemacht, allerdings lies sich dadurch kein wirkliches Problem feststellen. Eine Blutabnahme ergab jedoch, dass meine Entzündungswerte bereits erhöht waren. Man bedauerte, dass meine Testergebnisse noch nicht vorlägen und schickte mich nach Hause. Allerdings muss ich dazu sagen, dass ich auch nicht im Krankenhaus bleiben wollte. Ich dachte immer noch, dass es nicht so schlimm wäre.

Tag sechs. Freitag, der 20. März

Mir ging es den ganzen Tag schlecht. Ich war sehr kurzatmig, hatte anhaltende schwere Bauch- und Gliederschmerzen. Ich war in einem leichten Delirium, lag nur am dem Sofa und konnte nichts machen. Ich hatte seit langer Zeit mal wieder einen Albtraum. In diesem Traum kämpfte ich in einer unglaublich schmutzigen Wohnung, welche mich an eine Kloake erinnerte, gegen einen schwarzen Geist. Ich musste ihn mit aller Kraft, die ich aufbringen konnte, niederringen. Immer wenn ich gedacht habe, ich hätte das Problem überwunden, habe ich mich umgedreht und dieser schwarze Geist war wieder da. Ich musste ihn ein weiteres Mal niederringen und dies wiederholte sich drei, vier Mal und wurde mit jedem Mal zusätzlich schwerer und anstrengender. Ich war total am Ende, bin dann aber zum Glück aufgewacht, jedoch schweißgebadet und mit vielen Schmerzen.

Ich habe zwischendurch auch immer wieder mit Freunden telefoniert, wenn auch nur ganz kurz. Ich sagte nur, es ginge mir schlecht, aber ich würde schon klarkommen.

Tag sieben. Samstag, der 21. März

Ich hoffte, an diesem Tag das Ergebnis des Corona-Tests zu bekommen, leider rief diesbezüglich niemand an. Weil ich mich aber so schlecht gfühlte, war es mir eigentlich auch egal. Mir tat wirklich alles unglaublich weh, ich dachte aber, ich könne es noch weiter ertragen. Es müsse ja schließlich besser werden …

Tag acht. Sonntag, der 22. März

Es ging mir ähnlich wie am Samstag: sehr große Schmerzen, sehr kurzatmig, aber kein Fieber, dafür starker Husten und totale Erschöpfung. Ich hatte keine Ahnung, wie es weitergehen sollte. Dann, in der Nacht zu Montag, habe ich mich um eins dann doch dazu entschieden, noch einmal den Notarzt anzurufen. Ich wurde dann ins Krankenhaus gebracht. Es gab immer noch kein Testergebnis. Ich war allein in der leeren Notaufnahme, wurde untersucht, wieder wurde wieder nichts konkretes festgestellt. Aber es wurde endlich eine Röntgenaufnahme meiner Lunge gemacht. Auf der Aufnahme konnten große Infiltrationen der Lunge festgestellt werden.

Nach acht Stunden in der Notaufnahme kam auch endlich das Testergebnis. Es war positiv auf cOvid 19. Der Oberarzt sagte während der Visite, dass sie mich dabehalten würden. Mir wurde Schmerzmittel und auch wieder Buscopan gegeben, sodass ich mich dann doch ein wenig besser fühlte.

Dann war es circa 15:00 Uhr und ich wurde auf mein Zimmer auf der Isolierstation gebracht. Nachdem mir das Schmerzmittel und das Buscopan ein ganz klein wenig Normalität verschafft hatten, habe ich meine Freundin Gini angerufen. Ich bat sie, mir ein paar Sachen von zu Hause zu bringen, weil ich natürlich nichts mitgenommen hatte. Weil ich mir nicht hatte vorstellen können, im Krankenhaus bleiben zu müssen. Sie kam zur Isolierstation. Die Zimmer der Patienten sind dort durch eine Schleuse von der Pflegestation, auf der sich das

Pflegepersonal aufhält, getrennt. Mein Hausschlüssel wurde in der Schleuse hinterlegt und desinfiziert. So konnte sie diesen mitnehmen, als ein Pfleger ihn für sie holte und erneut in eine desinfizierte Tüte legte. Sie fuhr zu mir nach Hause, packte mir Wurst, Brot, ein Glas Nutella, ein paar Klamotten und Unterwäsche sowie meinen Laptop ein. Die gepackte Tasche übergab sie anschließend am Abend wieder dem Pfleger, damit er sie auf mein Zimmer bringen konnte.

Tag neun. Montag, der 23. März

Dieser Tag schloss dementsprechend nahtlos an Tag acht an, da ich die ganze Nacht in der Notaufnahme verbrachte und erst nachmittags in mein Zimmer konnte. Das war das erste Mal, dass ich wieder richtiges Schmerzmittel bekommen habe und etwas, um den Bauch zu entspannen. Trotzdem ging es mir furchtbar schlecht. Ich bekam sehr wenig Luft, konnte nur einzelne Worte sprechen und musste dazwischen wieder tief einatmen. Als ich dann aber endlich in meinem Krankenzimmer war, habe ich über einen Nasenkatheter Sauerstoff zugeführt bekommen. Insgesamt habe mich nicht wirklich besser gefühlt, aber wie durch einen Placebo-Effekt ging es mir mit dem Nasenkatheter dann einen winzigen Hauch besser.

Tag zehn. Dienstag, der 24. März

Mir ging es weiterhin sehr schlecht, obwohl ich das Gefühl hatte, ich bin in einem guten Krankenhaus und die Ärzte interessieren sich ein wenig dafür, wie sie meine Lage verbessern könnten. Ich habe ein Antibiotikum bekommen, mit dem Zweck, eine eventuelle bakterielle Pneumonie einzudämmen, damit der Zustand meiner viruellen Coronaindizierten Lungenentzündung nicht noch schlimmer wird.

Ich wollte unbedingt meinen Mitmenschen mitteilen, dass ich Corona habe. Denn in den Tagen, als ich infektiös war, bin ich wie üblich sehr vielen Menschen sehr nah gewesen. Es waren mindestens zweihundertfünfzig Menschen und mit einigen von ihnen hatte ich besonders engen Kontakt. Mein Freund Steve und meine Freundin Jasna haben es nach Absprache mit mir auf Facebook gepostet. Ich selbst war für so einen Post noch viel zu schwach. Dieser Post wurde natürlich von vielen geteilt und kommentiert. Ich wurde mit so vielen Nachrichten überschüttet, konnte aber gar nicht alle beantworten, da ich mich ein wenig im Delirium befand. Die Berliner Zeitung BZ sah diesen Post und schrieb in einem Online-Artikel über meinen gesundheitlichen Zustand: Dass ich Corona habe, im Krankenhaus sei, dass es mir schlecht gehen würde und vorher in der Odessa Bar war. Das war letztlich sehr hilfreich, denn so konnten viele erreicht werden. Diejenigen, die mit mir während meiner infektiösen Zeit engeren Kontakt gehabt hatten, bekamen somit die Möglichkeit, sich testen zu lassen.

Tag elf. Mittwoch, der 25. März

Es gibt nichts zu erzählen. Ich habe mich so schlecht gefühlt, dass ich den ganzen Tag nur geschlafen habe. Wenn ich wach war, habe ich nur Löcher in die Luft gestarrt. Mir wurde wieder Blut abgenommen. Fast nichts gegessen.

Tag zwölf. Donnerstag, der 26. März

Mir ging es sehr schlecht. Der Robo-Doc hat mich zum ersten Mal besucht. Man muss sich den Robo-Doc vorstellen, wie etwas, das Sheldon Cooper mal gebaut hat. Ein Monitor auf Rollen, der es dem Oberarzt ermöglicht, ohne sich umziehen zu müssen und sich der Infektion auszusetzen, mit den Patienten zu reden. Die Verständigung war sehr gut, die Kamera konnte zoomen. Trotz allem war es irgendwie witzig.

Außerdem wäre noch zu erwähnen, dass ein Team aus dem Krankenhaus Benjamin Franklin aus Steglitz kam und meine Lunge sowie mein Herz sonographierten. Unter ihnen war eine lustige italienische Ärztin, die sehr fürsorglich war und eine Stunde lang meine Lunge und mein Herz untersuchte. Es wurde überprüft, ob sich eventuell Wasser in der Lunge befände oder eine Entzündung des Herzmuskels vorliege. Aber abgesehen von meiner Lungenentzündung war alles ok.

Ich nahm sehr viele Schmerzmittel und forderte diese auch ein. Obwohl ich tagsüber ruhte, habe ich gespürt, dass mein Körper noch mehr Ruhe braucht, welche er in der Nacht aufgrund von unruhigem Schlaf nicht bekam. Also forderte ich ab diesem Tag zusätzlich abends eine Schlaftablette ein.

Tag dreizehn. Freitag, der 27. März

Ich fühlte mich weiterhin sehr schlecht und sehr schwach. Aber ich hatte nie Todesangst. Einer der Oberärzte sagte mir außerdem, dass dies auch nicht nötig sei. Ich wäre zwar sehr schwach, aber dies sei aufgrund meiner gesamten physischen Konsistenz und er glaubte, es würde mir bald wieder besser gehen. Irgendwann kam die andere Oberärztin hinzu (also diejenige, die ich in Form des Robo-Docs bereits kennenlernen durfte), aber nicht zu mir ins Zimmer. Stattdessen kam sie nur an die Scheibe, um dann mit mir zu telefonieren. Sie sagte mir, dass sie überlege, mich auf die Intensivstation zu verlegen, da meine Sauerstoffwerte im Blut weiter so schlecht wären. Auf der Station, auf der ich momentan war, sei es nicht möglich, noch mehr Sauerstoff in mich hineinzuzwingen. Ich bin sofort in Panik ausgebrochen und habe sie gefragt, ob man auf der Intensivstation noch allein aufs Klo gehen dürfe. Sie verneinte. Zum Glück kam ein paar Stunden später der zweite Oberarzt. Er sagte, er glaube ich könnte es hier durchhalten und es würde ausreichen, wenn ich weiter Sauerstoff durch den Nasenkatheter bekäme. Allerdings hätte er die Sauerstoffmenge von 2,5 auf 4 Liter erhöht. Dass ich nicht auf die Intensivstation musste, gab mir ein sehr gutes Gefühl, obwohl ich mich immer noch sehr schwach und scheiße gefühlt habe.

Währenddessen meldeten sich auf unterschiedlichsten Wegen sehr viele Leute bei mir. Ich bekam zahlreiche Genesungswünsche, es wurde sich nach mir erkundigt und ich bekam viel Hilfe angeboten. Für diese Fürsorge bin ich nicht nur sehr dankbar, sie hat mir sehr gut getan und mir durch die Zeit geholfen.

Tag vierzehn. Samstag, der 28. März

Keine Veränderung, wie jeden Tag wurden fünf Mal alle Vitalwerte geprüft: Sauerstoffsättigung im Blut, Temperatur, Blutdruck, Atemfrequenz, Stuhlgang wurden abgefragt. Ich war weiterhin sehr erschöpft. Ich habe nichts gemacht, außer geschlafen, geruht, Löcher in die Luft gestarrt und bin aufs Klo gegangen.

Tag fünfzehn. Sonntag, der 29. März

Das erste Mal fühlte ich mich wieder einen Hauch besser, zumindest einen winzigen. Ich war aber immer noch sehr, sehr erschöpft. Die Routinen blieben dieselben. Messung der Vitalwerte, fünfmal, dreimal kurz mit mit drei verschiedenen Ärzten reden, Blut abnehmen lassen, sonst nur schlafen, ruhen, Löcher in die Luft starren.

Ich merkte, dass mir der tiefere Schlaf aufgrund der zusätzlichen Schlaftablette an den vergangen Abenden gut tat und zu meiner Genesung beitrug.

Tag sechzehn. Montag, der 30. März

Wieder ging es mir einen winzigen Hauch besser. Dass es langsam aufwärts ging, habe ich auch zusätzlich gemerkt, weil ich meine Sauerstoff-Sättigung im Blut von nun an regelmäßig selbst gemessen habe. Außerdem habe ich am Ende des Tages einen Abstrich für einen erneuten Corona-Test gemacht.

Tag siebzehn. Dienstag, der 31. März

Endlich fühlte ich mich nach so vielen Tagen merklich besser. Da habe ich natürlich direkt bei der ersten Visite gesagt, ich möchte entlassen werden, weil ich mich schon wieder gut genug fühlte, um allein meinen Alltag zu meistern. Aber die Ärzte erwiderten, ich müsse noch mindestens bis zum Wochenende bleiben. Außerdem seien bei meinem gestrigen Abstrich noch Coronaviren nachgewiesen worden. Diese seien zwar weniger, aber immer noch vorhanden. Der Rest des Tages verlief wie die Tage zuvor, nur dass ich tatsächlich ein wenig Netflix schauen konnte. Am Ende des Tages wurde noch ein erneuter Abstrich für einen Corona-Test gemacht.

Tag achtzehn. Mittwoch, der 1. April

Ich fühlte mich wieder ein Stückchen besser, rechnete aber damit, bis zum Wochenende bleiben zu müssen. Doch als die Visite kam, sagten die Ärzte sofort, es ginge mir gut genug, um mich zu entlassen. Dann kam noch die italienische Ärztin, machte eine weitere Sonographie meiner Lunge und meines Herzens. Als der Krankenwagen bereits draußen stand, um mich abzuholen, wurde noch der letzte Abstrich für einen letzten Corona-Test gemacht. Dann fuhr mich der Krankenwagen nach Hause, in die Quarantäne. Ich war natürlich immer noch sehr erschöpft, musste aber zwangsläufigdie Quarantäne verletzen, um Lebensmittel einzukaufen. Ich habe aber eine Maske getragen und war dabei sehr vorsichtig. Als ich dann zu Hause war, habe ich fünfzehn Minuten meine Wohnung aufgeräumt, war dann schon erschöpft, habe mich aber gut gefühlt und zu Hause gechillt.

Tag neunzehn. Donnerstag, der 2. April

Glücklich, zu Hause zu sein, mich ein ganz klein wenig besser zu fühlen, bin ich eine halbe Stunde spazieren gewesen. Ich war ein wenig erschöpft, habe viel gechillt, ein bisschen Netflix geschaut, die Ruhe hat mir gut getan ... Außerdem war heute ein Brief in meinem Briefkasten vom Berliner Gesundheitsamt, in dem stand, dass ich auf jeden Fall bis zum 8. April in Quarantäne bleiben muss.

Tag zwanzig. Freitag, der 3. April

Ungeduldig wie ich war, rief ich im Krankenhaus an. Ich fragte nach dem Ergebnis meiner letzten beiden Abstriche, die Dienstag und Mittwoch noch gemacht wurden waren. Mir wurde versichert, dass beide Abstriche negativ gewesen seien, ich also keine Coronaviren mehr in mir hatte und von nun auch auch immun war, oder sein sollte. Das hieß gleichzeitig, dass ich nicht mehr in Quarantäne bleiben musste. Große Freude überkam mich.

Die Tage danach

Langsam kam ich wieder zu Kräften, konnte meinen Alltag wieder meistern ... aber meine Lunge brauchte länger als ich dachte, um sich hundertprozentig zu erholen ... trotzdem ... fühle ich mich gut ... da ich nicht arbeiten muss ... fällt es mir nicht so schwer, den Ball flach zu halten ... lieb ...

Fazit.

In Anbetracht meiner Krankheit habe ich mich mit der Intensität der Maßnahmen bezüglich Corona dezidiert auseinandersetzt. Rückblickend erscheint mir der Umgang mit dem Virus und die daraus resultierenden Einschränkungen für das gesellschaftliche Leben als sehr übertrieben. Wie beschrieben habe ich während meiner infektiösen Zeit um die zweihundertfünfzig Menschen gesehen, die ich umarmt und/oder geküsst habe. Eine Ansteckung weiterer Personen bis auf eventuell eine ist mir bis heute nicht bekannt. Es mag sein, dass ich weitere infiziert habe. Krank geworden ist allerdings nur eine mir bekannte Person.

Krank Künster

Frank Künster ist ein deutscher Clubbesitzer, Türsteher, Filmproduzent und Schauspieler. Mit Igor Paasch veröffentlichte er auf der Berlinale 2003 den Dokumentarfilm „Let it Rock". Der Film stellt subkulturelle Lebensumstände in Berlin in der Nachwende-Dekade dar und eröffnete 2010 das vom Goethe-Institut organisierte Berlin-Dubai Kulturfestival. Über seine Zeit im Kingsize Club veröffentlichte er gemeinsam mit Anna Müller das Buch „Nutzloses Gesindel".

2017 war Künster in dem Kinofilm „Blind & Hässlich" von Tom Lass, in der TV-Serie „Babylon Berlin" von Tom Tykwer sowie in dem Kinofilm „Rate your date" von David Dietl zu sehen. Im Dokumentarfilm „Berlin Bouncer", ebenfalls von Dietl, war Künster einer der Protagonisten.

DAS WARTEN AUF DER WIESE

von Yade Yasemin Önder

1
dann war ich also auf der wiese
links die käfer
drüben blümchen
umgeknickt und wunderschöne
auch ich bin rumgekrabbelt
und habe aus versehen
ein nacktes pärchen ficken sehen
dabei aß ich ein zwei spinnchen
nur so aus zeitvertreib
und musste kichern
weil sie so auf der zunge kitzeln
dann wollte ich sie runterschlucken
nur blieb zwischen zwei zähnen ein spinnenbeinchen stecken
dann habe ich geschrien
der druck war groß
und mama wie so oft nicht da Pause.
wo ist papa
habe ich sie mal gefragt
da hat sie nur gesagt
den gibt es nicht
dann machte sie sich schick und tschüss
ging auf die arbeit
ich auf meine wiese
legte mich ganz sanft in sie
ins gras die ähren und überall libellen
und plötzlich spürte ich meine scham anschwellen
und schaute in den himmel wolken sonne alles da
und dann kam eine feuchte schlange
glitschig war sie
viel zu groß und viel zu lange
die schob sich zwischen meine scham
und schwoll zu einem riesending

das lebte und bebte und klebte Pause.
ich konnte derweil gar nichts tun
ich steckte in erregung fest
und auch in angst und panik dann
und schrie nach mama
doch ich wusste ja
sie und ihre weizenlocken
waren unterwegs
auf arbeit
überall
und so schloss ich meine augen
und wartete
bis die schlange wieder aus mir kroch und ganz verschwand
dann stand ich auf
und pflückte mama einen strauß
aus den schönsten aller blumen
gelbe glöckchen die narzissen
und gerade wollte ich nach ihnen greifen
da tat sich die erde auf
und ich fiel in ein großes loch
und kam da nicht mehr raus

2
ich wache auf
und spucke eine spinne ohne beinchen aus
jetzt lieg ich wieder in der wiese
zähle die narzissen und rede dann
mit einem schmetterling
stundenlang und ganz umsonst
und weil er niemals antwortet
schreie ich ihn an
da flattert er ganz selbstbewusst
in meine mundhöhle
den dunklen raum
und schlägt an die gaumenbögen gaumenmandel
den ganzen rachenring zusammen
und knallt an meine schleimhaut dran
und ich muss würgen

will ihn loswerden
doch der schmetterling ist schneller stärker
flattert durch meine nasenhöhle
fröhlich bis in mein gehirn
und weil das erst kitzelig und dann schmerzhaft ist
schreie und zerkratz ich mich
die wangen wund die nase auch
und plötzlich denk ich wie der falter
seh und rieche auch wie er
jetzt kann ich fliegen
sehe mich das junge mädchen
von oben winzig klein
allein in ihrer wiese
hab keine kratzer keine schmerzen mehr
und einen mundraum hab ich auch nicht mehr
ich schaufle nur mit meinen flügeln
die sanfte luft an mir vorbei
fliege durch den großen himmel
und ja jetzt bin ich frei
doch plötzlich werd ich immer kleiner
die flügel sie verkrüppeln sich
fallen ab sind nicht mehr da
ich wanke und ich stürze als raupe in das große gras
robbe über einen riesenberg
und auf der anderen seite runter
doch da unten ist kein tal
ich robbe direkt in die schlucht und schluchze
nein ich will das nicht
ich will da nicht rein
ich will einfach wieder ich sein
doch ich kann nichts tun
ich robbe direkt in die schlucht
und komme nicht mehr raus

3
ich wache auf
mein ausgebeulter mund
schmeckt blutig und vergoren

nun ist winter auf der wiese
und all die flora ist verloren
vetrocknet oll und abgefuckt
und ein paar mädchen besuchen mich
und füttern sich und mich mit blumen
die sie unterm schnee rausrupfen
und bald lachen wir bis die äste brechen
auf uns knallen
blaue flecken
die sich sofort bemerkbar machen
und dann hörn wir einen rechen rechen
ich drehe mich um
da steht ein greis im schnee und kehrt
doch das kehrgerät ist keinesfalls
ein besen oder rechen
sein gedärm hängt unten raus
damit kehrt er die wiese aus
und die mädchen schreien schrecklich auf
und rennen von der wiese
und ich kann nicht mit
der ast auf mir ist viel zu schwer
und der greis kommt näher
kehrt um mich
hey alter siehst du mich denn nicht
sein gedärm blubbert gluckert quietscht und rauscht
macht den schlimmsten lärm
und er nimmt den ast von mir
und kommt ganz nah
und dann stülpt er sein rectum auf
und er kehrt mich in sein großes loch
und ich komme nicht mehr raus

4
ich werde wach
dieselbe wiese
ganz vertrocknet jetzt von einer sonne
die unmöglich brennt
die stiere hinten schwer beleidigt

ziehen ihre pflüge ganz umsonst
und dann steht da mama
ruft nach mir
ja komm her
ich bin doch hier
doch sie sieht und hört mich wieder nicht
zieht weiter
ganz an mir vorbei
ganz mager ist sie
ganz vertrocknet
so wie die ganze flora auch
die weizenlocken ausgehängt zu glattem und traurigem haar
und ihre saftig gelbe farbe
ist ganz verblasst und nicht mehr da
ganz verbrannt von einer sonne
die erbarmungslos das leben quält
die gräser sträuche bäume früchte
sind verdorrt und durch die lüfte
zieht ein brennend heißer wind
und von ganz weit weg schreit sie
mein liebes kind
ich renne sofort los
ihr hinterher
und stürze über zwei gestalten
es ist das pärchen das noch immer fickt
sofort ziehen sie mich eng zu sich
und wohnen mir ganz innig bei
und dann tut sich die erde auf
und sie schmeißen mich wieder ins loch
und ich komme nicht mehr raus

Yade Yasemin Önder

Ihr erstes Theaterstück „Kartonage" wurde zu den Autorentheatertagen 2017 eingeladen, in diesem Rahmen am Deutschen Theater Berlin uraufgeführt und in den Spielplan des Wiener Burgtheaters aufgenommen. 2018 war sie Gewinnerin des open mike in der Kategorie Prosa, 2019 Preisträgerin des Martha-Saalfeld-Förderpreises. 2020 erhielt sie das Arbeitsstipendium Literatur des Berliner Senats und eine Einladung zum Heidelberger Stückemarkt mit dem Theaterstück „bu sözler bizim – Die Worte gehören uns".

CUT UP ST PETERSBURG

von Mark Horyna

56.34 -2,79
Schauen Sie! Ja, ach ja, dass die Straßen nur aus Tinte sind und das Gras nur auf Papier – unbenommen. Aber der scharfe Wind fällt von einem raugefaserten Norden in die raschelnd dünnen Gassen. Hinein in diese mundschutzfreie Vergangenheit. Ein Lachen wie aus Delhi, ein Lächeln aus Dundee. Aber Sie kennen das gewiss! Auf dem schwarzumrahmten Kopfstein stehend ist vom Meer das ferne Kreischen einer nur skizzierten Möwe zu hören. Erinnern Sie sich! Dieser verklebende Geschmack, der mit eisernem Gebräu heruntergespült wird? Und ihr zu einem Lachen verzogene Mund? Kommen Sie...

56.72 -2.45
Augen zu und durch. Nur mit Hilfe einer Fleischlochlinse zu erkennen, mit zusammengekniffenen Augen. Unscharf erahne ich die Größe seiner Stiefel. Blick fürs Detail? Komm zu dir. Bildfüllend gelb, betörend duftend das Blütenmeer im April. Der Mann mit der doppelten Hose, den drei Jacken, der alten Mütze und den Stahlarbeiterhandschuhen lacht schellend auf. Er ist knapp fünfundachtzig und auf die Knie gegangen. Behänd wie ein Kleinkind. Kaum habe ich begriffen, was er vorhat, ist er vierfüßig und zur Gänze in den dunklen Tiefen verschwunden. Atemlos hinterher, wie ein fetter Alice auf den Spuren eines alten Hasen, mein Blick stur auf seine groben Gummisohlen gerichtet. Der blühende Ginster sticht und kratzt und umschließt auch als Duft die Sinne, bis das dornenbewehrte Gestrüpp sich nach Metern endlich lichtet. Still ist es hier. Sonne und Wind spielen mit dem Schatten der Zweige. Das Meer in weiter Ferne ist fast verstummt. Was hier liegt, gehört hier nicht her. Ein Kinderwagen, Präser, ein Straßenschild. Eine Flasche, in der Reste der eisernen Brühe zu einer braunen Schicht vertrocknen. Das lebensweise Lachen dieses alten, neuen Freundes. Einmal public school, immer public school. Er wirft mir einen Ball zu. Die Antwort auf meine Frage kommt in seltsamer Repetition: „Damit sie ihren Frauen entkommen! Damit sie entkommen!“

-33.99 122.23

Auf den Lippen ihres jüngeren Selbst in nach oben gerichtetem Profil, die Augen fest verschlossen, ein Geschmack von Salz, Sonnencreme und von kleinen Kreaturen. Am Horizont türmen sich tiefblaue Wolken in einer antipodischen Schönheit. Der Sand ist fein wie Mehl, das nächste Land ist Eis. Macht man hier nur einen Schritt, quietscht der warme Boden, als wollte er sich beschweren. Selbst wenn die Gischt als weißes Band die Idylle schon durchtrennt, zwischen Himmel und Wasser passt nun keine Welle mehr. Hier war sie schon und bleibt es auch, verblassend nur ein bisschen.

18.84 99.04

Sehen Sie! Folgt man ihrem Blick durch nun halb verschlossene Lider, erreicht man bald den Rahmen sprengend *Danaus genutia* und *Papilio demoleus*. In geflügelter Schönheit erstarrt. Diese schien es einst wert genug, erlegt, gerahmt und ja, dann auch erworben zu werden. Schutzverpackt und mitgeschleppt. Über Berge, Meere, Kontinente in den fernen Jetlag rein. Ein Souvenir für den, der keine Souvenirs mag. Beliebig, billig, bunt.

50.00 8.01

Ah, jetzt, ja jetzt der Knabe! Vom sofortgeschnappten Abendlicht umschmeichelt, sitzt er da, auf die späte Fähre wartend. Der Blick schweift entlang des Ufers eines großen unsichtbaren Flusses. Ein wenig ängstlich vielleicht, aber bemüht, das nicht zu zeigen. Später wird er an Bord lauthals lachend die Angst vertreiben. Er erinnert sich nicht. Eine einstmals begonnene Tradition nun umzugsbedingt vergessen, die jetzt die postversandte Ansicht eines korbmöblierten Strandes bedeckt.

Dann dort, ganz unordentlich stapeln sich die Bilder Zentimeter an der Wand. Blockdick – taiwangeklammert – wie Notizen. Begonnen, um nicht fortgeführt zu werden.

44.65 -1.19

Und noch einmal. Ein späterer Blick, derselbe Bub. Er ahnt es nicht, er weiß es schon. Die sommererblondete Liebe zweier Leben. Das linke Auge gekniffen zu, in dem rechten ein keckes Strahlen. Der ganze Kerl ein Lachen, das sehr, sehr bald verführen wird und hier doch nur bezaubert. Rechts streckt sich tonnenweise Sand gegen einen unbewölkten Himmel. Fünfundfünfzigmillionen Quadratmeter. Sie schieben und ziehen, ziehen und schieben sich steilwandartig ins Land. Wo er da steht, stünde er nun nicht mehr. Es schmeckt nach Austern und nach See.

51.38 6.59

Jetzt versteckt sich da ein Freund. Schlanker noch als heut, fast unerkennbar jünger. Angelehnt an einer fujigrünen Säule in einem temporären Bau, einem großen, nun toten Meister entliehen. Die moderne Vision einer vergangenen Zukunft, kurz nur von Fremden in die Gegenwart geworfen; dokumentiert, dann demontiert. Das dachlose Haus war eine halbe Tagesreise entfernt und liegt nun längst in seinen Einzelteilen zur Wiederverwendung zerlegt – irgendwo verstaut. Die metallgefasste Spiegelung des Fotografen grenzt zum Hintergrund hier ab und darunter ist nur noch Rahmen. Zeit, das endlich zu entsorgen. Aber ist das wirklich schon Ballast.

56.34 2.80

Das säumende Grün versteht quasi sich von selbst. Aus dem Augenwinkel schon zu erkennen, für den, der davon weiß. Man muss nicht alles sehen können, mag aber dabei doch alles wissen. Elysische Felder, Hölle, Küche und was noch... Inzwischen denkt es sich leichter schon in Erinnerungen als in Vorfreude. Und die drohende Unmöglichkeit, dorthin zurückzukehren, wird zur Angst. Soll die Zukunft etwa aus Erinnerungen bestehen. So wie jetzt schon die schmale Gegenwart?

45.69 10.07

Dunkelheit. Fingerspitzen ertasten, wo der Großkünstler brückenbauend den See durchquert. Lachend gefeiert auf orangenen Stegen. Passend, wie einstmals Bhagwan fremdgeschippert. Er winkt überfordert der lächerlich jubelnden Menge unter norditalienischer Sonne zu. Hier in grünblassem Braille gegossen. Ein Geschenk aus dem Nichts, uns wie verboten in die Hand gedrückt. Der Mann verschwindet in eine von Automobilen blockierte Straße. Irgendwo ist der Bahnhof. Der Menge hinterher.

45.33 14.31

Von einem Nagel gehalten: Alte. Wiederentdeckte Familie jetzt, sonnenbebrillt auf der Hafenmole in ein Fischäugiges lachend. Seit einer Ewigkeit in Zweisamkeit und unbeirrt auf Reisen. Während er stets an einem unsichtbaren Werk schafft, dort heimlich still und leise fern der fremden Blicke Stein auf Stein stapelt, legen ihre roten Strähnen sich unaufgeregt im Abendwind zur Seite. Jetzt weiß ich die beiden sicher auf dem Balkon, den wohl altersgerechten Stillstand Rosé trinkend erduldend.

56.49 -2.75

An dem Nagel ein Karabiner. Daran die kurze Kette. Am Ende ein alter Schlüssel. Der alte Schlüssel zu einem alten Schrank in einem noch älteren Haus. Gebaut lang nach der Gründung. Es riecht nach Schweiß der Jahrhunderte. Nach einem Leck in der Heizung und nach geschnittenem Gras auf groben Sohlen. Alles nicht mehr frisch. Wie aus einer anderen Welt und doch zu Hause. In dem Spind Gegenstände aus einer kaum noch erinnerten Zeit. Ein halbes Jahr bloß her. Dem Fremden sind sie nutzlos. Dem Besitzer dennoch ein Schatz. Wenig Hoffnung heute diesen je zu heben.

56.49 -2.75

„No, dear, it's nothing. Take it with you.“ Er kann sein Glück nicht fassen. Und steckt für den Fall, dass sie es sich anders überlegt, den Gegenstand schnell weg. Der Löwenkopf umkreisende Aufdruck auf der Rückseite erzählt von ISO9001 und BS4034 und meint mit zweitem das Produkt. Aus einer im Jahre 1795 etablierten Manufaktur, der Wert ist unermesslich. Sinnloser Kram nur und doch nicht zu bezahlen. Das Material staubmatt, fast gläsern, das Emblem maritim rot leuchtend. „I won‘t be needing it”, sagte sie einst. Mit einer Mischung aus Wehmut und Verachtung. „Happy to be rid of it.“

56.72 -2.45 noch mal

Aufgetaucht aus dem Busch muss ich die Augen vor der Sonne schützen. Die Priester überlebt, die Bomben und den Krieg. Er sieht mich an und lacht. Er meint, er wolle nicht in einem Polizeistaat enden. Die Leitung ist heute schlecht, aber aus seiner Sicht ist beides schon so nah. Das Ende und der Polizeistaat. Einsam zieht er nun morgens seine Runden, fast neunzig nun. Den Umgang mit anderen haben sie ihm verboten. Es sei zu seinem eigenen Wohl. Er lacht. Das erzählten die Priester damals auch.

-33.99 122.23

Gibt man schnell genug Gas, spritzt der Sand wie Wasser hinten hoch. Milde lächelt sie mich durch die Linse an. Auf der Rückbank das lautglucksende Kreischen eines glücklichen Jungen. Schneller, schneller, schneller. Einer gemeinsamen Vergangenheit entgegen.

Mark Horyna

Mark Horyna, Jahrgang 1968, arbeitet und lebt mit seiner Frau und dem gemeinsamen Sohn in der Nähe von Stuttgart. Dort schreibt er auch.

STANDBILD – MATHILD AM FENSTER

von Ann-Kathrin Ast

Mathild kippt das Fenster im Esszimmer, um den nahenden Regen zu riechen. Wellenrauschen der Schnellstraße, lauter als an den meisten Tagen herübergetragen. Sie nimmt vor dem leeren Fensterbrett Platz. Die Sicht hinaus begrenzt ein Holzzaun, saftgrün überwuchert; nur an der Stelle, wo er in Drahtzaun übergeht, kann Mathild für Sekunden Umrisse von Fußgängern oder Radfahrern auf einem plattgetrampelten städtischen Erdpfad vorbeiziehen sehen. Grau, grau in weiß übergehend, gestrickter Mantel mit Wollnoppen, denkt Mathild; die groß gewachsene Frau aus der Parallelstraße, die Schildkröten in ihrem Vorgarten hält, wird mit dem Mantel vorüberlaufen. Über den Pfad gelangt die Frau zu Mathilds Nachbarin, die seit einem Schlaganfall ihren Kopf nicht drehen kann; sie kümmert sich um deren Garten. Durch das gekippte Fenster rufen Tauben, drei Töne hintereinander, der erste wie ein überschlagender Auftakt, allmählich werden sie leiser. Warten. Rascheln eines kugelförmig bekrönten Baums. In den alten Geschichten hieß er nicht Haselnussbaum, sondern Haselbusch oder Haselstrauch. Warten. Brummen, Bremsen und Aufheulen; der Junge, nicht mehr klein, von gegenüber; Mathild hört ihn mit der Motorradbande durch das Wohngebiet brennen, fünfhundert Meter Sackgasse vor und zurück; grelle Strahler bei Tageslicht, eingepferchte Schnelligkeit, Wilddrang; bis die Motorradkette durch den Erdpfad schießt. Im Garten ein Insekt, als ob ein Stöckchen über eine Holzratsche fährt. Die Frau, die Schildkröten in ihrem Vorgarten hält, läuft über den Pfad zurück. Sie gibt Mathild die Hand, wasserkalt, von der feuchten Erde rau. So lange nicht gesehen. Das unterste Knopfloch des Mantels ist leer. Riechen Sie den Regen? Regen heißt in den Ecken des Gartens knacken. Die Äste des Haselbaums werden, wellenförmig, wie Wirbelsäulen, gegen die Luft geworfen. Mathild rückt den Stuhl näher ans Fenster; ihre Brillengläser, dicht bei den Augen liegend, spiegeln sich im Glas; das Glas spiegelt sich in ihnen.

Ann-Kathrin Ast

Ann-Kathrin Ast, 1986 in Speyer geboren, lebt in Stuttgart. Nach einem Violoncellostudium an der Musikhochschule Mannheim und einem Master in Mündlicher Kommunikation und Rhetorik an der Universität Regensburg schreibt sie Lyrik, Prosa und Szenisches, arbeitet als Literaturvermittlerin für das Lyrikkabinett München. Zahlreiche Veröffentlichungen in Anthologien und Zeitschriften. 2017 bekam sie das Hilde Zach-Literaturstipendium, Arbeitsstipendien der österreichischen Bundesregierung und des Landes Tirol, ein Aufenthaltsstipendium für das Künstlerhaus Edenkoben, sowie den Martha-Saalfeld Förderpreis.

PANSPERMIE

von Bettina Wilpert

Im Wald gibt es einen Ort, wohin wir gehen. Einmal im Jahr gehen wir zum Mammutbaum und legen Blumen nieder. Nichts Aufwendiges, keine Nelken, sondern die Chrysanthemen von Netto für 2,99. Der Mammutbaum ist eigentlich ein Mammutbaumstamm, er wurde aus Nordamerika importiert. Es gibt dieses kleine Waldstück, wo wir uns vorstellen, wir wären in Nordamerika, in Yellowstone, Redwood, Yosemite. Im Sommer schließt sich der Himmel über uns, wenn wir den Wald betreten, und wir stellen uns vor, wir sind in Olympia, Washington. Im Sommer ist das unser Lieblingsort, nirgendwo in der Stadt ist es so kühl. Nur Zecken gebe es viele, wird gesagt. Seitdem die Grenzen dicht sind, sitzen wir am Mammutbaumstaum und denken an amerikanische Burger. Schmeckt die Cola in den USA wirklich anders als in Europa?

Wir haben keine Zukunft; die Zukunft dauert nur zwei Wochen, dann werden Gesetze verändert, Beschränkungen verlängert, verkürzt, angepasst. Wir hören nicht mehr zu. Wenn wir in voller Absicht die Regeln brechen und eine Strafe dafür erhalten, wenden wir uns an den Solitopf. Wir nehmen das Risiko auf uns und treffen mehrere Menschen, nicht treffen ist auch keine Lösung.

Wir wissen, dass nichts unrealistisch ist und dass sich keine Dystopie die Realität ausmalen kann; unsere Realität wäre gern ein Sciene-Fiction-Film.

Trotzdem waren wir überrascht und haben anfangs nicht darüber gesprochen, in den Nachrichten kam auch nichts, aber es hört eh keine mehr hin.

Wir haben aufgehört zu bluten. Man sagte: ---

Es passiert noch immer hier. Es passiert die ganze Zeit in Europa. Wenn es näher dran ist, betrifft es uns mehr, hat eine gesagt. Wir wissen nicht, ob es stimmt.

Ist der Virus männlich oder kennt er kein Geschlecht? Das Virus?

Es wiederholt sich die ganze Zeit. Myriam Z. sei an ihren Kopfverletzungen gestorben, steht in der Zeitung. Ihr ehemaliger Lebensgefährte sei tatverdächtig. Im Wald passierte es, mittags. Neben dem Mammutbaum hängt jetzt ein Transparent: #keineweniger #stopptfeminizide

Wir lesen in Eine Geschichte von Liebe und Finsternis von Amos Oz: „Bazillen gehörten zu unseren schlimmsten Albträumen. Sie waren wie der Antisemitismus: Nie bekamst du mit eigenen Augen einen Antisemiten oder eine Bazille zu Gesicht, aber du wußtest sehr wohl, dass sie überall auf dich lauerten, unsichtbar, doch sie sehen dich."

Wir kennen viele Bazillen und wissen, dass sie oft nicht beim Namen genannt werden. Wenn über sie gesprochen wird, dann nur kurz, denn der Virus beherrscht alles.

Panspermie bezeichnet die Hypothese, dass Mikroorganismen sich durch das All bewegen und so das Leben auf der Erde durch Keime, Bazillen oder Viren aus dem Weltraum entstanden sei. Aus einem Keim sei etwas Neues entstanden.

Wir haben aufgehört zu bluten. Anfangs vermissten wir es nicht, es fiel uns nicht einmal auf.

Andere sagen: Der Weltraum sei lebensfeindlich, Bakterien könnten darin nicht überleben.

Wir sind Schmerzen, hätten wir früher gesagt. Früher standen wir manchmal drei Tage des Monats nicht auf, sondern krümmten uns vor Schmerzen. Manche wurden getriggert, die Krämpfe, die in sichere Abständen wiederkamen, erinnerten uns an unsere Fehlgeburten. Die Wartezeit zwischen den Krämpfen ist das Loch in einer Lochkarte. Wir spürten das Blut in uns hinabrinnen.

Es gibt zwei Arten von Dystopien: Die, in denen es die eindeutig Bösen und Guten gibt, meist einen totalitären Staat und eine

Resistance, und die, in denen sich nur eine kleine Sache verändert: Das Meer verschwindet. Menschen verlieren ihr Augenlicht.

Vielleicht sind wir froh. Irgendwie haben wir in unserem Science-Fiction-Film mit allem gerechnet, nur nicht damit. Diese eine Sache änderte sich und hat uns verändert. Wir vermissen das Bluten; wie die Jahreszeiten gab es uns ein Gefühl von Zeit, wir wussten, etwas wird sich ändern, unser Körper wird nicht derselbe sein, er war jeden Monat eine andere.

In der Zeitung lesen wir: Ihr Baby sei mit Myriam Z. im Wald gewesen, während der Tat anwesend. Wir lesen „Kopfverletzungen", nichts von einer Tatwaffe und fragen uns: Womit hat er es getan? Was hat er genommen? Seine Hände? Einen Stein (wie biblisch, aber über biblisch sind wir längst hinaus)? Ein Stück Holz vom Waldboden?

Was ist der Unterschied zwischen Bakterium und Virus?

Myriam Z. sei Mutter gewesen. Sonst erfahren wir nichts über sie. Unnötigerweise erfahren wir etwas über den Migrationshintergrund des Täters. Vielleicht war er Zahntechniker, das hätte uns interessiert!

Gegen das Bakterium haben wir ein Gegenmittel, denken wir. Das Bakterium hat seine eigene Zelle, das Virus nistet sich ein und wird ein Teil von uns. Würden wir die Viruszellen töten, töteten wir uns selbst.

Wir erfahren nichts über das Baby. Wo ist es jetzt? Hat das Baby zugeschaut?

Wann setzt Erinnerung ein? Der Therapeut, der das erwachsene Baby einmal behandeln muss, tut uns leid.

Es hätte uns betreffen können. Die Tatzeit liege zwischen 11:00 Uhr und 12:30. Gegen 14:00 Uhr liefen wir hier durch den Wald und wunderten uns, dass die Bäume immer noch nicht blühten, obwohl es schon Anfang April war; das ist unsere Jogging-Stammstrecke. Alles bewegt sich langsamer. Wir wünschten, wir würden einmal einen Kilometer unter fünf Minuten laufen, in der Apokalypse ist Schnell

Laufen eine Key-Quality. Alles andere, was wir können, ist jetzt sinnlos. Sie sagen, wir seien nicht systemrelevant.

Kennt ihr das Bilderbuch von Frederick, der Dichtermaus?

Wir trauen dem nicht.

Myriam Z. ist das fleischgewordene Hologram unseres Unbewussten.

LTR gag pro pol env LTR beschreibt das Schema eines typischen Retrovirusgenoms. Zu den bekanntesten Retroviren gehört HIV. Das Retrovirus ist ein Schummler: Es liest den Code, schreibt ihn rückwärts ab und spiegelt ihn dann, sodass er wieder richtig herum dasteht. Ist das Retrovirus nur ein banaler Kopierer?

Wir haben aufgehört zu bluten. Wir haben uns daran gewöhnt und freuen uns, unseren Teil gegen die Klimakrise zu tun, weil wir weniger Hygieneprodukte benutzen. Wir haben uns schnell daran gewöhnt, trotzdem löschen wir die Menstruationsapps auf unseren Smartphones nicht, wir wissen ja nie.

Retroviren können sich hervorragend in das Erbgut ihres Wirts einschreiben. Aber der Wirt kann die Viren auch zähmen.

Wir haben aufgehört zu bluten, aber wir sind noch Schmerz. Einmal im Monat legen wir uns ins Bett und warten auf die Krämpfe.

Wir trauen uns nicht.

Retroviren sind wahrscheinlich dafür verantwortlich, dass Frauen keine Eier mehr legen, sondern sich das Ei in der Gebärmutterschleimhaut einnistet.

Da ist ein Wald, den es nicht geben darf. Einmal im Jahr gehen wir zum Mammutbaum, legen Blumen nieder und sehen Myriam Z., wie sie ihren Kopf umarmt, um sich vor den Schlägen zu schützen.

Bettina Wilpert

Bettina Wilpert, geboren 1989, studierte Kulturwissenschaft, Anglistik und Literarisches Schreiben. Sie war u.a. Finalistin des 23. Open Mike, Stipendiatin des 20. Klagenfurter Literaturkurses, Artist in Residence auf dem PROSANOVA 2017 und Stipendiatin der Autorenwerkstatt Prosa 2017 des Literarischen Colloquiums Berlin.

Ihr Debütroman „nichts, was uns passiert“ ist mit dem Förderpreis zum Lessing-Preis des Freistaates Sachsen, dem Melusine-Huss-Preis und dem ZDF-„aspekte”-Literaturpreis für das beste literarische Debüt des Jahres 2018 ausgezeichnet. Zudem wurde sie mit Das Debüt 2018 - dem Bloggerpreis für Literatur ausgezeichnet. Der Roman wurde darüber hinaus mit dem Kranichsteiner Jugendliteratur-Stipendium 2019 ausgezeichnet. Desweiteren wurde Bettina Wilpert für den Clemens-Bretano-Preis 2019 nominiert. „nichts, was uns passiert“ wurde 2019 vom Stadttheater Gießen für die Bühne adaptiert.

WE NEED TO TALK

von Lisa Cordes und Til Obladen

Aerosol
Alkohol

Desinfektionskanister
Gesundheitsminister

Stay at home
Fun in Rome

Hamsterkäufe
Krankheitsverläufe

Windhundprinzip
Auf Partys beliebt

Robert Koch-Institut
Ihr macht mir so richtig Mut

Dunkelziffer
Pegelkiffer

Exzess-Mortalität
Express-Spiritualität

Polizeiliche Maßnahmen
Einfach mal wieder Spaß haben

Demokratie
So mächtig wart ihr noch nie

Isolationsverbleib
Produktiver Zeitvertreib

Scheidungsrate oder Babyboom?
Mal ehrlich –nix los untenrum

Systemrelevant
Freiberufler abgebrannt

Ausgangsbeschränkung
Yoga-Verrenkung

Inkubationszeit
Masturbationsbereit

Vernissage
Triage

Flatten the curve
Ich mag Surf and Turf

Selbsternannte Virologen auf Facebook
Social Shaming unter Hochdruck

Atemschutzmaske
Artenschutzfatzke

Intensivschwester
Applausorchester
Bitte vorbei bis Silvester

Aussagekräftige Zahlen
Mit Soforthilfe-Zuschuss prahlen

Komm mal näher, Peter
Abstand ist 1 Komma 5 Meter

Krankenhauskapazitäten
In Videokonferenzen beten

Ausgangssperre
Grabbeltisch-Gezerre

Marzahn-Effekt
Sozialstatus befleckt

Corona-Kabinett
In Quarantäne richtig fett

Durch Betten tollen
Polizeikontrollen

Basisreproduktionszahl
Ostern ohne Abendmahl

Wir gehen auf Kurzarbeit
Junge, jetzt gibt's Streit

Vorerkrankung
Druckbetankung

Delfine in Venedig
Trotz Tinder wieder ledig

Zahllose Kontakte
Kontaktloses Zahlen

Bundestagswahlen
Verfranzt im Verbalen

Social Distancing
Critical Mass Dancing

Nationaler Zusammenhalt
Alter, seid ihr durchgeknallt?

Hände waschen
Hoch die Flaschen

Grenzen zu
jetzt kommst du

Toilettenpapier
Party bei mir!

Desinfizierter Becher
Wir brauchen Spargelstecher

Behelfsmundnasenschutz
Never-ending Frühjahrsputz

Virologenkongress
Dauersitzabszess

Big Data
See you later,
Terminator

Herdenideologisierung
Virologenprofilierung

Pandemie
Bohemian Rhapsody

Guantanamera
No there's no fun in quaratäna

STAY SANE
please.

Lisa Cordes und Til Obladen

Lisa Cordes ist Dramaturgin und Filmproduzentin, Til Obladen ist Regisseur und Autor.

Den Film zum Text sehen Sie auf Facebook unter S_t_a_y_s_a_n_e